名师工程
高效课堂系列

新课程·新理念·新教学
丛书编委会主任：马立 宋乃庆

让研究性学习更高效

研究性学习施教指导策略

欧阳仁宣◎著

西南师范大学出版社
全国百佳图书出版单位 国家一级出版社

图书在版编目（CIP）数据

让研究性学习更高效——研究性学习施教指导策略/
欧阳仁宣著. —重庆：西南师范大学出版社，2011.8
（名师工程系列丛书）
ISBN 978-7-5621-5400-6

Ⅰ.①让… Ⅱ.①欧… Ⅲ.①中小学－教学研究
Ⅳ.①G632.0

中国版本图书馆 CIP 数据核字（2011）第 148979 号

名师工程系列丛书

编委会主任：马　立　宋乃庆
总策划：周安平
策　划：李远毅　卢　旭　郑持军　郭德军

让研究性学习更高效——研究性学习施教指导策略
欧阳仁宣　著

责任编辑：任志林　马春霞
封面设计：大象设计
出版发行：西南师范大学出版社
　　　　　　地址：重庆市北碚区天生路 1 号
　　　　　　邮编：400715　市场营销部电话：023-68868624
　　　　　　http://www.xscbs.com
经　　销：新华书店
印　　刷：九洲财鑫印刷有限公司
开　　本：787mm×1092mm　1/16
印　　张：18
字　　数：323 千字
版　　次：2011 年 8 月　第 1 版
印　　次：2011 年 8 月　第 1 次印刷
书　　号：ISBN 978-7-5621-5400-6

定　　价：30.00 元

编者的话

当前，以人为本的教育理念正在逐步深化，素质教育以及基础教育课程改革不断推进。在这场深刻又艰苦的教育改革中，涌现了无数甘为人梯、乐于奉献的优秀教师。他们积极探索、更新观念、敢于创新、善于改革，在实践中创造性地发展、总结了很多先进的教育思想、教育理念；创造性地开发了很多新的教学模式、教学内容和教学方法。这些新思想、新模式、新方法在实践中极大地提高了教学质量，是教育改革实践中的新内涵和宝贵财富。这些优秀教师就是我们的名师，这些新内涵就是名师的核心教育力。整理、总结、发展、推广这些教育新内涵，是深化教育改革、完善教育体制、提高教育质量、提升教师水平的一件大事。

教育，是民族振兴的基石；教师，是教育发展的根基。

胡锦涛总书记在全国优秀教师代表座谈会上指出："教师是人类文明的传承者。推动教育事业又好又快发展，培养高素质人才，教师是关键。没有高水平的教师队伍，就没有高质量的教育。"十七大报告又进一步强调了必须加强教师队伍建设，不断提高教师的素质。当今世界，社会进步一日千里，科技发展日新月异，知识更新的周期越来越短。教师作为"文明的传承者"更要与时俱进，刻苦钻研、奋发进取，尽快提升自身素质和能力，为推动教育事业的健康发展贡献自己的力量。

基于以上，西南师范大学出版社策划、组织出版了大型系列教育丛书——《名师工程》。希望通过总结名师的创新经验、先进理念，宣传名师的核心教育力，为广大教师职业生涯提供精神源泉和实践动力，在教育实践层面切实推动从教者职业素养的提升。通过《名师工程》实现"打造名师的工程"。

丛书在策划、创作过程中力求实现以下特色：

一、理念创新，体现教育的人本精神

教师角色在以人为本的教育理念下发生了重大的变化，教师的素质和能力也面临更高的要求。如何弘扬、培植学生的主体性、增强学生的主体意识、发展学生的主体能力、塑造学生的主体人格等问题成为教师在目前教育中亟待解决的难题。丛书以教育管理者和教师为主要读者对象，通过教师综合素质的提高而将人本教育的思想落实到教育实践中，真正实现教育培养人、塑造人、发展人的本质要求。

二、全面构建，系统提升教师的教育能力

丛书选题的最大特点就是系统、全面地针对教师教育能力的提升而展开。施教者的能力决定教育的效果，教育改革的落实、教育效果的提高无不体现在教师身上。丛书针对不同教育能力、不同教学要求、不同教育对象，有针对性地设置选题。棘手学生、课堂切入、引导艺术、班主任的教导力、互动艺术、课堂效率、心灵教育等等，这些鲜明的主题从教育的细节出发，从教育实际情况出发，有针对性地解决问题，让教师在阅读中学有所指、读有所获。

三、科学权威，体现教育的时代前沿性

丛书邀请全国各地著名的教育工作者执笔，汇集在教育改革与实践中涌现的先进理念、成果和方法，经过专家认真遴选、评点总结而成，代表了目前教育实践中先进的教育生产力，具有时代前沿性，是广大一线教师学习、借鉴的好素材。

四、注重实践，突出施教的实用价值

丛书采用了通俗的创作方法，把死板的道理鲜活化，把教条的写法改变为以案例为主，分析、评点为辅，把最先进的教育理念和方法融入有趣的情境中。经典的案例，情境式的叙述，流畅的语言，充满感情的评述，发人深省的剖析，娓娓道来、深入浅出，让教师更充分地领会先进、有效的教育方法。

在诸多教育、出版界同仁的支持与努力下，《名师工程》陆续推出了《名师讲述系列》《教学提升系列》《教学新突破系列》《高中新课程系列》《教师成长系列》《大师讲坛系列》《教育细节系列》《创新语文教学系列》《教育管理力系列》《教师修炼系列》《创新数学教学系列》《教育通识系列》《教育心理系列》《创新课堂系列》《思想者系列》《名师名课系列》《幼师提升系列》《优化教学系列》《教研提升系列》《名校长核心思想系列》《名校系列》《高效课堂系列》《班主任专业化系列》等系列，共120多个品种，后续图书也将陆续出版。

丛书在出版创作过程中得到各地、各级教育部门与教育工作者的大力支持与帮助，在此一并表示感谢！

教育事业是全社会共同的事业，本丛书的出版一方面希望能对广大教育工作者有所帮助，共绘先进成果；另一方面也是抛砖引玉，希望更多的教育工作者参与到出版创作中来，百家争鸣、百花齐放，为促进教育事业的发展共同努力！

CONTENTS 目 录

序 言

§ 第一章 §

研究性学习概论

§ 第二章 §

教学实践活动中的研究性学习

§ 第三章 §

研究性学习的运行机制

§ 第四章 §

研 究 性 学 习 的 误 区 及 其 对 策

序　言

　　研究性学习的实施是基础教育课程的一项重要改革，是新课程理念与教学改革实践之间的一个重要交会点，是进一步推进新课改的一个着力点，是各科教学构建生态课程、落实三维课程目标、促进生命发展的有效切入点。

　　研究性学习在学习理念和学习方式上的变革，对教师提出了新的不可回避的挑战，促使教师树立新的课程观、教学观、学生观、学习观。教育专家认为："研究性学习领域的设置，改变了长期以来课程与教学分离的状态，使两者统一为一个过程的两个方面，研究性学习的教学过程成为师生双方共同建构课程领域的过程．而'研究性学习'作为课程领域则成为师生共同探索新知的发展过程。"（李瑾瑜，柳德玉，牛震乾编，《课程改革与教师角色转换》，中国人事出版社，2002年）这种"建构"与"探索"是教育思想与行为的创新，在实践中难免存在诸多困惑。在现代教育技术环境下，怎样实现研究性学习与其教学的最大化、最优化整合，促进师生对生态课程的共同建构呢？怎样在研究性学习课程领域的"师生共同探究新知的发展过程"中，科学引导学生实现研究性学习三维课程目标（知识技能、过程方法、情感态度价值观）和内容的自主生成？研究性学习作为一种理念和学习方式，怎样在各科教学的贯彻、实施中协同起来？怎样以研究性学习及其指导的运作机制不断优化促进整个课程体系的建构、课程资源的开发和增强课堂教学运作的生命活力？

　　本书系统地总结、介绍了在教育专家指导下的教学第一线教师实践新课改近十年的研究性学习指导经验，依据新一轮基础教育课程改革的科学理论，以真实、经典、生动、鲜活、富有情趣的研究性学习指导实例，以形象生动、情趣盎然的情境性叙述和富有启迪性、可行性的评析，阐述了在研究性学习实施指导中教师与学生协同构建研究性学习课程，引导学生在与教育情境交互作用中实现学习目标的自主生成和达成，把握研究性学习课程开发中自然、社会、自我三个向度整合等方面的有效策略；阐述了以研究性学习在各学科、综合实践活动中的实施为中介和桥梁，促进研究性学习课程与学科课、综合实践活动、校本课程之间的内在联系及其协同建构课程体系的途径和方法；按照专家指导，主要针对研究性学习动态运行体系（见下页图）当中，与所创设的"问题情境——实践情境——反馈情境"相应的"确立目标、内容——组织研习实施——加强评价、管理"这些重要环节中的综合发展、三维目标、问题导研、学科综合、自主参与、情感投入、体验感受、合作互动、探究发现、亲历实践、审美创美、发掘潜能、创新学习、资源利用、信息技术与课程整合、动态生成、元认知活动、情智互动性多元测评、课程管理等方面；全面阐述了研究性学习动态系统各要素、各环节的特点、效能极其相互间的内在联系、协同运作的策略，研究性学习实施的指导措施和主要经验。

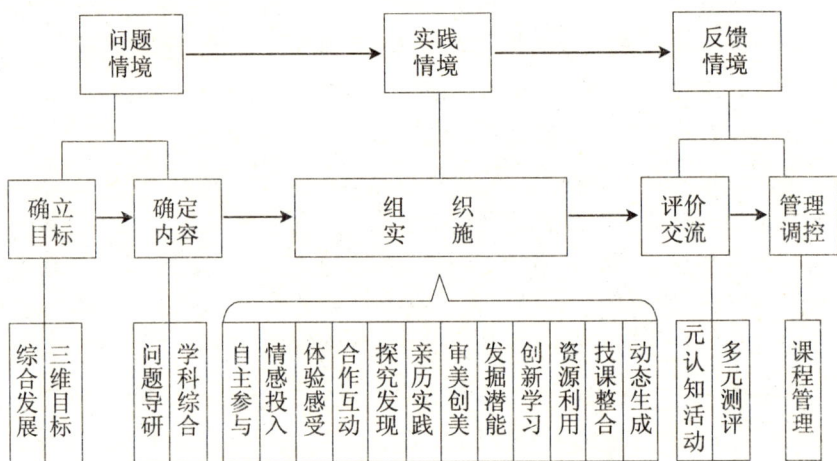

研究性学习动态运行体系结构图

本书在行动研究的典型个案分析中将理论阐述与实践反思结合起来，为教师在校本教研方面提供了行动研究、个案研究的有效范式；为进一步形成充满生命活力的课堂运行体系和开发课程资源、促进课程体系建构提供了理念支持和切实可行、操作性强的策略体系。本书出版，其旨在此，情系于斯，心系于斯。

各位教育专家和同仁对研究性学习的研究方兴未艾，本书中的理念有待于进一步深化和提升，所阐述的研究性学习运作体系有待于进一步完善，不妥之处也在所难免。

恩请方家指正并不吝赐教。

第 一 章

研究性学习概论

第一节　研究性学习概述

一、什么是研究性学习

先看下面两个例子：

在学习龚自珍"落红不是无情物，化作春泥更护花"的诗句时，学生根据生活体验和平时对落花的感知以及查阅有关资料所获得的信息，发表不同的见解，进行了"落红"好还是"落叶""落花"好的生动辩论。

师："落红"不就是落花吗？由这你们想到什么问题呢？

真可谓"一石击起千层浪"，学生们心中荡起思维的涟漪，课堂上腾起讨论的热浪——

生：为什么要用"落红"呢？

生：我认为"落花"好一些。

生：我认为"落叶"更好。

生："落红"就是好。

于是同学们整合融注自己个性的生活体验信息，在思辨中、批判性鉴赏中把辩论推上了高潮。

"落叶派"：我认为诗中的"落红"不如改用"落叶"好。因为常言说："红花还靠落叶扶。"如果用"落叶"，就能说明作者赞美"绿叶扶花"的奉献精神，讴歌为国出力的人。

"落红派"：用"落红"好。"落红"令人想起"落英缤纷"的美。美的花落下，令人痛惜，花却并不因为自己落下而悲伤，而是还要想着"更护花"，这就更令人敬佩。而"落叶"没有这种色彩——这是感情的色彩。

"落花派"：用"落花"好，通俗易懂。

"落红派"："落红"好，红花因绿叶映衬而更美，国家因人才辈出而强盛，所以，作者到老还想着爱护人才，希望国家事业能继往开来。这就是"化作春泥更护花"的意思。

"落叶派"：用"落叶"好。常有"落叶归根"的说法，"落叶"更突出诗人的心向着祖国。

"落红派"：用"落红"好，它令人想到诗人乐观向上、开朗无私的胸怀。林黛玉花落而悲，黯然神伤，儿女情长；而诗人一心为国，只想着国家后继有人。这种对比反差增强了感染力。

……

这个研读过程，思维共振，情感互动，发展了学生的批判性思维，激活了创意。真可谓"水实无华，相荡乃生涟漪；石本无火，相击而发灵光"。思想在碰撞中迸出火花，放出异彩。

语文综合性学习与其他学科协同活动，开展了一次研究性专题活动，课题是《莲文化的魅力》。学生根据自己的志趣、生活体验、认知特点、信息处理的侧重点、信息的组合方式，选择一个角度进行探究。教师利用专门的活动课给予研究方向、研究方法、资料来源等方面的指导。学生采取"合——分——合"的方式进行研究。即先根据总主题，拟出研究总目标：探究有关莲的文化发展，学习科学探究方法，再由学生提出子课题，根据自己的兴趣和意愿，参加某个子课题的研究小组。小组里面又有查资料、整理资料、综合讨论意见、撰写报告的分工协作。最后小组长负责汇总，班上开展成果综合汇报活动。结果，同是以莲为题材，有的托物言志，描写莲景，表达洁身自好之情；有的赏析写莲的美文佳句，像"清水出芙蓉，天然去雕饰""最喜小儿亡赖，溪头卧剥莲蓬""接天莲叶无穷碧，映日荷花别样红""江南可采莲，莲叶荷田田"。爱好音乐的咏唱采莲曲，舞姿翩翩如芙蓉。爱好美术的展示出莲的写生画，介绍莲花在建筑物、用具上的装饰工艺。爱好生物的，从生物学角度探究莲叶的自洁功能、治病功能，有创意的学生由莲的自洁功能谈到了仿生抗污染发明。他们查到资料：法国一些科学家根据莲叶有层极薄的蜡晶体而能防水保洁的特点，发明了一种表面完全防水，并且具备自洁功能的材料，用途很广，可使建筑物、汽车、飞机等表面保持清洁。有的探究了藕断丝连的科学解释，有的探究了千年古莲发芽之谜，有的探究了莲生长繁殖快的原因，有的在历史老师指导下，探究了莲花与佛教的关系。活动中，每个人的综合素质都得到了新的提升。

以上两例都与研究性学习有关。由这两例可见，研究性学习是指学生在教师的指导下，基于学习兴趣，以来源于学习或生活的问题或课题为内容，以研究为手段，主动地发现问题、分析问题、解决问题，创造性地获取知识和经验的学习活动。研究性学习从动态的学习方法、活动形式的层面上看，是一种学习方式，如上述例1；从课程内容不断生成和建构的层面上看，它是一门课程，正如上述例2；从师生通过共同探究来解决问题这个过程看，

它采用了研究性学习方式；从这一活动内容侧重于感悟研究性学习基本原理、程序、方法，为研究性学习方式的充分展开提供相对独立的、有计划的学习机会这一点来看，它又是课程形态。它是指向于研究性学习方式，以专题研究活动为载体指导学生学会研究性学习的定向型课程。它从自然、社会、生活中选取一定的问题或课题，围绕如何解决这些问题或课题而展开研究性的学习，以多学科综合性的专题活动形式或研究性学习必修课的形式，促进课程内容的生成和建构，培养学生开展研究性学习和进行科学研究的能力。开设研究性学习课程既能促进学校活动课程的改革，又能促使研究性学习这种学习方式渗透到各科教学之中去，实现学习方式的变革，促进课程的全面改革，从而更好地实施创新教育，为培养适应知识经济需要的创造型人才服务。

二、开展研究性学习的重要意义

先看几个发人深省的例子：

有研究者调查发现，在找不到工作的大学生中，一般都是因为只是想到做什么，而没想到应该怎样做，找不到自己想得到的工作，却不思考如何让人接纳从而实现人生价值。发展自我往往要在怎样做这点上有所开拓。因此，未来的发展对现在的学生的要求是：学习对未来有用的知识；学习终身有用的本领；学习知识应该怎样用；学习未来应变的知识；学习知识应该怎样生成；学习在实践中创新的知识；学习怎样在实践、创新中发展自我。

有学者调查发现，中国的孩子缺乏研究意识、探究能力。一则笑话讲述了非洲、欧洲、美国、中国这几个地域的孩子普遍不知道的事情各是什么：

非洲的孩子不知道什么叫粮食；欧洲的孩子不知道什么叫短缺；美国的孩子不知道什么叫其他国家；中国的孩子不知道什么叫问题！

问题是思维的发动机，是创新和研究的起点。发明家保尔·麦克克里德说："唯一愚蠢的问题是你不问问题。"发现问题孕育着创新。中国孩子没有问题意识，创新意识、研究性学习意识也很淡薄。那么，在未来的竞争中，研究性学习会起到怎样的作用呢？

1. 指导学生开展研究性学习，培养学生的创新意识、研究意识，充分开发学生的潜能，培养学生的创新和实践能力，是知识经济发展的需要，是在创新中求发展、在竞争中立于不败之地的需要。

2. 开展研究性学习活动也是新课程改革的需要。倡导自主合作探究学习

是新课程的核心理念之一，各科都应该贯彻实施。如《全日制义务教育科学课程标准》中指出："科学探究既是科学学习的目标，又是科学学习的方式。"将科学探究列入内容标准，旨在使教学从过分强调知识的传承和积累向知识的探究过程转化，从使学生被动接受知识向主动获取知识转化，从而培养学生的科学探究能力、实事求是的科学态度和敢于创新的探究精神。[①]学生在学习过程中常常要面对自己还未知的领域，这就需要探究。下面是一名教师在初中科学课中，引导学生以实际生活为依托，以探究过程为载体，以实施"四新"（新问题、新思路、新方法、新措施）的"发现式"活动步骤为切入点，开展研究性学习活动，贯彻新课程理念的例子。

第一步，发现新问题。

师：常言道："刀不磨，要生锈。"物品生锈在生活中是常见的现象，你发现哪些东西会生锈？你怎样科学地分析这一现象？

生：我发现自己家的铜制装饰品表面出现了绿色的铜锈。我觉得应该研究分析铜锈的主要成分是什么，物品生锈的原因是什么。

生：我发现盛水的铁锅在与水面接触的部位最容易生锈。铁生锈的条件是什么？

生：我发现苹果切开以后，过不了多久就在果肉表面产生一层咖啡色物质，好像生了"锈"一样，也不知道这是不是"锈"。

……

第二步：发现新方法，理出新思路。

生：铁生锈，以前已经学过，是铁与氧气和水同时接触产生的。我认为应该研究"铜锈"的主要成分是什么，它是怎样形成的，可以用查资料的方法研究。

生：我认为还可以用实验的方法研究。

……

通过查阅资料，学生得知，铜锈主要成分是 $Cu_2(OH)_2CO_3$，俗称铜绿，苹果生锈是果肉里的酚和酶与空气中的氧气发生了一系列反应，生成咖啡色的物质。

实验研究：将全班学生按下图中的四种实验方法分成四个组，各组用其中的一种方法实验，观察和分析现象，得出结论。

四种实验现象对比图（见以下四个图）：

---

① 王文军主编. 初中科学竞赛方法指导［M］. 杭州：浙江大学出版社，2008（250）

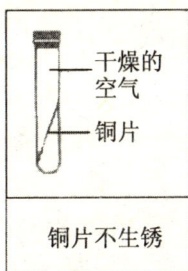
干燥的空气
铜片

铜片不生锈

图1

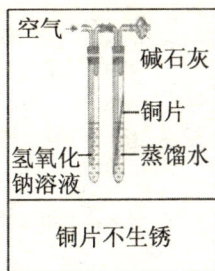
空气
碱石灰
铜片
蒸馏水
氢氧化钠溶液

铜片不生锈

图2

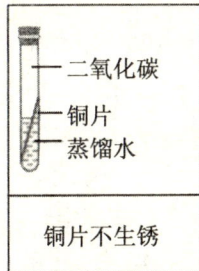
二氧化碳
铜片
蒸馏水

铜片不生锈

图3

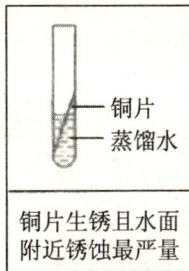
铜片
蒸馏水

铜片生锈且水面附近锈蚀最严量

图4

分析：由实验可知，铜生锈是铜与水、氧（O_2）、二氧化碳（CO_2）等物质共同作用的结果，铜变成铜绿的化学方程式是：

$$2Cu+O_2+CO_2+H_2O=Cu_2(OH)_2CO_3$$

结论：经过组间交流讨论，大家懂得了这些物质生锈，除了可能与水有关外，还可能与氧气有关。

第三步：发现新措施。

我们发现了一些防止铁或者铜等金属制品生锈的方法，如保持金属制品表面的洁净和干燥，或者在表面涂上保护膜等。

我们还发现了一些延长食品保质期的方法，如将食品进行真空包装等方法。

由上例可见，研究性学习是打破传统观念，培养实践能力、科学精神和创新意识的重要途径。科学探究与研习，既是学习方法，也是学习内容，能让学生掌握科学探究形式中的提出问题、制订计划、设计和进行实验、收集和分析信息、论证评估、交流合作等方法；能有力发掘学生的潜能，培养他们可持续发展的能力，这正是新课程的根本宗旨，也是教育的本质所在。

三、研究性学习的主要理念、基本要求

（一）要明确四个理念

初中阶段的研究性学习以学生发展为宗旨，以改变学生的学习方式，发掘个性潜能为着眼点，构建一种开放的、类似于科学家研究的学习环境，使学生通过多种渠道解决问题，获取知识，并将学到的知识综合运用于实践。因此，教师应有以下理念：

1. 重视学生的自主活动，实现学习方式的转变。

教师要引导学生主动探究、独立操作、感悟体验、自由表达、积极思辨，建立主动发现、独立思考、敢于求异、合作探究并重视实际问题解决的

科学学习方式。

2. 从学生的兴趣出发，引导学生对问题进行探究。

兴趣是探究活动的起点，兴趣是问题的生发点（可转化为探究的问题），兴趣是思维火花的可燃点，兴趣是教师在启发中作用于学生思维、情感态度上的支点。

如第一次开展研究性学习活动时，学生不知道研究性学习是怎么回事，也不知研究什么，怎样研究。教师饶有兴味地讲了《人民教育》刊登过的《素质教育在美国》一文，文中讲了一个孩子怎样自己提出问题、查阅资料写出世界上最短的论文《小白鼠的研究》的故事，并用多媒体展示了这个故事中的几个主要镜头，然后问学生："这个故事可见'研究性学习'其实是干什么？"学生七嘴八舌地讲出了各自的见解，教师引导他们归纳出自己的感悟：自己提出问题，查资料，搞实验，搞调查，与人合作，研究出解决问题的方法。

研究性学习课程的特征是什么？为了让学生领悟这个问题，教师抓住学生生活中的"问题契机"开展了一次"玩中研"活动。一次，看到学生在教室里玩吹水泡，于是教师把他们叫到外面对着阳光吹，他们不禁欢呼雀跃起来，被空中一串串水泡折射出的七色光彩迷住了。于是，教师说："这美丽的光彩像什么啊？""彩虹。""大家来研究一下，从这里你们明白了什么？""彩虹就是天上的水珠这样形成的。"教师说："你们从实验室借块三棱镜来照照太阳光吧。"学生好奇地发现太阳光被折射成七种色光，跟空中的水泡折射的一样，明白了彩虹是怎样形成的了。"这就是研究性学习，你们说研究性学习有什么特点？"教师问。学生都很惊讶。"这就是研究性学习？就是我们自己研究？""就是在事情中搞懂问题？"教师让他们联系类似的几次活动感悟，归纳出研究性学习的主要特点：自己研究，问题研究，联系生活研究，合作研究，像科学家一样研究。

"研究什么呢？"学生又进一步提出了问题。教师组织他们开展了一次表演问号、叹号的游戏：戴着"？"头饰提出生活中的问题，谁提得多谁就换上"！"头饰。然后评比谁的问题有趣又值得研究，并把这些问题定为研究课题。同学们茅塞顿开了，原来——

"我们从学习和生活里提出的问题就是研究的内容。"

这样引导学生明确研究性学习的概念，有趣、易懂。这个过程本身也是研究性学习方式的运用过程。

3. 提供开放的学习空间，发现和开发学生的多元智能。

智慧、才能是多方面的，有差异的。学生依据自己的兴趣去与他人合

作，通过各种学习方式，充分展示个性人格，又在合作中分享研究成果，能形成一个相互作用的情感场和思维互动环境。

一次，一位学生的久居香港的伯伯回老家探亲。研究课教师便请他来母校，在课堂上介绍沿海经济发展的形势和叙家乡之情。伯伯兴致勃勃地谈了沿海经济的繁荣景象后，意味深长地吟诵了王维的《相思》："红豆生南国，春来发几枝。愿君多采撷，此物最相思。"临走前，他还在教室里留下一部配有可变电容二极体的电视，并把一枚镶嵌着朱红色红豆种子的工艺品"红豆情结"挂在教室学习刊栏上。学生在欣赏中围绕红豆提出了一些有趣的问题："为什么以红豆表达相思之情？""红豆有什么传说故事？""红豆有什么特点？"教师觉得可以借这些问题的研究拓展学科知识，于是引导他们以"红豆里的学问"为主题，分成文学、科学、艺术、历史、音乐五个组让大家研究。通过查资料、访问老人，综合信息，大家明白了红豆是红豆树、海红豆、相思子等植物种子的总称，它们都属于豆类植物，鲜红光亮的是红豆树的种子，橘红或朱红色的是海红豆的种子，因为形状玲珑剔透，所以被称为"树上的宝石"。历史组介绍了古人以红豆寄托相思之情的情形。相思子则更奇妙，有不同种类，有的种子是红色的，有的一头红一头黑，被称为"美人豆"。美术组画出了美人豆的水彩画。文学组给这些话题上了诗，还给出了红豆名字的由来："相思子，圆而红。故老言：昔有人殁于边，其妻思之，哭于树下而卒，因以名之。"音乐组在老师的指导下谱写了一首歌，以迎春红豆赞美亲情、乡情、热爱祖国之情。

这一活动趣味盎然地展示了学生的不同个性，发展了他们的多元智能。

4. 师生共同探究新知，课程成为教与学交互推进、课程内容不断生成的过程。

教师是研究性学习的组织者、指导者、促进者和参与者，是"平等中的首席"。在师生共同探究中，学生获得思维、能力、情感、价值观、人格、行为等方面的发展。

一次，班上组织为展示风采题词的"九个一"主题探究会，教师和学生有如下节目：说一说、唱一唱、演一演、做一做、写一写、画一画、读一读、展一展（工艺品），并让观众题词"评一评"。老师的节目是演唱《生活要有七色的阳光》，学生通过讨论悟出了节目的主题是："彩虹美在七色融，学习乐在师生亲"，都认为老师演得情真意切。有位说单口相声的同学，近日里因参加高中招收音乐特长生考试失利，十分沮丧。那天热烈的氛围促使他一展风采，他口齿伶俐，幽默诙谐，引来阵阵笑声，让大家从情感、艺术等方面体验到了节目内在的美。一位同学给他的题词是："笑声中有泪有叹

也有赞，幽默中有思有情也有趣。"在同学们鼓励的掌声里他心领神会，精神振奋。有位同学唱了支家乡山歌，那悠扬、高亢、深情、奔放的旋律，赢得这样的题词评价："唱出了山乡的文化和风貌，唱出了家乡人的开朗和纯朴，唱出了亲人们的希望和嘱托。"这位同学平时学习不用功，只爱好音乐课，对文科更不想学。这次活动使他明白了艺术与文化基础知识是分不开的。学生各展风采，互评互促，情绪十分高涨。活动后，班上一扫压抑、沉闷的气氛，学生的欢歌笑语多了，参加各种活动动时充满生机活力，提高了艺术欣赏能力。师生在共同活动中生成并实现了教育的目标：学会愉快的学习和合作，知、情、意、行、个性心理都得到健康的发展。

（二）要明确研究性学习的目标

1. 获得亲身参与探究活动的体验。
2. 提高发现问题和解决问题的能力。
3. 培养收集、分析和利用信息的能力。
4. 学会合作与分享。
5. 养成科学态度和科学道德。
6. 增强公民意识和责任心。

（三）要把握实施的关键环节

关键环节主要有：全员参与；联系生活；任务驱动；实践思辨；学科协同；资源共享；自主、合作、探究；课内外结合；发展性评价。

（四）要把握实施的主要类型

1. 课题研究类：调查研究；实验研究；文献研究等类型。
2. 项目（活动）设计类：社会性活动设计，如献爱心活动，街头宣传活动，主题班会策划等。
3. 科技类项目设计类：如某一设备、设施的制作，设计或改造项目的设计。

（五）要把握实施的组织形式

主要组织形式有：小组合作探究；个人探究；班级、年级等合作研究。

在综合实践活动课中进行的研究性学习，应该较多地采取课题组的形式，以小组合作形式展开探究活动。课题组可以由同班学生自由组合而成，也可以由跨班级、跨年级的兴趣相近的学生组合而成。课题组一般由3～6人组成，学生推选组长，聘请有一定专长的成人（如本校教师、校外人士等）为导师。研究过程中课题组成员有分有合，各展所长，协作互补。

除学科结合教学指导侧重于某一科的研习活动外，应有专门的指导

课——可设立研究性学习活动课或利用周活动课。教师要结合年级或班级选定的实际课题研究进行指导，使课题既有专门的课程负责人指导，也有课题导师的协作。也就是说研究性学习和社区服务与社会实践、劳动与技术教育、信息技术教育共同构成初中的"综合实践活动"，作为必修课列入九年义务教育课程计划中。

(六) 要把握一般的研究过程

下面以一道中考题为例介绍一般研究过程。

湖北省鄂州市中考题：洋澜湖位于我市城区，素有"吴都眼睛"之称。近年来，由于种种原因，其生态环境遭到了严重破坏，湖水被严重污染，给原本明亮的"眼睛"蒙上了阴影，对外有损我市形象，对内严重影响周边市民的生活质量。下面是一道研究性学习的课题：

洋澜湖水污染情况的调查研究：

该课题作为你的课题，请简要列出你的研究计划与研究方法。

答：计划：(1) 确定调查内容，进行调查 (采用问卷调查、资料查询、实地观察等方法)。(2) 设计实验方案，进行测试。(3) 数据分析，撰写报告。

方法：(1) 调查方法 (如去环保部门查阅资料，收集有关资料等)；(2) 实验法 (如选点取水样进行测试)。

案例分析：解答本题，学生必须明确探究性学习的思想和方法，即正确确立课题——制订课题计划——选择完成课题采用的方法——实践体验解决问题——撰写研究报告 (总结、表达、交流、评价)。

像这样的考查学生研究性学习能力的题，其特征是：突出研究性学习方法考查；以社会关注的焦点、热点问题 (如本题紧密联系当地社会的环保问题) 为切入点；以开放性，答案不唯一为主要特点，为学生在答题时充分发挥创造性提供了较为广阔的空间。

(七) 要把握主要原则

1. 把握拟题的合理性

(1) 拟题突出综合性。由于研究性学习以学生生活为立足点，常常着眼于研究解决学生关注的社会问题，这使得研究性学习内容极具开放性、多元性。为了研究问题、解决问题，学生必须综合运用多学科的知识，这体现了研究性学习的综合性。研究性学习应具有浓郁的人文精神，尊重学生的选择，重视学生的整体发展。如学生根据自己的生活体验和解决问题需要提出的课题《中式与西式早餐比较》《家乡的旅游景点开发》《电动小船的制作原

理》等，不仅涉及营养学、物理学等方面的知识，还涉及人文、历史学、社会学等知识、道理，以及电工、木工等手工制作。如在《现代桥梁建设创新》研究中，学生综合运用美术、数学、物理等方面的知识和现代信息技术，设计了造型优美、可以自动调控车速避免车祸并能利用电脑自动升降桥面以利于排洪的现代桥。

（2）拟题突出实践性。因为研究性学习具有鲜明的实践体验、探索感悟的特点，因此拟定研究性学习课题必须注重实践性。重实践性不仅要求学生主动参与，充分动手、动脑、动口，在亲身体验中产生积极的情感，激发探索欲望，发挥主观能动性，更重要的是能使学生走向生活，体验感悟。

如在《广告的内容、形式、效果的调查研究》的课题中，学生在联系生活评价广告时说："'今年过节不送礼，要送就送脑白金'，在逻辑上自相矛盾。"——这是从语文逻辑角度批评。"中国电信，到处'听说好'，运用双关，巧妙地介绍了中国联通移动电话信息覆盖面广，传输和收听信息的效果好等特点。"——这是从语文表达的修辞方面评价。"'大家好才是真的好'表述了一种承诺，也崇尚一种社会风格。"——这是从人文角度欣赏。可见这一研题适合学生实践体验。

《桂阳名胜古迹的调查研究》是桂阳蔡伦中学初三学生完成的一个小课题。他们进行实地调查和查阅文史资料，从现场、碑文、采访和文献资料中获得有关东塔、欧阳海英雄纪念碑、蔡伦井等在其建造、演变、现状、文化意义等方面的许多信息，写成了实验报告。报告的"结论和建议"部分有他们的独立思考和创意。

（3）拟题突出针对性。即根据实际情况拟题。要根据学生知识、能力、生活经验的现实性引导学生拟题。中学生知识尚未形成系统，分析、综合、实践的研究能力和思维水平有限，科学的进取精神和克服困难的意志品质还正在形成中，这就要求课题应重视亲身体验而不是高深的理论研究，重视由兴趣出发的自觉性，而不是无兴趣的强制，重视生活的个性化体验，而不是死搬硬套的机械操作。

如《青少年近视状况的调查研究》《人体奥秘：头大小与智力有关吗》《父母离异的孩子怎样自立》《中学生上网利与弊的研究》等，这样的课题贴近学生的生活，是学生关注的、感兴趣的问题，也是学生感到困惑又有探究欲望的课题。像《现代兵器研究》《外星人生活方式的研究》这样的课题就缺乏现实生活的针对性，学生也没有基本的研究条件。

（4）拟题突出人文性。像《流行歌曲对中学生的影响》《漫画里的美感》《好习惯的养成》《怎样与异性交往》《对家乡风土人情的考察》《怎样共同建

设好班集体》这样的课题能让学生受到艺术审美教育、传统美德教育和集体主义教育，是较好的课题。

像《怎样利用高科技技术来犯罪》这样的课题误导性很大，会把研究的目的引向破坏社会安宁、损害别人利益、危害社会的邪路，绝对不可以作为课题来进行研究。

（5）充分考虑学校条件、学习资源的现实性。一方面要考虑学习资源的充分开发、利用和共享，另一方面要考虑学校条件的负载能力。如《美术在生活中的作用》《初一新生学习习惯的调查》《中学生课外阅读情况的调查》《我校校园文化建设的设想》《家乡文化建设探究》《家居装潢的污染问题调查》《流行歌与传统歌曲的同异》《汽车尾气污染清除方法的探究》这些课题切合实际，学生一般有条件进行研究。边远农村中学选取《航天测量与数学》《遗传基因研究》等课题难度就比较大。

（6）拟题要突出问题性。要引导学生根据生活实践、学习过程的体验提出有探索性的问题，以问题为切入点，以探索解决问题的方法和感悟研究过程为宗旨，最好以带有问题的短语唤起学生的问题意识，如《能否用化学方法测河水污染的程度》《为什么孩子们非常喜欢卡通画》《母爱、父爱的方式》《生活中的环保问题》

（7）拟题要突出思维多向性。要引导学生学会从不同角度提问，把发散性思维与聚合性思维、正向思维与逆向思维结合起来，把创造性思维的流畅性、灵活性与独特性结合起来，多层次、多方面地设想问题。

如引导学生围绕"污染"这个话题，可提出如下问题：

什么类型的污染（声、气、渣、战争）？哪里的污染（学校、地区）？哪个范围的污染？造成污染的原因是什么？这些污染带来了哪些危害？有何防止污染的方法和措施？

教师在指导学生寻找问题时，让学生用日记本随时记下问题。交流、讨论问题时可采用"头脑风暴法"，以产生更多更好的问题，但要注意引导学生摒弃那些有害于身心健康的、对成长有副作用的、目前不能进行、有条件限制的选题，如《核武器作用的研究》。

2. 研究要尊重学生的自主性

教师要引导学生根据自己的爱好、特长、兴趣，自主选择研究性课题，而收集资料、整合信息、撰写报告、展示成果等整个过程都应由学生自己作出判断，教师只起宏观调控、方向性和原则性指导作用及大疑难问题的点拨作用。这种学习方式为学生提供了更多的参与机会，更容易激发学生的探究热情，实现自主发展。当然由于学生的年龄、认知能力的限制，如果缺乏必

要的指导，他们的研究性学习就有可能变得随意，或幼稚而缺少实际价值，或期望过高而失去操作性，或脱离实际而感到茫然，或步入误区而缺乏积极意义。所以拟题和研究的过程，是一个师生互动的过程。在教师必要的点拨下，由学生自主确定研究范围或研究课题，这样，既使课题融入学生个人的倾向，张扬个性，又能使研究性学习真正成为富有创新精神的有意义的主动性学习。

3. 研究要坚持合作性

古希腊生物学家普罗塔弋说："头脑不是要被填满的容器，而是一支需要被点燃的火把。"然而，"点燃"是要思想的碰撞的。研究性学习综合性强，涉及面广，需要集体的智慧，需要信息互动。研究性学习的任务之一是培养合作精神和交往能力，因此教师要创设有利于人际沟通与合作的环境，使学生学会交流与分享研究的信息、创意及结果，发展团队精神。

如在地理课和数学课合作开展的《家乡景点地图的绘制与利用》专题研究中，学生分别负责测量、记录、计算、绘制，到有关单位找旧地图。绘制时，师生一起研究比例尺、方位、经纬网和图廓的准确使用，研究坐标点的准确性，对照旧地图，相互评价创新性。后来，学生们又在一个新的景点用新的地图合作开展"定向识图越野比赛"，相互评比看谁"利用地图按方位角行进"的能力强。在动态的合作中，学生的多元智能、体能都得到了训练。

又如在合作开展《我校2020年校园建设规划的地图绘制》专题研究中，为了调动大家的合作积极性，教师在活动前先由故事引趣：1854年9月，伦敦某区500人死于霍乱，医生约翰斯诺利用地图发现死于霍乱者集中于同一水源区的情况，从而得出霍乱是通过水传播这一结论。

然后，教师让学生明确地图的用处：旅行寻路，算路程，定路线，在军事、国防、经济建设中的作用……再让学生分工完成如下任务：负责规划区域的丈量、记录；按比例尺计算、绘制；查阅旧地图用以比较发现创意；上网查先进学校校园未来规划资料，发现自己的不足。最后综合信息，撰写出研究报告。

4. 研究要坚持科学性

教师让学生以类似科学研究的方法，通过已有知识、所获得的信息、实验操作等过程获得解决问题的方法，给学生一个亲身体验的情境，通过类比、联想等解决问题，感悟科学研究的方法。

如河南省中考题：19世纪初，英国科学家道尔顿提出了近代原子学说，他认为物质是由原子构成的，这些原子是微小的、不可分割的实心球体。按

现在对原子、分子的认识，道尔顿的这种观点属于科学方法中的假说。近年来，科学家针对"温室效应"问题提出警告：若大气中二氧化碳含量由 0.03％ 上升到 0.056％，环境温度可能上升 $1.5 \sim 4.0℃$，将引发许多灾难。请问科学家提出此结论运用的科学方法是什么？（假说或假设、假想、设想等。提出假说——验证假说——得出科学结论是常用的科研方法）

人类生产生活是引起"温室效应"的主要原因，请列举两个生产生活中引起大气中二氧化碳含量增加的实例。（化学燃料的燃烧、工业废气的排放、森林面积减少等）

5. 研究要重视与现代科学的联系

如对当代科技发展提出的新设想、新问题进行探究，如航空航天、生物工程、计算机技术、环境保护、新材料新能源等。

如有学生曾研究了《月球与地球相通的因特网设计》，设想利用人造地球卫星作中继站，或者利用登月太空船作中继站，把月球和地球的通信网联系起来，建立星际因特网，把在太空轨道上运行的所有卫星通信设施连接起来，并进一步联通地球、月球、火星上的网络，让宇宙信息畅通无阻。又如根据"基因工程"知识，设想出怎样可以种出增强人体免疫力的瓜果。

6. 研究要坚持重过程参与的原则

如在《蔡伦的创新精神在当今时代的意义》的研究中，有个小组负责搜集资料，研究"蔡伦是不是桂阳人"这个问题，虽然没有得出结论，但对蔡伦积极创新的精神和对人类文化的贡献有所感悟。

7. 重规律探究，重多门学科知识的联系

可根据学科之间的内在联系设立多元互动性的课题。如《互联网时代的教育》可分设多个子课题：《怎样运用互联网学习学科知识》《中学生上网应有的科学态度和行为》《网上感受祖国母语美》《网上的艺术审美》。

8. 重资源共享

建立学校课程资源管理数据库，通过课题组内的课程资源共享、校际间的课程资源共享、社区课程资源共享、国内外的课程资源共享，拓展校内外课程资源的共享渠道，培养学生的资源共享意识和合作互助精神，提高资源的使用效率。

如桂阳蔡伦中学以开发和利用有利于学生学会学习、学会生存、学会交往、学会创新、学会自律为切入点，寻找蕴藏于学生生活、社区和家乡自然环境中的教育资源，把资源开发利用的"四抓"结合起来，即抓信息媒体资源，抓教师人力资源，抓学生动态资源，抓社区和自然资源，促进教材资源与各种资源的整合，信息技术与教育教学的整合，利用互联网，建立网站及

主题知识库，建立自主开发课程资源系统。各科凭借教育教学信息平台和社区、自然环境，充分利用蕴藏于学生生活、社区、自然的教育教学资源，引导学生通过网上研究性学习、综合课活动，实施现代信息环境下的自主、合作、探究学习，从而正确认识人与社会、人与自然、人与母语文化的关系，构建教材文本与生活动态资源、教学与现代信息技术整合的运行机制，使课程更加开放而充满活力。

9. 重校本课程开发

立足于学生的学习和社会生活、以信息互动为显著特征的研究性学习，是校本课程生成和构建、课程资源开发和利用的重要途径。如蔡伦中学有效地开展了《怎样以蔡伦的创新精神创学校、班级新特色》《没有进重点中学怎样同样成才》的研究。

10. 重发展性评价

即评价重形式的多样性、内容的生动性、过程的科学性、成功喜悦的共享性，重过程，重形成性评价、潜质性评价和纵向进展性评价，以促使学生潜能的自主开发，培养可持续发展的能力。如有些成果可用音乐、舞蹈、绘画、小制作、模仿表演、小论文、实验报告、论文答辩、辩论会、演讲、操作等形式展示，融艺术性、知识性、文学性、科学性于一体，生动活泼，是集体智慧的结晶。像语文的课本剧自编自演，写剧本是文学创作，布景是美术创作，表演是音乐和舞蹈等方面的创作，设置道具是综合性创作，可以从不同角度展示和评价学生的个性特征和情感态度价值观。

桂阳县的北部地区是本县的边远山区，地形复杂，居住点分散。欧阳海中学地处此山区，八年级2班的班干部为了在寒假用地图和指南针带领不熟悉本地山路的班主任检查分居五处（见下图）的同学的社会活动情况，他们做了如下路线设计。

师：请同学们相互评评路线设计的科学性以及与过去相比所表现出来的发展潜能。

1. 去①至⑤号地址的同学的家，王明设计的路线是：⑤②①④③；李东设计的路线是：③④①②⑤；欧阳河设计的路线是：⑤④②①③。

2. 从薛华家，即①号地址，到欧阳勇家，即②号地址，是第二次重点检查的路线，李冬选择了A路线（如图），侯明选择了B路线（如图）。

生：我认为王明的路线设计最理想，他是按地势由低处到高处的顺序设计的，这样上山和检查结合，用体力与用脑力交互进行，不容易疲劳。王明同学考虑问题比以前更加注意科学性了。

生：我认为侯明的设计较理想，因为先在上到山顶的过程中进行第一次

检查，在回来的路上再进行第二次检查，便于结合所观察到的自然环境评价被检查同学的活动情况。候明考虑问题周密、全面，比以前进步多了。

生：我认为欧阳河的设计有道理，先走有河道的地方，以避免万一最后要走夜路时经过有河的地方不安全，同时，晚上也不利于观察。只是这样上坡或下坡就要多走很多路，但这确实有利于我们观赏桂阳的母亲河——春陵河。可见欧阳河爱家乡，对春陵河一往情深，难怪叫欧阳河。（众笑，鼓掌）

生：李东的选择也是很科学的，因为他能根据等高线来选择坡度较小的路。现在他学会运用所学的知识了，这为以后的进步创造了条件。

生：候明所选的路看上去是直线，其实是大起大落的。不过他敢于体验"无限风光在险峰"的精神非常可贵，这是攀登中不可缺少的精神力量。

师：大家能看到同学积极的、可借鉴的方面，这很好。我们来共同选择能在最短时间里完成检查工作的路线吧……

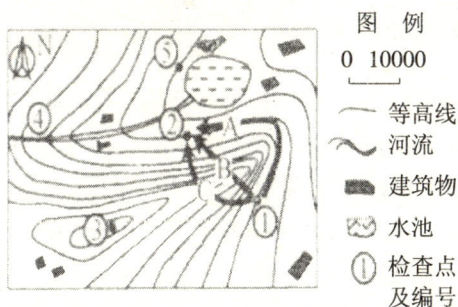

图 例

0 10000

〜 等高线
〜 河流
■ 建筑物
♨ 水池
① 检查点及编号

通过"评评路线设计的科学性以及与过去相比所表现出来的发展潜能"，教师提醒学生注意运用内容和方法评价的科学性、个人纵向比较的形成性评价、积极因素的潜质性评价，有高屋建瓴的指导作用。

第二节　研究性学习实施指南

一、研究性学习的指导思想

以新课程标准的理念为指导，以培养创新精神和创新、实践能力为核心，以指导学生实施"自主、合作、探究"的学习方式为着眼点，以研究性学习课程和学科研究性学习活动为载体，让学生通过类似科学研究的方式主

动探究，体验和感悟研究、创新的过程和规律，形成健全人格，开发创新潜能，促进全面发展。

二、研究性学习概念的界定

研究性学习既是一门课程，也是一种科学的学习方式、一种全新的学习理念，它既泛指贯穿于学生各科各类学习活动中的探究问题的方式，也指学生在教师指导下，通过选择一定的课题，以类似科学研究的方式进行主动探究，从而获取知识和应用知识解决问题的一种学习活动，是师生围绕问题的解决、研究内容的确定、研究方法的选择进行合作交流，探索新知识、新法则的过程。

三、研究性学习的价值取向

研究性学习要求学生从只是获得书本知识和间接经验转向同时重视通过实践、体验来获得直接经验和新的认识并解决问题；从单纯关注学生对学科知识体系的掌握程度、学生模仿和再现书本知识的能力，转向同时重视培养学生搜集、选择、分析、判断、思辨、整合和运用信息并创造新信息的能力；从仅仅追求学习的结果转向更重视学习过程中的态度、情感体验、价值取向和研究方法；从仅仅追求教学的"知识目标"转向重视包括知识在内的学生的知、情、意、行等方面素质的全面提高。研究性学习以转变学生的学习方式为出发点，以培养学生可持续发展能力和创新人格，使之能适应明天社会的需要并能开创新的事业为自己的任务。

四、研究性学习的总目标

研究性学习的宗旨是培养学生的创新精神和实践能力，具体包含以下几个方面：

1. 获得亲身参与研究探索的体验和感悟。研究性学习要求学生通过自主参与类似科学家研究的学习活动，获得亲身体验，在日常学习与生活中逐步形成喜欢质疑、乐于探究、努力求知、合作创新的习惯，激发探索和创新的欲望。

2. 提高发现和解决问题的实际能力。研究性学习要求学生围绕一个需要研究解决的实际问题进行活动，以解决问题、表达交流、深化认知、获得新

的感悟、生成新的知识、明确研究价值、感悟研究过程为宗旨。在研究性学习过程中，教师要引导和鼓励学生自主地发现问题和解决问题，设计解决问题的方案，调查研究、收集和分析资料，整合和处理信息，使学生得出结论并进行成果交流。同时，教师要引导学生应用已有的知识与经验，学习和掌握一些科学的研究方法，以培养学生发现问题和解决问题的能力。

3. 培养收集、分析和利用信息的能力。研究性学习要求学生掌握科学方法，学会利用多种有效方法，通过多种途径获取信息，学会整理与归纳信息，并恰当地利用信息创造出新的信息，同时激活知识储存，发现和解决问题。

4. 培养科学态度、科学精神。研究性学习引导学会从实际出发，严谨务实，崇尚真理，尊重他人想法和成果，培养学生执著追求、不断进取、不畏艰难的精神。

5. 培养对社会的责任心和使命感。研究性学习要求学生了解科学对于自然、社会与人的意义和价值，学会关心国家和社会，学会关注人类与世界的和谐发展，形成积极的人生态度、情感和价值观。

五、研究性学习的内容

(一) 内容的特点和取舍原则

研究性学习的课题内容构建与通常的学科课程有着显著的差异，它不再是由专家预先规划的特定知识体系的载体，而是一个师生共同研究新问题、探索新知识、求得新规律、完成学习对象和自我双向构建的过程。因此，研究性学习的内容具有开放性（科学、人文；单科、多科；实践、文献研究；验证、思辨创新）、问题性（其内容是以问题呈现的，即以课题、专题提出）、综合性（跨学科、多角度、多层面）、社会性（关注人类生存、社会发展；注意资源共享）、实践性（直接获得情感体验）、层次差异性（目标分层、内容有异，可单科性，也可学术性）。

根据以上特点，研究性学习内容选择的原则和向度是：

1. 注意与学生生活环境、个人经验相联系，与学生学习能力、个性心理特征相适应。中学生应选择社会性和科学性较强的选题，重视对国家、社会、人类以及自然界各种问题的探究，结合思辨性的资料分析、问题讨论、实验考证、动手实践、报告撰写等研究形式，发展抽象思维（小学生重形象思维）。自然、社会、自我是研究性学习课程开发的三个向度。因而，应把科学、艺术、道德三大方面的知识整合到源于生活、自主生成的研究性学习

内容之中。

2. 注意与社会生活实际的联系，开发学习资源，从现实生活中寻找有价值的问题。

3. 注意与现代科学发展的联系，与现代科学的发展趋势和成果联系。如航空航天、生物工程、计算机技术、环境保护、新材料能源等。

4. 注意与各科知识的联系。教师要创设各种情境和条件，加强各科知识的内在联系，使学生从不同角度去观察和思考。在同一主题下，研究视角的确定，研究目标的定位，切入口的选择，过程的设计，方法手段的运用及结果的表达等都可以有较大的灵活性。

(二) 内容设计策略

1. 有扶有放，有分有合。教师提示主题、范围、方法，在选题实施中把学生活动的自主性、开放性与学校的组织管理结合起来。

2. 因地制宜，开发资源。如从当地特产的量与质和生产方法改进方面选题，建立校本课程。

3. 因时制宜，选择课题。如联系知识经济的发展，计算机网络等展开研究。

4. 积累深化，资源共享。如借鉴中外典型案例等进行研究。

5. 与学科课程整合，创设研究性学习环境。教师要按照新课程的思想，将教材内容还原成要研究的问题，并紧密联系社会大背景，将教材当做课程资源的一个部分来灵活运用。

六、研究性学习的组织实施

(一) 分类

1. 课题研究类

以认识客观世界和人自身的某一问题为主要目的，具体包括社会调查、科学实验、文献研究等类型。

2. 项目（活动）设计类

以解决一个比较复杂的操作问题为主要目的，一般包括社会性项目的设计和科技类项目的设计两种类型。前者如献爱心活动，街头宣传活动或主题班会的策划，后者如某一设备、设施的制作、建设或改造等。

以上类型亦可综合体现。

(二) 组织形式

1. 个人独立研究——"开放性长作业"或自定主题研究。

2. 小组合作研究——专家（教师）指导，有分有合，各展所长、协调互补。

3. 全班集体研究——围绕同一主题，各组或个人搜集资料，开展探究活动，取得结论或形成观点，再讨论、分享成果，进行思维碰撞，推动思考深入，然后进入第二轮研究或结题。全班集体研究可与教材中的综合性学习结合起来。

（三）实施途径和方法

1. 主要途径

①作为综合性实践活动课中的一部分加以实施。

②在综合性学科课程中，通过主题模块的设置加以实施。

③在单科性学科中，通过穿插综合性专题加以实施。

2. 实施要求

①全员参与——全员全程自主参与。

②任务驱动——任务目标、过程导向、成果预计。

③形式多样——可单科，可综合；可独立，可共同；可结合课程，可结合活动。

④课内外结合。

3. 一般程序

①进入问题情境阶段。

②完成体验阶段。

③表达交流和反馈阶段。

以上三阶段是相互交叉、交互推进的。

中小学生的研究，具体过程分以下几个阶段：

①知识背景准备阶段。以实例让学生明确研究的性质、目标、步骤、意义、方法等，注意价值取向的引导。

②指导选题。引导学生按自己的兴趣、爱好、特长和家庭背景、研究条件自由选择题目，并对选题的社会价值和研究的可行性进行判断论证。

③搜集资料，制订研究计划。计划一般包括研究目的、意义、主要问题、研究步骤、方法、成员分工、资料信息的收集方式及实验和社会调查的安排等。

④分析资料、实施研究。这个过程包括查资料、做实验、搞调查、体验学习、实地采访等。

⑤处理结果，撰写报告。

⑥展示研究成果。可以小论文、图表、模型、电脑多媒体、调查报告、

实验报告等形式展示。

⑦成果交流研讨。包括分享成果，思维碰撞，辩证思考和反馈深化等。

4. 应注意的问题

①及时给学生活动以合理的监控；

②注意资源的重组和共享；

③教师指导与学生主体相结合。

七、研究性学习的评价

(一) 评价的原则

1. 重学习过程体验的原则。

2. 重知识技能应用的原则。

3. 重实践探索感悟的原则。

4. 重全员全程参与的原则。

5. 重自主监控的原则（自评、互评与师评相结合）。

总之，评价要体现全程性、动态性、主体的多元性和自主性，评价内容要丰富和灵活（内容结果可以是论文、调查报告、模型、展板、主题演讲、口头报告、研究笔记等），评价手段和方法要多样（定性与定量结合，书面与口头结合，自评与互评结合，操作与答辩结合）。

(二) 评价的具体方法

评价要充分考量学生的表现，从美感、创新意识和艺术欣赏的角度看学生的每一次表现。具体方法有：

1. 档案袋评价——收集学生在某一科目的学习过程中的作品，以学生的现实表现作为判定学生学习质量的评价依据。

2. 实操评价——对学生完成某项任务或解决某个来自真实情境中的问题进行评价，强调提出问题和解决问题的过程，即学生是怎么想的，怎么做的。

3. 文章或作品评价。

4. 展示与交流评价——通过让学生在观众面前演示、表演、表达和操作等进行评价。

5. 口头演说评价——通过让学生口头演说反映研究性学习的过程和结果，展现其思维能力、表达能力等进行评价。

6. 答辩会——通过质疑和追问，让学生充分展现思考的深度、广度、对知识的运用能力及变通能力，来引发学生的进一步反思、探索。

八、研究性学习的管理措施

研究性学习既是一门课程，又是学校常规教学工作的一部分，必然和现有学校的教学管理有相通、重叠之处。研究性学习与学科整合，就要凸显研究性学习策略的运用，这就要求教师对常规学科教学有新的构建。因此，一方面，研究性学习课程管理需要构建自己特有的课程管理规范，以适应这门课程本身的要求；另一方面，又需要借鉴学科教学实施研究性学习方式的一些成功的管理规范。

研究性学习由校长领导、小组负责统管，宏观监控，评价鉴定；教导处组织课程操作；课题组负责科研方法指导；班主任和指导教师具体指导，学生课题组长主持活动。

建立一种最基本的，相对稳定的课程管理规范的步骤：

1. 制订研究性学习实施指南。
2. 建立课程实施方案和规章制度。
3. 建立评价机制。
4. 实施与课程有关的规定。

附：

萤火虫发光原理及相关创新设想的研究报告

桂阳县蔡伦中学三十三班　颜玉兰　李标　胡陵峰

一、问题的提出

夏夜，草丛里，小河边，屋檐下，闪动着柔和、晶莹的光，像小珍珠，像小眼睛，与天上的星光遥相映衬，与伙伴们的瞳仁相映成趣，给神奇的夜空增添了童话色彩，那神秘之光的奉献者就是萤火虫。它是那样的让人神往和思考——

萤火虫为什么能发光呢？它的身体到底会有什么特殊的功能呢？它的光源究竟是什么呢？利用萤火虫发光的原理能进行创造发明吗？

为了探索这些问题的答案，我们进行了关于萤火虫发光原理及其仿生创新的设想研究。

二、研究目的

1. 明确研究性学习的概念。
2. 初步了解萤火虫的发光原理。
3. 能根据萤火虫的发光原理进行创新性设想。
4. 体会研究中的乐趣和困难，学习运用科学的研究方法。

三、研究方法

1. 实验研究法。
2. 实地观察法。
3. 文献研究法。

四、研究过程

第一次小实验解决我们最迫切了解的问题：萤火虫发光时是否会发热，会不会烧着自己？

我们发动全班同学抓了 362 只萤火虫，把它们聚集在一只因灌气而胀大的透明薄膜袋里，从封口插入温度计，观察袋内温度变化。结果发现了无论白天还是黑夜，袋内外都不存在温度差。萤火虫在白天是不发光的，这说明它晚上发光时没有发热。于是，我们就不再担心它是否会烧着自己了。

第二次小实验解决我们这时感到奇怪的问题：为什么萤火虫白天不发光呢？是不是萤火虫受到光亮的刺激就不发光了呢？它身体的哪一部分接受这种刺激才发光呢？晚上，我们用一张大黑纸把台灯封起来，在黑纸上用针刺一个小孔，让萤火虫身体的每一个部分先后接近小孔放出的光线，结果只有眼睛受到光线刺激，它才不发光。白天，我们用小黑布把萤火虫的眼睛蒙起来，它又发光了。联系生物课有关神经的知识，我们明白了萤火虫的眼睛受到光亮刺激时，眼神经末梢立刻把这种刺激传给了神经中枢，再由神经中枢向发光器官周围的小神经发出命令，于是它的"灯"就关闭了。小小萤火虫还有控制小"灯"发光的特殊本领呢！

1. 实地观察

我们又提出了新的问题：萤火虫在不干燥的地方会不会发光呢？

带着这个问题，我们想进行第三次实验，却发现了一件有趣的事——

一天夜晚，我们拿着小手电筒到田野寻找萤火虫，忽然发现田头一只大青蛙的肚皮下闪闪发光。我们把它抓在手里，熄灭了手电筒光，那黄绿色的光晕更是柔和晶莹。我们好奇地剖开井蛙一看，原来是贪吃的青蛙吞下了几十只萤火虫。青蛙体内湿漉漉的，但并没有影响这些小天使的发光功能。

2. 查阅文献资料

我们还没有明白萤火虫为什么能发光，它发的是一种什么光。

我们冥思苦想，也没有想出实验方法，只好去图书馆查资料。综合资料信息，我们终于明白了这一科学原理。

原来，萤火虫的发光器位于腹部后面，它是由1500个发光细胞组成的。这种发光细胞是透明的，每个发光细胞下面衬有一个反光细胞。发光细胞与萤火虫的支神经纤维相连。发光细胞中含有荧光素、荧光酶和三磷酸腺苷（ATP）等引起发光的物质，发光细胞外围绕着提供氧气的微气管。

荧光酶是一种催化剂。当萤火虫分泌荧光酶时，发光细胞中的荧光素、ATP被激活，活化的物质与氧气发生氧化反应，就产生闪闪的荧光。在萤火虫发光的过程中，氧化产生的能量全部变成了光能，不存在能量浪费，也就是说没有产生其他形式的能量（如热能）的可能。因而它的光是冷光。

萤火虫发的是冷光，不存在热能，当然不会烧伤自己——我们茅塞顿开了。

3. 网络查阅

听老人说，萤火虫发光还是它们晚上与情侣约会的信号呢。真有这事？我们在网上查得这样的信息：萤火虫发的光叫做"闪光灯语"。有一种北美雄萤，每隔5～8秒闪光一次，藏在草丛中的雌萤在闪光的引导下，一闪一闪地飞去与它亲热地演起"天仙配"，真是神奇有趣。

五、创新设想与思考

根据萤火虫的上述发光原理，是不是可以制出高效人工冷光源呢？我们可以用化学方法人工合成荧光素、荧光酶、三磷酸腺苷（ATP）。利用荧光酶的催化作用，让人工制荧光素在水分的参与下，与氧气化合而放出"荧光"，通过控制提供发光能量的三磷酸腺苷（ATP）来控制发光时间和光线强弱。这种发光源可用于城市夜景。在低消耗的情况下，城市将变得五彩缤纷。另外，这种荧光还可以用于交通信号显示等。

如果我们仿照萤火虫的发光原理制造像萤火虫体内那样的发光物质，把这种物质涂满室内外，那么，等天一黑，它便自动发光，而且是永远不会损坏的墙壁之"灯"。同时，房子外面涂的这种冷光物质，在白天接受并储存太阳辐射的能量，更是安全、方便而又节能，也不会使屋内夏天过于闷热。

还可以按以上冷光制作原理制成田野害虫诱捕器和海洋鱼类诱捕器，安全而又不受风雨影响。

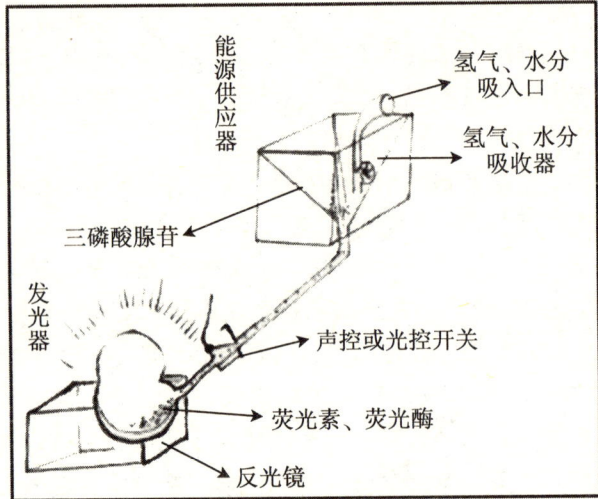

害虫、鱼类诱捕器图示

这种诱捕器（如上图）由发光器、能源供应器、开关三部分构成。发光器的透明塑料灯泡内装有人工合成的荧光素、荧光酶。灯泡底部是凹形反光镜。发光器通过开关与能源供应器相接，能源供应器内有人工合成的三磷酸腺苷（ATP），可以吸入空气中的水分和氧气。能源供应器和发光器之间的开关，可根据需要用光控或声控、电控、人控。如用于诱捕害虫，则可安装光控开关，这种开关白天受光线刺激就隔断发光能源器向发光器传输能源的通道，停止发光，晚上自动打开能源传输通道。灯泡浸入水面下，利用害虫的趋光性，诱虫扑上水面而不能飞，最后被淹死。如用于诱捕鱼类，就把发光器放在捕鱼网底部。另外，这种冷光发光装置还可用于夜行照路和不便于接通电源的道路、仪器、机器的指示灯。这里要利用到的冷光物质现在已经能够人工合成，声控、光控开关也已广泛运用，所以这种冷光发光装置的制造和运用是可行的。

按照萤火虫雄雌相应闪光的原理还可以制成精密仪器各部件的故障检查显示器。即把这种冷光物质分别涂到仪器或电脑的部件和反应器上，根据闪光的部位很快就可以发现是什么部件有故障。

利用以上冷光制作原理还可以制成冷光物质涂在可以反射光的皮管的一头，将这一头插入体内，把供应发光能量的ATP输入皮管内，则皮管可以发光照亮体内器官。通过皮管对光的反射传递，人能清楚地观察到体内的病变，同时没有伤害人体。

六、结论和思考

通过研究，我们初步了解了萤火虫发光的原理，萌生了仿生创造的设想。同时，我们还感受到了科学探究的苦与乐以及成功的自豪感，认识到了大自然的无穷奥秘需要我们去探索。

同时，我们也还应深入研究这一课题中的新问题，如还可以进行哪些萤火虫的仿生创造等。

第二章

教学实践活动中的研究性学习

研究性学习"从广义上理解，它泛指学生探究问题的学习，是一种学习方式，一种教育理念或策略；从狭义上理解，它是一种专题研究活动，是指学生在教师指导下，从自身生活和社会生活中选择并确定研究专题，以类似科学研究的方式主动获取知识、应用知识、解决问题的学习活动"。[①] 不管从广义还是狭义上理解，研究性学习的根本特征都是强调学生学习的自主性、探究性、创新性和灵活性，这些特征体现在学习目的、学习内容、学习过程、学习形式、学科之间关系处理、课内外（学习与生活）关系处理等方面的变革中，因而，研究性学习是一种全方位的学习变革。基于此，研究性学习作为一种理念，既可以在专题研究、课外活动等研究性学习活动中贯彻，也可以在课堂教学中通过引导学生独立思考、勇敢质疑、探究解疑、拓展创新等环节中得到贯彻，还可以在课内外、学科之间协同的综合性实践中全面实施。

第一节　学科课堂教学中的研究性学习

基础教育课程标准中提出了"知识技能、过程方法、情感态度价值观"的三维教学目标，而研究性学习指导注重对学生的生活体验、情感参与、主体精神、知识自主生成、技能的自主掌握和应用、价值取向等方面的引导，因而研究性学习是学科课堂教学实现三维教学目标的有效途径。

如根据语文激情、生趣、拓思、引创、励志、导行与学文协同、整合的特点，语文研究性学习指导可采取"六引"导研法，即"引情——引疑——引探——引创——引用——引评"六个引导步骤。

美学原理认为，在美的创造中，感知、情感、想象、理性等心理因素是互动互促的。而语文学习，也是母语文化美、文学创作艺术美、文中内容美与人文美的审美、创美过程和学美文，学会做美的人的修炼过程，教师在教

---

① 冯新瑞．研究性学习在学科教学中的探讨［J］．课程·教材·教法，2002（5）

学中应做到知情互促、知行合一、情理并举、情文并茂，使"六引"导研过程成为不断激活精神生命的过程。

以下是《少年爱因斯坦》一课的教学片段：

师：有一个人，他在人生最艰难的时刻创造了一生的辉煌起点，这个人身处困境，壮志犹存。他在任地位低下、薪水微薄的小职员时，居住在杂货店的破屋里，在没有名师指导的情况下，研究出著名的光电效应、狭义相对论，宣告新的物理学革命时代的到来。在没有名师荐举的情况下，多所大学争着聘请他出任教授。1921年，他因在理论物理学方面作出重大贡献，特别是发现光电效应定律，荣获诺贝尔物理学奖。这个在饥饿和贫穷之中执著追求科学研究理想的人是谁呢？在你心中，他是怎样一个人？

生：这个人就是爱因斯坦，他不愧为科学界的泰斗。

生：爱因斯坦是发现光电效应的美丽天使，是新的物理学革命的先驱。

生：他是在逆境中崛起的科学巨人，他让我们深深感受到，我们这些平凡的丑小鸭也可以变成金凤凰。（众笑）

师：爱因斯坦的确由丑小鸭变成了金凤凰，正因为这种传奇性的变化才更值得我们来研究他的人生经历、成长条件、成功原因。要研究他的这些情况，就要读有关他的资料。请大家把介绍他的经历并对他作出适当评价的这篇评传《少年爱因斯坦》与你们自己查阅的资料结合起来，研究他成功的原因吧。要研究就要先提出紧扣主题的问题，你们有什么问题要提出来呢？

生：写自传和评传都要真实，可这篇评传对爱因斯坦成功的原因的分析与爱因斯坦自己的名言矛盾。课文中讲到天赋这个因素，而他自己说："我没有什么特别的才能，不过喜欢寻根究底地追究问题罢了。"这是为什么呢？

生：课文中在第18段写爱因斯坦喜欢独立思考，第21段的承上句也是写他"头脑大放异彩"，也就是擅长思考，为什么插在这中间的19、20段都是写他对军国主义泛滥的反感呢？这不是显得结构凌乱了吗？

生：这篇评传写爱因斯坦的良好个性和成才原因，写了多种原因，是以什么为线索组织材料的？

生：在他成功的因素中，什么是最关键的呢？

……

师：大家真善于质疑。这些问题都是读写传体文应该明确的。请大家讨论：在爱因斯坦的成长过程中，哪些因素促使他成才呢？最关键的因素是什么？

生：我觉得，爱因斯坦的成功因素，一是音乐天赋，二是独立思考，三是勤学好问，四是科学天赋。最关键的是他天赋好。

师：你是从哪看出"天赋"是关键因素的呢？

生：在课文第5至12段反复写到他的音乐早慧，第19段又写到他的数学才能使来到他家的大学生吃惊。文中又多处写他聪慧的眼睛。

生：我觉得音乐和科学天赋虽然也是他成才的重要因素，但最关键因素是他的浓厚的学习兴趣、勤学好问和独立思考的习惯。

师：你是怎么看出来的？

生：他的音乐早慧，也离不开妈妈弹奏优美乐曲的熏陶和他自己的痴迷，这在第6段到12段都有形象描述。（有表情地朗读）他学习数学除了聪明，最重要的也是因为他有浓厚的兴趣、执著追求、勤学好问和爱独立思考的习惯，这在课文中有多处描写和评价。

生：文中对他的眼睛进行了多次生动描写，我认为除了写他聪明外，主要是突出他爱思考，会思考，因为眼睛是心灵的窗户。

生：我同意这种看法。正因为爱因斯坦成才的因素除他的天资外，最关键的是他勤学好问、独立思考，因而课文中有关这些因素的介绍和评价与他自己说的一句名言"我没有什么特别的才能，不过喜欢寻根究底地追究问题罢了"没有矛盾。

生：我也同意勤学好问、爱思考是爱因斯坦成才的关键因素。这也是他的个性，写自传和评传就要写出一个人的个性。另外，他还有正义感强这一个性，如对军国主义泛滥很反感。

师：你们怎么看这种正义感与他成长为科学家的内在联系？

生：进步的科学家应该首先有正义感，有良心，否则就会拿科学来坑害人，那更是灾难。人们骂电脑黑客为黑心肠的牛魔妖就是这个原因。（众笑）

生：我认为文中写爱因斯坦对军国主义泛滥很反感，既体现他的正义感，也体现他会思考。课文中有句写他愤愤不平时说的话："让这些人长脑袋是多余的，只给他一根脊梁就够了"，意思就是讽刺这些人四肢发达，头脑简单。（众笑）从而以个性化的语言、神态描写突出爱因斯坦善于思考，"众人皆醉我独醒"。

师：所以第19、20段有关正义感的描述与上下文写喜欢"思索"和"头脑大放异彩"这些内容之间有什么内在联系？是不是结构凌乱呢？

生：这里的会思考与正义感之间有因果联系，这样的构思更有逻辑性。

师：这篇评传层次分明地写出了爱因斯坦的好奇、好学、好问、好思和执著追求精神等个性特点。层次分明、逻辑性强还体现在哪里？

生：按时间顺序，以爱因斯坦的成长为线索组织材料，突出他成才的原因这个中心。

生：老师，我有个新问题想提出来，憋不住了。（众笑）

师：别憋坏了，让大家帮你排忧解难吧。（众鼓掌）

生：老师平时总埋怨我们没有各科全面发展，可人家爱因斯坦也没有科科齐头并进，为什么人家也成了大科学家呀？这个问题到底应该怎么看呢？

师：老师对学生的评价和要求有不妥之处也可以和本课联系起来说说，大家联系今天学的课文讨论讨论吧。

生：我认为全面发展的要求与爱因斯坦的成才过程没矛盾。爱因斯坦有些学科被老师骂为"笨""迟钝"，并不是真的愚笨。他只是因为要慢慢想，独立思考而已，只是因为他不愿跟着老师去想。另外，他也没有放弃成为物理学家应该有的学科学习，这从17、18段可看出。

生：老师也要我们不要放弃各科基础知识的学习，这是今后不管成为什么科学家都要有的基础。

生：要学生掌握更全面的基础知识是对的，但不一定要求科科齐头并进，因为从今天学的课文可以看出人的兴趣爱好和个性是不同的，就像爱因斯坦，他在中学时已经自学了微积分而其他科目并不突出。

师：大家说得对，既要学习各科基础知识，更要发展思考和实践能力，发展个性特长，老师也不能因学生成绩不全面就批评他不优秀，要看他进一步发展的潜能。今天大家的收获可真大，不仅懂得了这些道理，还知道了怎样写传记。请大家准备用评传的方式介绍本班一位同学的兴趣爱好、个性特长等情况，不点出姓名，让大家猜你介绍的人是谁，如果猜得出姓名，就说明你介绍得准确。大家还要评评你的评传创作艺术。

这是一个在学科教学中高效指导学生进行研究性学习的典型例子，教师运用"引情──引疑──引探──引创──引用──引评"六个引导步骤，灵活机智地把学生的研究性学习引向纵深。他以"这个在饥饿和贫穷之中执著追求科学研究的人是谁呢，在你心中，他是怎样一个人"这个有着浓厚情感色彩的问题来"引情""引疑"；紧扣学生研读中生成的问题，巧妙"引探""引创"，把学生的问题、不同见解巧妙地转化为解决问题的动态资源；以多种因素之间的内在联系为逻辑纽带，巧妙地"引探""引用""引评"，引导学生把问题和探究过程链接起来，把文本与生活实际联系起来，最后把学生的认知、感悟水到渠成地引导到新的层次。可见，研究性学习作为一种学习方式，在学科教学中是多么重要，也多么有趣。

第二节　综合实践活动中的研究性学习

学科教学中有专题研究活动，综合实践活动课程中的研究型课也一般是以专题研究活动为载体来指导学生进行研究性学习的。专题研究活动的主要特点如下：

——生活体验性，即从自身生活和社会生活中选择并确定研究课题。

——微型科研性，即以类似科学研究的方式主动获取知识、应用知识、解决问题。

——学科综合性，即以研究型课程（是指一类专门基于研究性学习并为了更好、更全面地实施研究性学习的课程载体①）或综合性学习活动为载体，以学科知识有机综合、紧密联系实际问题为核心，综合运用相关学科知识、能力，在真实的或者是特定设置的情境之中，界定、发现、分析、解决问题。

——学习内容的开放性，即联系生活中的问题和利用自然、社区资源，扩展学生多元学习的机会和体验，引导学生自定研究专题，寻求解决实际问题的规律和方法，研究内容向生活实际开放。

——研究过程的自主性，即引导学生自定课题，自作假设，自选研究方法，自控研究过程，自主处理研究信息，自呈研究成果，自评研究得失，使学生个体创造潜能得到充分的开发和利用。

——学习方式的多样性，即为了张扬学生的个性，也为了适应专题研究的实际需要，研究性学习提倡学习方式的灵活多样。学生可单独研究，也可合作探究；在科际上，可单科进行，也可多科协作；在手段上，可调查研究、实验验证，也可文献研究、理论探讨等。

如语文等学科与地方课程、研究型课合作开展了一次以《〈童区寄传〉壁雕图文之美》为专题的综合性实践活动。古代郴州少年区寄智杀拐卖儿童的人贩的故事，表现了区寄疾恶如仇、敢于斗争、善于斗争的精神，很有教育意义。郴州市在城市人文建设中，将故事中的人物活动过程雕塑在苏仙桥头公园的山壁上，并配有柳宗元的《童区寄传》全文。在语文课、地方课、

———————————
① 靳玉乐，艾兴．对研究性学习的再认识［J］．教育科学研究，2003（1）

研究型课教师的指导下，全班同学按照自拟自选的子课题内容分组，采用实地观察，采访雕塑设计师、市政府宣传部和文化局领导，查阅郴州文史资料等方法研究自己组的子课题。下面是各组研究成果汇报交流中的主要发言内容。

语文研究组：

我们组的子课题是《〈童区寄传〉浮雕的诗文创作美》。这一浮雕图文并茂，文字描述形象逼真，雕刻的图栩栩如生。看了图，我们对文中难懂的描述理解得更加清楚、准确、深刻。区寄机智勇敢，与歹徒巧妙周旋的细节变成了惊险感人的动态镜头浮现在我们脑海里。区寄是个"荛牧儿"，又打柴又放牛，从小就勤劳善良，他遇到凶恶的人贩子，不是害怕得胆战心惊，而是沉着冷静地想出智斗坏人的办法。他以假装害怕而又听任摆布的样子迷惑坏人，在坏人丧失警惕性时，杀死了那个睡觉的坏人。当被另一个出外买东西的坏人发觉时，他急中生智以"彼不我恩"等借口巧妙解释，又以"二人得我，不如一人得"为理由说得坏人放弃了杀他的念头。然后，他寻找机会杀了第二个坏蛋，并急忙向州郡报案。这篇传记，把人物斗智斗勇的细节写得呼之欲出，人物语言、动作、心理描写就像电影中的一个个特写镜头，与周围环境动静相映，烘托出一个鲜活的少年英雄的形象。故事情节悬念迭起，一波三折，扣人心弦，结构严谨，环环紧扣，前后呼应。作者柳宗元真不愧为大文豪。文笔美、人物美、山林美，反映了家乡郴州"人杰地灵，钟灵毓秀，山美、水美、人也美"的优秀文化。另外，苏轼的诗也与柳宗元的文、形象逼真的浮雕图相映生辉。吟诵诗人发自肺腑的诗句，少年英雄区寄的形象在我们心中更加熠熠生辉，这使我们更懂得了老师说的"源远流长的郴州精神与博大精深的诗文艺术珠联璧合，共同浇灌灿烂的文化之花"这句话的意思。

人文研究组：

我们组的子课题是《〈童区寄传〉浮雕的文化内涵美》。这一组浮雕中的图文内容，让我们从一个小故事中，从古代我们家乡的同龄人生活的这个侧面，感受到了家乡人文历史文化底蕴是多么深厚，多么丰富，多么深远。且不说苏仙第十八福地的神韵，湘南起义纪念塔的光辉，港、澳、粤后花园的异彩，单是古代一个小少年的故事就令人感到莫大的自豪、荣耀。古代小区寄勤劳的精神、战胜邪恶的斗志、爱憎分明的感情和郴州父老乡亲扶正压邪的道义，的确是值得我们发扬光大的优秀精神。

政史组：

我们组的子课题是《〈童区寄传〉浮雕的政史教育意义》。我们通过查阅

文史资料和采访郴州市委党校文史研究者，知道，我国唐朝的"贞观之治"给国家带来了政治稳定、经济繁荣、百姓安居乐业、社会秩序良好的景象，但到后来，由于朝廷昏庸，地方官吏腐败，经济萧条起来，拐卖儿童等恶习也不断出现了。可见，政治、经济、社会秩序之间是紧密联系，相辅相成的。借鉴历史，把握今天，我们要把郴州建设成为文明高度发展的港、澳、粤后花园，吸引外商。招商引资，就要有安定的社会秩序，而要社会稳定，政通人和，就必须加强廉政建设和经济建设。国泰民安，社会祥和，才能有经济建设的好环境；经济建设发展，物阜民丰，促进社会安定。这样形成良性循环，才会有更大的变化。这使我们初步懂得了政治老师讲的"实现郴州跨越式发展"的意思。

美术、雕塑组：

我们组的子课题是《〈童区寄传〉浮雕的艺术美》。这一浮雕，用漫画勾勒，却生动传神，人物形象惟妙惟肖。区寄双眸闪闪，虎气生生，显得聪颖机智。他挑担的矫健身影，表现出久经磨炼的毅力；他怒视坏人的双眼，横眉怒目；他急中生智的神情，瞳仁亮亮。他挥刀砍坏蛋的手臂，还是那样稚嫩，却凝聚着正义的威力。葱葱五岭，是他劳动和抗争的背景；郴江流水，是母亲哺育他成长的乳汁。这富有动态感的雕塑，正如美术老师所说的，于细微处见精神，在平淡中有崛起。而那展示诗文意境的书法，也有着化静为动，形神兼备的特色。书、画、文，相得益彰，把一个少年英雄形象活脱脱地展示在我们面前，虽然人物服饰古老，但是，他那勤劳朴实的言谈举止，热爱生活、崇尚美好的品德却像我们身边的现代文明风物一样，焕发出新的时代气息。

城建组：

我们组的子课题是《〈童区寄传〉浮雕在城市建设中的审美价值》。通过观察体验和对市民的采访，我们发现这一组浮雕设在苏仙桥头公园的山壁上，给公园增添了浓厚的文化气息，给人一种古今文化相互沟通、古城文化发展源远流长的感觉。浮雕的造型美，图中主要人物区寄的形象美，公园里的绿草、繁花、翠叶、鸣鸟和郴江流水的自然美浑然一体，浮雕的古声古色与鸟语花香相互映衬。那景物让人赏心悦目，心旷神怡，使人禁不住要和着郴江流水高歌一曲；那雕塑让人荡气回肠，感慨万千，使人不由得想击着古诗节拍吟诵一首。顿时，少年区寄的勤奋、智勇和胆识不禁使我们的灵魂得到了洗礼，精神得到了提升，智能得到了开发。我们忽然感受到才智应该与胆识并存，正义应该与勇气同在。如果人人都有小区寄战胜邪恶的精神，古城阴霾将无处存在，古城家园将更加祥和。可见现代文明不能不弘扬古代文

明的精华，不能不继承祖辈崇尚真善美、狠斗假恶丑的精神。可见城市建设是政治、经济、交通、精神文明合作奏出的交响乐。

上例中，教师以与学生年龄相仿的古代欧寄形象的现代意义研究为切入点和情感、思维的生发点，引导学生开展研究性学习活动，活动适合学生年龄特征、认知水平，容易唤起学生的研究兴趣。

活动根据材料内涵的多维性，按照不同的侧重点，将相应的学科知识或研究项目有机地联系起来：浮雕的文学创作美——语文，浮雕的文化内涵美——人文，浮雕的政史教育意义——政史，浮雕的艺术美——美术，浮雕在城市建设中的审美价值——城建。活动架起了学科协同开展研究性学习的桥梁，有利于帮助学生构建知识结构。

活动通过采访、调查等方式形成自主、开放的动态机制，充分利用了多种学习资源，同时，让学生根据自己智能结构中的强项，选择适合自己的研究主题和方式，有效运用了多元智能理论。

下面是八年级生物兴趣小组的一次题为《动物也懂得"兵不厌诈"》的小课题研究。

1. 提出问题。一天，马明家的黑狗似乎腿受伤了，一瘸一拐的，马明很心疼它，把它抱在怀里亲了又亲，还特意给它吃了一大块瘦肉。一会儿，马明却发现了一件蹊跷的事。他进屋后突然想起喂狗时放在地上的钥匙没有拿，转身回来时，却看到黑狗正活蹦乱跳地向前面邻居家的小黄狗跑去，当回头看到马明时，又赶忙瘸起腿来。马明把这件事告诉了兴趣小组的伙伴们，于是他们由此提出了一个研究的问题：难道动物也会骗人？他们在老师的指导下进行了研究。

2. 提出假设。当马明和伙伴们躲起来悄悄地观察黑狗时，它又不瘸了。于是又得到一番"照顾"。于是大家提出一个假设：动物为了某种目的，也会制造某种假象。

3. 实验证明。李睿的叔叔在家后面的园子里养了一大群兔子。一天，同学们故意让马明家的黑狗追一只黄兔子。只见黄兔子绕了土堆几圈，机灵地扑到一个草丛边的洞口抓了几下，然后赶紧绕进小树丛，钻进另一个洞里。而黑狗却在黄兔子抓了几下并留下脚印的洞口"汪汪"地叫着。同学们的假设得到初步证明。难怪有"狡兔三窟"之说。刘飞伯伯是养虾专业户。同学们在伯伯指导下，把两只蜕了壳的小虾放在水盆里，再将虾的天敌放到虾面前，蜕了壳的小虾不愿轻易变成贪婪的天敌的一顿美餐，它张牙舞爪，耀武扬威，吓退了天敌。而这其实只是虾在虚张声势。

4. 资料证明。同学们还从资料上得知，一只黑猩猩突然向同伴示意：附

近某个地方有香蕉呢，大家赶紧行动吧！当大家傻乎乎地按它所指方向奔去时，它却走向另一个方向取来了香蕉，原来它是"声东击西"。母狐狸发现食物时，会故意发出"警报"，报告天敌降临的虚假信息，同伴"避难"了，它却独享美餐。呆头呆脑的海龟也会"虚晃一枪"，把自己产了卵的沙面抹平，却在另外的地方乱刨一通，以假乱真。原来动物也懂得"兵不厌诈"。

5. 得出结论。同学们在成功的喜悦中归纳出结论：为了生存和自我保护，动物也会撒谎。于是以《动物也懂得"兵不厌诈"》为题写了一篇研究报告，还荣获了市一等奖。

学生在专题研究中的问题生发、假设验证、归因结论都紧密结合生活体验。他们的研究是带着童趣、追求的微型科研，他们灵活运用了社区、自然、文献、网络资源，在研究过程中充分发挥了自己的聪明才智，发展了自己的个性特长。所以说，这样的专题研究活动，具有体验性、开放性、自主性等特点。

第三节　学科课与综合实践活动课协同开展的研究性学习

学科课堂教学中的研究性学习与本学科中或综合实践活动课程中的研究课的专题研究活动可以有机地结合起来，协同运作。因为研究性学习作为一种理念，一种学习方式，它贯穿在所有可以用"研究"来步入未知领域和解决实际问题的学习过程中。同时，课堂学习内容与专题研究活动所涉及的内容常常有"合拍"之处。虽然学科课堂教学的知识内容体现严密的系统性，而专题研究活动所涉及的学科知识又体现多科的综合性、实际运用的选择性，但是专题研究以学科学习与生活实践的紧密联系为基础，灵活运用学科知识去探究和解决问题。学科学习以能够付诸实施的研究活动为载体，深化、强化、活化学科课堂知识，变知识为能力，使生活实际成为学习资源，使课堂学习"为有源头活水来"，使小课堂真正能成为向"中课堂"（校园生活）、"大课堂"（社会生活）开放的"生活感应场"。

因而，课堂教学与能够开展的相应专题研究活动要加强形式和内容的紧密联系，在目标设定、活动过程、评价反馈上相互照应，协同运作。两者可以研究型课为中介得到协调。在研究型课的指导下，专题研究活动的选题、假设的提出、研究方法和内容的确定、研究活动的开展都应尽可能与相应学

科的学习沟通，当然，也可以在条件允许的情况下超越学科内容。这有利于将教材资源、学生动态资源、社区文化资源、自然生态资源、校园文化资源中的学习资源整合起来，用到研究性学习中。

加强语文教学与专题研究中的研究性学习协同，可采取如下六项策略：

一、在专题研究的选题中，采用"一题多子"策略

也就是说，教师根据解决实际问题的需要及其与学科知识、学生兴趣爱好的相关性，引导学生确立总课题，再围绕总课题，从与相应学科关联的不同角度确立子课题，让学生根据自己的兴趣爱好和学科特长选择子课题，成立研究小组。

如八年级地方课，根据郴州五岭广场文化资源丰富、贴近学生生活且与学科学习相关性强的特点，确立专题研究的总课题为《五岭广场的人文和科学价值在哪里》。子课题分别为《从湘南起义纪念碑碑文感悟光荣的革命传统》（政史组）、《从雕塑造型感悟艺术的美》（美术组）、《从碑记引言、解说看语言文化》（语文组）、《从运动健儿雕像的动态美感悟体艺文化》（体艺组）、《花园树带培育的科学方法及其环保和美化意义》（生化组）、《从各种几何图形美看数学的审美价值》（数学组）、《从神农雕像及其传说看民族文化历史》（地方课程组）、《从天马行空造型看物理原理的运用》（物理组）、《给五岭广场谱一曲赞歌》（音乐组）、《五岭广场设计中的创新》（其他组）、《五岭广场在建设港、澳、粤后花园中的作用》（其他组）。

这一组课题系列，以总课题的问题为核心，以点出研究切入点和侧重点的子课题为具体任务，构成有启示性、任务驱动性的内容系统，这些系统既有独立性又有相关性，便于学生在各子课题的研究中充分发掘个性潜能，在全面交流中取长补短，提升综合能力。

二、在专题研究的目标设定中，采用"一总多分"策略

与"一题多子"相应，研究目标既有与总课题相关的总体目标、基本目标，也有总目标分列出来的与子课题相关的分目标，分目标还可以有不同层次的具体要求，这样能促使学生不同个性潜能的充分发挥。评价要有明确的标准来衡量，使学生对研究目标产生积极的期望。

如地方课"家乡名人跟踪调查"的研究与总课题《家乡名人如何创业绩》相应的总目标是：了解名人不断发展的原因、动力，学习名人成功的经

验、人生观、事业心，树立远大志向。该研究与子课题《语文特级教师秦珍老师的教学创新历程》相应的目标是：学习秦老师，树立创新精神，增强创新意识，用科学理论指导创新，学习语文科学研究的方法。与子课题《〈春陵下潇湘〉作者文学创作中的昨天和今天》相应的目标是：学习他不畏艰苦、体验生活、利用业余时间笔耕不辍的顽强毅力，学习他热心农业、亲近农民、热爱乡村的真挚情感，学习他为写好感人的"文"，先"写"好大写的"人"的精神，学习他用心观察生活、用心撰写农民的心、用情烘托小说的情的创作态度，学习他富有生活气息、人物个性鲜明的创作艺术。

这样的多层次、多角度的目标导向，既能张扬学生的个性，发展学生的特长，培养学生的多元智能，又能促进学生整体人格的构建。

三、在教材运用中，采用"一科多能"策略

多元智能理论认为，"培养学生多元智能与发展他们的健全人格并不等同，但前者有助于后者的发展"。① 以语文课为例，根据语文人文性与工具性统一的特点，我们可以在语文学科教学中，把握教材内容的价值取向，在培养学生的语文素养的同时，既要通过人文关怀、人文精神熏陶培养学生的健全人格，同时也要通过发展学生的多元智能促进学生的全面发展、整体人格的构建。研究性学习主张在系统的学科知识讲解的基础上，扩展学生多元学习的机会和体验，围绕学生实际生活中的种种问题来进行综合性的学习，② 所以为提高学生的语文素养、促进学生全面发展开辟了有效途径。

我们可以引导学生采用"多元切入法"把语文课中的研究性学习与专题研究活动协同起来。

如在以"文学采风"为专题的语文综合性学习活动中，语文与社会综合实践活动课协同开展了专题研究活动。

教师根据学生的不同兴趣爱好、文学作品和戏剧创作欣赏水平、语言交际能力，把全班分成民歌、民谣组，故事、传说组，谚语、歇后语组，地方戏曲组，夕阳红业余京剧组，山里鱼鼓组，山村快板组，街头说书组，三句半小演唱组。

活动采取责任互赖，分工协作的原则，使各组既有共同任务，又有相辅相成的角色分工。如地方戏曲组，共同任务是了解当地"花鼓剧""湘剧"

---

① 陈杰琦. 多元智能理论应用中需澄清的三个问题［J］. 人民教育，2004 年（2）
② 靳玉乐，艾兴. 对研究性学习的再认识［J］. 教育科学研究，2003（1）

"对子调"的创作风格、写法、表演特色等。组内成员分别担任"摄影师""书记员""模拟导演""模拟演员""美工""剧本创作负责人"等。

各组对搜集来的资料进行了鉴别、筛选和加工整理，并把其中的民歌、民谣、传说、故事、谚语、歇后语、剧本、快板、说书等精彩内容编辑成集，在班上传阅。

在成果汇报时，有的学生进行模仿和剧本改编表演，表演生动活泼，洋溢着浓厚的乡村生活气息，折射出同学们各自的天赋、特长和集体的智慧，也给大家带来了成功的喜悦、合作的快乐、创作的自豪。同时，在表演过程中，学生也受到了家乡淳朴民风的熏陶和乡村戏曲那种积极向上、乐观朴实精神的陶冶。

如戏曲组改编的山村对子调《八对老夫妻学电脑》的模仿表演，把山乡人豁达开朗、向往美好生活的精神面貌情趣盎然地展现在大家面前。学生用爷爷奶奶的乡里人装束给自己换了装。老头衔着旱烟斗，老太太扎着盖头布，他们怀里都揣着一本小册子，和着轻松愉悦的音乐节拍，踏着有点蹒跚却又不失沉稳的步子，结对前行，同时演唱——

男：老婆子也——

女：哎——

男：快些来呀，快呀么快些来也。

女：来呀么来得快，来呀么来得快。

男：迎晚霞呀，向前跨呀。

合：夫妻双双向前跨，向呀么向前跨。

男：去夜校呀，学电脑呀。

合：老夫老妻学电脑，学呀么学电脑。

（踏着音乐节拍前行，转场）

男：古松逢春露新芽呀。

女：露新芽。

男：干河开源翻浪花呀。

女：翻浪花。

男（女）：老头子我（老婆子我）——

合：人脑老了学电脑，学呀么学电脑。

男：人脑换电脑。

女：返老还童啦。

男：白发里装着现代化。

女：脑壳里转着大天下。

男：老脑袋低头记字码。

女：老手指按键传佳话。

合：传呀么传佳话。

（重复上节中的转场和音乐）

男：你莫道那桑榆晚也，桑榆晚。

女：而今为霞霜满天也，霜满天。

男：你休将白发唱黄鸡也，唱黄鸡。

女：门前流水尚能西也，尚能西。

男：自古逢秋悲寂寥也，悲寂寥。

女：我言秋日胜春朝也，胜春朝。

男：晴空两鹤赛青鸟也，赛青鸟。

女：便引诗情到电脑也。

合：到电脑，到呀么到电脑。

评议时，学生们有下面一段讨论：

生：我认为戏曲组的改编，前两节中的唱词符合人物身份，突出了乡村老夫妻淳朴而又向往现代科学，身居山里而又心念天下的乐观向上、豁达开朗的性格。但最后一节唱词有文人味道，不合乡村老两口身份。

生：的确，前两节语言生活气息浓厚，后一节不像山里人的语言。我们到乡村调查采访时，听到的都是通俗朴实的话，比较形象，像一、二节中的话。

生：我认为三节中的语言都很恰切。第一节直接抒情，反映老两口去夜校学电脑时的热情和迫切。第二节用人脑换电脑比喻现代科学使老人焕发青春，用老脑袋与新电脑相互映衬，表达老人热爱现代科学，积极向上的感情。第三节虽然是引用文学作品中的古诗，有点文人味，但这些古诗句本来就是来源于生活的，是诗人从生活中的生动语言里提炼出来的，很有生活气息，引用到老人话中也可以。

生：我也认为引用得恰当，因为老人通过学电脑，学到了一些文化，也从古诗中获得了一些语言信息，他们的水平提高了，语言丰富了，也有点文人味了，这符合实际情况。

由上例可见，在语文教学中，采用"一科多能"策略，将语文学科中的研究性学习与专题研究活动协同起来，以"多元切入法"沟通语文学科和其他科目的相关知识，能促进学生的语文素养的提高和多元智能的发展，进而全面发展。学生智能结构中的强项智能，如音乐、演唱、美术（布景）、人际交往（组织、导演）等，成了学习语文知识（戏剧文学等知识）的重要资

源和有效途径，并融入了语文素养，活动真正贯彻了超越文本，超越课堂的理念。

四、在学习和活动内容的选择上，采用"一主多元"策略

语文课的教材内容和活动内涵综合性强，涉及面广，辐射的时空比其他科目更广，可开发和利用的信息资源更为丰富。语文课这种高度的综合性、广泛的开放性正是开展多元专题研究活动的好条件。我们可以采取以语文的某一重点内容为主，围绕这一轴心辐射多元内容的"一主多元"策略，使语文研究性学习灵活地把社会、自然、艺术的审美创美与母语文化的审美创美有机地结合起来。

八年级语文上册以《家乡桂阳旅游资源的调查研究》为总课题的活动，融专题研究和口语交际训练于一体，引导学生围绕学习调查研究，整合来自自然、社会、文献资料等方面的信息，学写调查报告，同时训练口语交际、游记撰写、旅游资源开发方案的拟写、导游技能、旅游景点路线示意图的绘制等，为学生张扬个性，发展特长，提升语文素养，丰富自然、人文知识，扩大视野，提供了激活创造灵性的时空。

学生按照自己选择的调查地域和路线分组，并确立了子课题，根据各人对指向主题的切入点内容的适应性，把具体任务分配给各个组员，确立旅游线路设计员、文献资料员、开发方案拟写员、导游员、示意图绘制员、调查报告执笔人等的职责。

在活动中，各组按自己子课题研究的需要有步骤地进行。如"旅游资源开发方案拟写组"的步骤是：

第一步，采访家乡有文化的长辈，初步了解家乡自然风物和人文情况，查阅桂阳县志、桂阳县文史资料，寻找有待开发的旅游资源景点。

第二步，分两路调查，一路对初步确定的开发景点和旅游资源线索进行调查；另一路对已开发的旅游资源进行调查，看有无进一步开发的余地。

第三步，对调查所获信息进行分析、综合，设计出具有可行性的旅游开发方案，提供给旅游主管部门，作开发旅游项目的参考。

第四步，对已有的旅游景点提出具有可行性的改进建议。

第五步，绘制一幅简单明了的旅游示意图。

在成果汇报和答辩时，学生们的思想碰撞出灿烂的火花，集体的智慧闪动着夺目的光。

"潮泉线"这一组的同学汇报说：

"……神奇的潮泉在荷叶乡青山中的石壁下，青石窠中的清泉时涨时落，间隔时间有长有短。随着泉水的起落，石窠中回响出或高或低，或长或短的浪激洞壁声。俯视窠中，忽明忽暗，给人一种神秘莫测的感觉，像见到了童话里的聚宝盆，珠光宝气，音韵回荡。想探宝，却感到迷茫，似乎仙境的灵气就在身边，又好像真正的仙境还在水中洞天。当地人传说，这是山神、水神和土地神共同献上的仙泉瑰宝，可以预测人的运气，也可以展示人心的善恶美丑。当运气好或心地善良的人俯身静立泉旁或从这跨过时，潮泉就上涨或发出悦耳的水声，当运气不好或心怀叵测的人俯身静立泉旁或从这跨过时，潮泉就下落或发出低沉的水声。所以人们常常不敢在泉旁静立或从这跨过。好人怕自己运气不好，心术不正的人怕暴露自己的心迹。这种说法当然是不科学的。有地质知识的人认为潮泉涨落和潮声变化是由地球呼吸引起的，也有人说是地磁或自然物之间的引力引导的，现在还没有确凿的答案。我们认为可以把这里进一步建设成为一个更有吸引力的旅游景点，例如可以在石壁上刻上有关潮泉的传说或用音响设备伴奏潮泉水声，用巨幅想象图绘出洞中可能有的情形或由导游员向人们提出有关潮泉形成的自然规律的问题，让人们去探索……"

在论题答辩时，有学生问："你们组关于'有地质知识的人'说的话是从哪里得来的呢？我们查阅了桂阳县志和有关桂阳地理文化研究的资料，都没有看到这样的说法。这个'有地质知识的人'是不是远在天边，近在眼前，就是你们自己？"（众笑）

汇报者回答说："我们查阅了何琦著的《郴州文化溯源》，虽然没有'有地质知识的人'这几个字，但里面确实介绍了关于'地球呼吸引起潮泉涨落的说法'，我们引用资料不够准确，今后应该注意。"

还有同学问："你们认为进一步开发这个景点，有什么价值呢？那些传说对人们有什么教育意义呢？难道真的让人都去潮泉检验一下运气好不好，心地善不善良？"

汇报者回答说："我们认为开发这个景点，可以加深人们热爱大自然、热爱祖国山水的感情，可以引起人们对科学探索的兴趣，传说和现实的反差可以激发人们揭开潮泉之谜的积极性。同时，这些传说含有语文老师所说的'扬善弃恶'的意思，也可以教育人崇尚美好、鄙视邪恶。另外，潮泉是在荷叶乡，这里是乌金子煤炭的故乡，让潮泉这个景点和春陵江、仰天湖、东塔公园、蔡伦井、赵子龙的蒙泉井连成桂阳旅游景点系列，开辟更长的旅游资源线，使桂阳这个'八宝之地''有色金属之乡''乌金子之乡''烤烟王国'的经济建设更有招商引资的魅力，让工农业和旅游事业建设同奏一曲交

响乐，桂阳的经济建设不是会更加蒸蒸日上吗？你看，这是我们的旅游资源调查报告和旅游线路示意图，这可是一道新的风景线。我们还配上了旅游开发方案以及新景点的导游解说词。请大家看看，并提出宝贵意见。"

同学们争相传阅，赞叹声、鼓掌声交织在一起。

"春陵江线"这一组是以对设想开发的新景点进行解说的模拟导游形式汇报的，解说声情并茂，趣味盎然。下面是"导游小姐"的描述片段（导游小姐一边指着他们自绘的风景画一边解说）：

"谁说'曾经沧海难为水，除却巫峡不是云'，春陵下潇湘，云萦水绕山。女士们，先生们，前面那云蒸霞蔚、如同仙境的是春陵江湾人工湖上的水上公园，'潮平两岸阔，风正一帆悬'，水雾如乳汁，鱼戏莲叶间，真像进入了诗的意境、画的天地。我们乘一叶扁舟雾里飘，一路浪花一路笑，恨不得船生翅膀脚生风。别急，别急，船桨一点，船舵一摇，马上就到。那海市蜃楼，不，那水上公园，人间乐园，就到眼前。真令人神往，真令人激动，不过，别闹，别跳，那可不是八戒显神气的高老庄，我们得温文尔雅，展现儒雅风度，因为那水村山郭流光溢彩，充满温馨的气息。水上舞厅，轻歌曼舞；空中网吧，荧屏会友，充满了烂漫的色彩。相信你是李白的化身，是诗仙再生，也能来一首'月下飞天镜，云生结海楼'。不过，也不要过于拘谨，那可不是刘姥姥进大观园。你可尽情地欣赏，那儿有你在电视上见过的水上跳伞、水中曼舞、小艇穿浪。那是什么？那不是彩虹，别看它七彩生辉，气贯长虹，那只是我们设计的七彩立体桥，少男少女来来往往，那不是牛郎会织女，是他们在休闲时走进水上阅览室和空中博物馆。你还记得七拱桥的传说吗？那仙人架桥的神话在此将大为逊色，现实的世界更令人神往。不过，别满足，我们在下游欧阳海大坝开闸放水后，漂流而下那可真够刺激。小朋友，那两岸的动景比卡通画生动多了，真是'朝辞白帝彩云间，千里江陵一日还。两岸猿声啼不住，轻舟已过万重山'。而眼前就出现了'水上不夜城'，——原来那是扩大了规模的欧阳海发电站……"

上述解说中，学生那富有动态感的描述，声情并茂的语言，热情洋溢的语调，想象丰富的内容，富有现代气息的设想，亲切风趣的导游形象，无不反映出他们的人格个性。那富有创新灵性的思维，多种信息的合理整合，无不折射出合作研究的智慧之光。

这个例子也告诉我们，"一主多元"策略的实施，可以以"美"为纽带，把学科的主要知识、技能研究与其他相关知识、技能研究有机结合起来。如上例中，学生以语言的审美、创美为核心，把对潮泉的自然美、传说的向善美、旅游开发建设的智慧美的欣赏融合起来，在美的愉悦和陶冶中，学习了

语言艺术，提高了语文素养，避免了步入迷失文本价值、架空语文学习的误区。因为整个审美过程都以口语交际训练，学写调查报告、旅游开发方案和游记等语文知识与技能为支点。

五、在研究型课程上，采取"一课多维"策略

研究型课程，是指"一类专门基于研究性学习并为了更好地、全面地实施研究性学习的课程载体"。① 研究型课程既指在课程目标内容、设计、实施等方面围绕研究性学习实施而设计的专题研究等活动课程，也包含专门、系统地指导学生在各科学习中怎样实施研究性学习的课程载体。因而，研究型课程往往是涉及各科学习的，是由各科学习中研究性学习方式的运用共同维系的，因而是"一课多维"的，需要各科协同运作。

研究型课的"制作 2008 年奥运会吉祥物"的专题研究活动，从协作中的语言交际、解说角度与七年级语文下册的口语交际和写作活动"推选奥运会吉祥物"结合起来；从为了突出 2008 年北京奥运会"环保""科技""人文"主题而选择什么材料、制成什么产品这一角度，与生物、化学、科技课活动结合起来；从造型设计、绘图等角度，与数学、美术课活动结合起来；从为制作的吉祥物摄影拍照以便于宣传的角度与物理课结合起来；从了解奥运发展有关知识和历届奥运会吉祥物制法的角度，与历史课结合起来；从怎样突出中国文化的特点，体现"人文"主题的角度，与政治课结合起来；从怎样给 2008 年奥运会吉祥物的宣传谱写一支主题歌这一角度，与音乐课结合起来……

在语文课"推选奥运会吉祥物"口语交际活动的小组陈述汇报环节中，有这样一个片段：

第一组组长发言：我们组选择雄鸡为 2008 年北京奥运会的吉祥物。我们的理由是：

1. 雄鸡报晓的形象威武、美丽。它昂首挺胸，象征我国在体育等事业上自立于世界民族之林。它美丽的羽毛像凤凰，象征吉祥；它矫健的身影和步履，象征体育健儿的英姿勃发，朝气蓬勃；它那高高竖起的鸡冠，象征胜利的旗帜迎风招展，而且这面旗帜是插在头顶上的，象征为国争光是神圣的、至高无上的。

2. 雄鸡报晓，象征更快、更高、更强的奥运精神……

其他组有同学质疑：这里是不是有点牵强附会？雄鸡的叫声怎么能够象征

---

① 应俊峰. 研究型课程［M］. 天津：天津教育出版社，2001（14）

"更快"呢?"更高""更强"还差不多。雄鸡叫又不是麻雀叫。(众笑)它是从容地运足力气,吸一口气,再昂首挺胸:"喔——喔喔喔",哪里有"更快"的特点呢? 语文老师说过,运用象征要抓住象征物和本体之间的相似点。

第一组组长接着前面的陈述说:雄鸡报晓是一唱百应,第一只雄鸡的叫声划破长空,立刻就有其他雄鸡紧接着响应,很快就此起彼伏地应和成一片。当叫声响应更多更快时,天很快就亮了,语文老师不是教过我们一句诗"雄鸡一唱天下白"吗? 它的叫声一唱百应而又高亢、嘹亮有力,这象征团结向上、更高、更强。说完,他把他们的设计方案和自绘图样传给大家看。

其他组有同学补充道:我认为雄鸡的造型可以设计成这个样子:昂首挺胸,张嘴报晓,就像祖国的国土形状,而且很有动态感,还要在它胸前戴上大红花和绶带。

……

由上例可见,研究型课与研究专题的相关学科构成"一课多维"体系,也就是以研究型课为依托和载体,以活动专题为核心,围绕这一核心,把与专题相关的学科联系起来,由研究型课指导教师负责组织,相关各科共同开展专题研究活动,综合运用相关学科知识,同时,教师指导研究性学习方式在学科学习中的运用,形成"一课多维"体系。上例中的专题"奥运会吉祥物的设计制作"就是核心,根据专题的相关点,即环保、科技、人文等内容,宣传解说等口语交际行为,造型设计和摄影等艺术创作,奥运发展史分析等工作,相应地让生化、科学、语文、美术、政史等课程共同协作开展研究性学习活动。这样更能培养学生的综合实践能力,使学生在综合运用各科知识的过程中得到提升。

六、研究性学习实施在组织上的"一体多翼"策略

既要保证研究性学习在各科教学中全面渗透,又要保证各科协同,综合开展专题研究活动,必须有相应的组织起协调运转的作用,才能避免学科之间"鸡犬之声相闻,老死不相往来",没有学科渗透性、综合性的现象。可以采取以研究性学习教研组为主体,以研究型课辅导教师为专课研究辅导和组织的负责人,以各种专题研究课题组为动态的、无固定形式的活动实体,以任课教师指导下的研究性学习兴趣小组为学科研究性学习"常设机构",这样,既有学校、教务处领导下的教研组的管理,又有学科任课教师和研究型课辅导教师的具体负责,还有专题研究小组和研究性学习兴趣小组负责人与教师一起组织实施,能保证研究性学习开展的组织性、经常性、系统性和协同性。

研究性学习的运行机制

第一节　综合发展——研究性学习的宗旨

发展为本，是研究性学习的理论基础和遵循的重要原则；综合发展，是研究性学习的根本宗旨，是研究性学习实施的出发点和着眼点。

研究性学习，是一种类似科学研究过程的学习，能激发知、情、意、行的互动互促，因而研究性学习是促进学生综合素质协同发展的杠杆和动力臂，它以自主参与为动力，以解决问题的实践为支点，以素质的多元发展为所做的有用功。学生在研究实践中发展"研究"所需要的情商和智商，在研究性学习中学会终身学习，在自主发展中奠定可持续发展的基础，即在研究中学会研究，在发展中孕育发展，这就是研究性学习的根本目的、价值取向。

科学家进行科学研究，无一不具有执著追求的志趣、全身心参与的挚情、坚韧不拔的意志、科学的态度、终身受益的行为习惯、健康良好的个性人格、研究创新的思想意识、认识和思维的能力结构。而这一切，不是与生俱来的，也不是一蹴而就的，需要从小培养。

有人做过一次调查：中国大学生毕业择业应聘时思考的问题、关注的话题大多是某某公司、行业已经怎样、现在怎样的问题，而很少思考和关注为什么会这样、应该怎样、能够怎样、未来会怎样、未来如何不这样的问题。这种只会想到已然而不能想到未然，没有超前意识和创新意识，没有改变现实、设计未来的研究意识的思维固着的心理情境，就是因为长期缺乏研究性学习锻炼的结果。这说明研究性学习的实施已势在必行，迫在眉睫，成为关系着民族在社会化、全球化竞争中的发展前景的问题。

培养学生的可持续发展能力，不是靠抽象的说教、机械的灌输、外力的强加，而是要让学生通过自主、自省、自悟、自研、自创、自求的发展过程，自我构建可持续发展的能力结构。

建构主义理论认为，学习是学习者主动地建构内部心理表征的过程，它不仅包括结构性的知识，而且包括非结构性的经验背景。建构包含两方面的含义：对新信息的理解是通过运用已有经验，超越所提供的信息而实现的；从记忆中所提取的信息，本身也要按具体情况进行建构，而不单是提取。学习者以自己的方式建构对事物的理解，从而不同的人看到事物的不同方面，

不存在唯一标准的理解①。由此可见，能力的建构和发展靠自主（主动地建构）、体验和研究（运用已有的经验建构对新信息的理解）、创新（超越所提供的信息）、实践（按具体情况进行建构）、个性化（自己的方式、不存在唯一标准）等动因，而这些动因正是研究性学习过程的主要特征。因此，能力的建构和发展作为研究性学习的宗旨是有科学根据的，研究性学习是培养学生可持续发展能力的重要途径。同时，这也说明发挥研究性学习的上述动因作用是实现"建构和发展"的重要策略之一。以下是桂阳县蔡伦中学开展的"桥文化的研究"活动。

综合实践活动课"桥的文化"专题研究活动

一、活动设计

（一）活动目标

1. 知识技能目标。

（1）开拓建筑审美的视野。

（2）学习合作探究技能、交际技能、调查研究技能。

（3）认识到一个事物可以从多种角度去把握，一个问题会有不同切入点，掌握一定的材料，运用适当方法，就能有探究收获。

（4）增强想象力、审美能力、形象表达能力。

2. 过程方法目标。

（1）合作探究桥的文化内涵、挖掘乡土人文资源。

（2）学习获取、分析、比较、综合信息的方法。

（3）学会抓住重点，选择恰当方式方法，提出自己的设想，说明、论证自己的看法。

3. 情感态度价值观目标。

（1）产生探究兴趣和创新意识。

（2）自主构建研究小组，热情主动地提出和选择有实际意义的问题，促进正确价值观的形成。

（二）实施策略

采用小组调查采访法、实地考察法、文献资料法。

二、活动准备

（一）小组组建

按"组内异质，组间同质"的原则，根据活动能力、交往能力、表达能力、观察思维能力、人格类型、学习风格特点搭配组合，每组6人，全班共

---

① 刘儒德. 建构主义：知识观、学习观、教学观 ［J］. 人民教育，2005（17）

10个组。实行组内合作，组间竞争的机制，把每个人所负责板块得分相加得全组分数，组间按得分情况评比。

（二）技能训练

1. 情境训练。

（1）媒体情境训练。学生学习了茅以升的《桥梁远景图》后，以"科学家的幻想哪些已成真"为总课题，开展以"海洋探秘"幻想、"核能运用"幻想、"当代华佗"幻想、"宇宙之行"幻想、"信息世界"幻想、"当代奇书"幻想、"克隆技术"幻想、"基因工程"幻想为子课题的综合实践活动，借助资料、信息媒体资源及其创设的情境进行小组合作技能训练。

（2）虚拟情境训练。角色扮演"采访工程师"活动。要求：听取，微笑点头；说明，耐心明白；求助，诚恳有礼；反思，虚心勇敢；自控，服从组织；帮助，热情主动；支持，赞赏鼓掌；说服，以理服人；建议，具体可行；协调，鼓励合作。

2. 后面的活动为"实战训练"。

（三）论题确定

基于小组调查，在读了茅以升的《桥梁远景图》的基础上，学生在教师引导下设计总课题"桥的文化"。子课题由学生根据自己的背景和兴趣拟定。

（四）合作策略

合作设计及其运用策略，采取众组（班上确定总课题、总目标）——小组（确立子课题、小组目标、活动形式、资料范围、成果形式、成员分工和实施）——个体（负责完成子课题中的一项任务，活动记载和向小组汇报）——小组（协调活动进程，综合成果，完成报告）——众组（班上交流，介绍研究过程，表演、展览成果等）的合作形成。

三、活动过程

（一）以问题情境引发问题探究——确立总课题

多媒体展示《桥梁远景图》中部分幻想图景和正成为现实的图景。

师：桥——一个多么隽永而又美丽的字眼。一座座桥是一座座历史丰碑，显示着各个历史时期的经济、文化和科技的实力；桥是可视、可闻、可感的文化。多少次，桥成为科研的重要课题，成为赞歌的动人歌词，成为文人墨客的情思寄托……今天我们要研究它，根据它的丰富内涵，大家认为我们该取一个怎样的总题目最有概括性？

生：桥的科学价值。

生：桥的千姿百态。

生：桥的美丽传说。

生：桥的未来前景。

......

生：我认为这些都是某一个方面，可以作各组的子课题，题目中最好用一个有高度概括性的词语。

生："桥的科技、艺术、文学创作"做题目可以吧？

生：太长了。你说的都属于政治课里说的"文化"，可以用"桥的文化内涵"做题目。

师：好，就取总课题为《桥的文化内涵》，这个题是很有内涵的话题。大家可以课余阅读一些校园学习网上老师提供的桥文化资料，也可自己找资料，每个小组根据资料信息准备一个与总课题有关的子课题。

（二）确立各组子课题

教师引导各组组长把学生认为要调查的问题或所持的观点进行分类归纳，删除重复论题，得出子课题系列。教师公开子课题，学生参加自己所选择子课题的研究小组的活动。

归类后确定的子课题主要有：

①家乡名桥——桂阳七拱桥的传说与史实有什么不同？

②从建桥艺术的发展我们看到怎样的美？

③从古今桥的变化看科学技术的发展和创新。

④家乡桂阳县城特别需要建一座怎样的立交桥？

⑤桥梁事业与经济发展有怎样的关系？

⑥对未来桥的建筑技术、造型设计的新设想。

⑦从建桥设计、桥的传说、神话看人民有怎样的追求？

⑧无形桥——心灵之桥、友谊之桥、交往之桥，有什么重要作用？应怎样构建？

（三）小组调查

1. 各组明确提出需要研究的问题。

2. 确定个人侧重调查的方面。

3. 确定所需资料及其来源。

4. 拟定切实可行的小组活动计划。

5. 在综合刊上出示全班和各组活动信息，表彰个人、小组贡献。

6. 实施调查研究。

①查阅校园网上教师提供的国内外名桥的造型、历史变迁、建设简况。

②去桂阳七拱桥实地考察、采访。

③去郴州苏仙桥实地考察、采访。

④去桂阳文史办采访文史研究人员，了解家乡桥梁建设的历史发展。

⑤采访建筑公司桥梁建设工程师。

⑥去舂陵河畔了解神仙桥的神话、七拱桥的传说的内容及其内涵。

学生在上述基础上搜集信息，分析、评价资料，得出结论，将对相关子课题的信息分析所形成的共识用于解决小组研究的问题。

每个人交一份关于子课题的发现总结，小组内讨论，比较各自发现，共享研究信息，寻找解决问题的途径、方法和步骤。

（四）准备总结汇报

1. 各组收集信息，分析、综合信息。

2. 通过讨论求得结论。

3. 由汇报员写出总结报告。

4. "科技组"绘出名桥示意图，配上文字解说。

5. "艺术组"绘出水彩画或写生画等，配上文字解说。

6. "神话、传说组"演说故事，并作评说。

7. "未来桥组"绘出未来桥设想示意图或用黏土刻出小模型，并配上解说文字。

8. 选出"专家委员会"巡查各组的调查总结汇报准备工作，促进研究深入。

（五）各组汇报（举行众组汇报会）

"神话、传说组"：

七拱桥在桂阳境内的舂陵河上游，那儿是峡谷地带，河岸石壁陡峭，水流湍急，两岸崇山峻岭。老人们说过去到这里只有一条崎岖盘旋的山路，只能攀缘而上，不知建桥材料是怎样运进山谷河岸的，更不知是怎样在河谷急流中建起桥墩的。有一个神话故事说是仙人怜悯两岸的人们（到河对岸要绕很远的山路去下游渡口乘船），就让一位石工在梦中把山上的石壁切成方块，并送给他一根马鞭，让他把石块都赶到河里砌成桥墩，把大条石赶到桥墩上，建成七拱桥。

传说则更接近生活，说是古代舂陵河畔有一个会预知天象的石工，他预知过两年会遭亘古未见的大旱，舂陵河将干涸见底。石工要化害为利，趁水干涸之机在河谷建桥，于是他起早贪黑，凿岸石砌桥墩，但是很难把条石砌到墩上成拱。他的行为感动了水神和当地的人们，当条石在山上凿成之时，两岸的人们都来帮忙搬运。这时突发大水，水涨到平桥墩处就不再涨了。当人们用船把条石托上了墩上的拱模架，砌成七拱后，洪水就退去了，没有给两岸带来任何危害。

这两个故事都反映了劳动人民对于美好生活的追求，也表现了他们的勤劳智慧。如今七拱桥上游不远处已架起一座更雄伟壮观的大拱桥。新老两桥互相映衬，是家乡沧海桑田的见证。我们也将用行动为后一代创造美丽的"传说"。（有学生插话："你也要当石匠师傅架拱桥？"听众笑）我们要用现代科学创造现代化的"传说"。

艺术组：

桥梁的建设艺术是我们生活中展示美的画廊，是创造奇迹的象征。从网上可见，侗族的"风雨桥"是桥、廊、亭的"联姻"，也就是我们老家说的"三家通婚"。（众笑）还有，把雕塑、绘画同建筑造型巧妙结合起来，这体现建筑艺术"杂交品种"的创新。（众笑）

石桥之乡绍兴的准悬链线拱桥跨入了当今世界先进拱结构桥的行列，是我国古代桥梁发展、演化的集中体现，被赞为中国的"古桥博物馆"。

绍兴桥的诗文碑画，使我们感受到绍兴是一个人杰地灵、钟灵毓秀的地方。走上桥面，我们好像看到了陆游、鲁迅、周恩来在这里留下的脚印。

"小桥流水人家"，曾让马致远生起乡愁，我们却从这里想到了一种自然的美，一种静谧、和谐美，像欧阳修笔下的"醉翁亭"，有农村生活气息。

请听我们组"现代山水田园诗人"王柳同学写的这首诗吧——

王柳：

桥

桥，可爱的桥，

你的倔强，像爸爸的背弯；你的柔美，像妈妈的彩练。

你的勇敢，像彩虹在飞天；你的意志，像砥柱在迎浪。

你的身影，像长龙在饮泉；你的"晓风残月"，不再让"张继"哀伤。

你的细柳抚身，永远引生画家的灵感。

你让飞泉瀑布生辉，你让江河山岭增光。

你是桥梁工人生命飞跃的弧线，你是千万年史诗的展览。

大地母亲孕育你的生命，人类文化美化了你的身段。

"科技组"：

我们查新华网，知道 2003 年 6 月 28 日正式建成通车的上海卢浦大桥，创造了 10 个"世界之最"。它的跨度达 550 米，把它比喻成长虹卧波，没有一点夸张的感觉，它比原先世界上最大的桥长 32 米，是世界上跨度最大的全钢结构拱桥。科技含量高，精度要求严，施工难度大，它是上海市的一大新景观、新标志。

通过查阅史料可知，我国建桥技术源远流长。从电脑屏幕上看，绍兴的

宋代八字桥倒映水中，就像仙人的"八字胡"，增添了城市的神秘色彩，是高超的施工技术与审美艺术的完美结合。绍兴的唐代"纤道桥"、马蹄形拱桥、准悬链线拱桥，让人回味无穷。有人说桥是实体物质与抽象意念结合的产物，我们认为，它也是科学创新与美丽想象的结合，就像建筑技术这位爸爸与审美艺术这位妈妈结合成一家一样，非常完美。（众笑）

"未来组"：

我们未来会有怎样的新桥梁呢？我们综合现代桥梁发展的信息，联系科学家的设想，发挥我们自己的联想、想象和预测能力，提出了我们的创新预想（他们边讲边用多媒体课件展示图示）——

未来会有一种自动调控过往车辆的车速、车向，预防车祸的"平安桥"；有一种自动升降桥面，既利于桥上车辆和桥下航船通行，又利于排洪的"自控桥"；有飞架空中，自控车距，保持交通事故零纪录，又能美化城市的"空中环路桥"；有集街市、交通、游览景点于一体的海上"海市蜃楼桥"。

"设计组"：

根据我们组的实地观测和调查采访，我们认为：城南完小校门居高临下，面对下面的交通要道。学生一出门就转弯、下坡（坡度又很大），下完坡又横穿马路，很不安全。以前已有学生遭遇过交通事故。因而，大门前应建一座立交桥，从大门向四面延伸，既美化了街市，又方便了师生（出示示意图）。

我们还认为，春陵河应架设一座旅游观光桥，根据欧阳海灌区水源充足、峡谷险峻陡峭的特点，建造两头系上铁链与浮箱作墩相结合的"钢缆浮桥"，这既与其他旅游景点构成系列景观，又方便了交通（在多媒体上出示图）。

"无形桥组"：

在我们的生活中，有让天堑变通途的河上桥，有如蝴蝶展翅的立交桥，有气势壮观的跨海桥。还有一座座无形的桥，它们架在无限的空间，架在灵魂深处，架在我们的心灵世界，架在精神生活中。

它就是心灵的交会桥，是相互理解、相互宽容、相互友好的交往，相互的关爱和平等。它，以诚信为桥墩，以友好为桥梁，以真诚的情感为坚固的基础，以生活中的交际能力为引桥，以美丽的心灵为艺术造型。这种桥，没有国界，没有地域限制，没有空间界限，因为它只要架在无私真诚的空间。

它是文化的融合桥。老师说，文化艺术"洋为中用，古为今用"，这八个字就是沟通纵横几万里、上下五千年的文化融合桥。通过这座桥，我们推陈出新；通过这座桥，我们改革开放。曾经，小小乒乓球推动了地球，我们

靠中美两国外交之桥，促进了世界和平。加入WTO的时候，我们靠的是经济友好往来这座桥，创造了加入世贸的条件。申奥成功的时候，我们靠的是与许多国家心心相印的国际威望之桥，赢得了众多国家的支持。

它是一座架在平时生活中的友谊桥，一个眼神，一个动作，一个会心的微笑，一点希望工程捐款……这些都是沟通心灵的桥，是爱心之桥。它让我们的生活没有隔阂，没有猜疑，没有诬陷，没有欺骗……马克思和恩格斯真诚合作，共同研究，靠的是这座心灵之桥；居里夫人与丈夫同甘共苦搞科学实验，共同经历丧子之痛、辛劳之苦，靠的是这座心灵之桥；邓小平夫妇，在受"四人帮"迫害时期同舟共济，靠的是这座心灵之桥；方志敏把狱中写的重要信件托付给未曾见过面的鲁迅先生交给党组织，这种"同志的信任"，靠的也是这座心灵之桥……这座心灵之桥，架在共同的追求中，架在志同道合的理想中，架在充满爱心的援助中，架在相互信任的坦诚中，架在纯洁无私的亲情、友情、爱情、革命感情中，架在宰相肚里能撑船的度量中……

它是通向成功的奋斗之桥。我们从资料上查得，海伦·凯勒靠奋斗战胜了盲、聋、哑的不利因素，成为著名的教育家、社会活动家。我们从网上查得，著名桥梁专家茅以升一辈子勤奋学习，刻苦钻研，小时候走路背书，头撞在树上还以为谁打了他。他在练字时，手腕上挂一串铜钱，为的是练笔力、腕力。他把有反抗精神的英雄人物的文学作品，如岳飞的《满江红》、文天祥的《正气歌》抄在扇子上反复吟咏。

可爱的桥啊，多姿多彩，象征战胜艰难险阻的精神，蔑视恶浪的勇气，跨越时空、创造奇迹的斗志，饱经风霜的毅力。

我们要用桥的精神，去建一座人生之桥，一座跨越艰难挫折、超越自我，通向成功的人生之桥。

"成长组"：

我们组开始定的课题是《家乡桥的特点》，后来，在网上看到桥梁专家茅以升的人生经历，我们认为研究茅以升的成长过程有利于我们的发展，于是把原课题改为《怎样像茅以升那样成为造福于人民的人》。我们探寻茅以升的人生足迹，觉得要有所造诣，应注意以下几点：

1. 选择和适应环境。

茅以升出生5个月以后，祖父为了不让他受到家乡镇江不良风气的影响，搬到当时文化发达的南京居住，使小以升受到良好的文化熏陶。我们现在跟什么人在一起也要注意选择。

他在新型小学——思益学堂读书时，与好学上进的穷苦子弟曹天潢很好，他从不参加班上买花生、蔗糖之类的小集体活动，把节省的钱买课外参考书，跟曹天潢一起读。辛亥革命前夕，他拥护秋瑾、徐锡麟等仁人志士，带头剪辫，反对卖国求荣的清王朝。

2. 从小有远大志向。

茅以升立志以有为之士为榜样。詹天佑为中国修好第一条铁路以后，茅以升受到感染，想当个像詹天佑这样的修路造福的铁路工程师。此外，他立志时从人民的需要出发。十岁那年端午节，秦淮河举行龙船比赛，文德桥被挤塌，淹死许多人，他虽然因病未去而逃脱了厄运，但幼小的心灵深受震撼，并从中受到启迪：建好桥才能减少江河之险带来的灾难。他16岁自己到天津去考商业学校，还得了一场大病，是校门口传达室的老头用土秘方救了他。

他能这样将理想与现实联系起来，也能将理想与行动联系起来。祖父给他讲了"神笔的故事"，他问神笔的秘诀是什么，祖父在手心里写了"勤奋"两个字，从此他学习更勤奋刻苦了。

3. 发展自己良好的个性。

他小时候很好奇，日升日落，他常常凝望静思：地球为什么会自动旋转？

他有独特广泛的兴趣爱好。十岁那年因桥不结实淹死许多看龙舟比赛的人，这件事使他很痛心，同时产生了当桥梁专家的梦想。从此，他只要见到桥就要看个够，久久不肯离去。只要看到人们在桥上顺利地通过，他的小脸上就立刻现出无比喜悦的神情。他一见到有关桥的诗画就抄写、剪贴下来，不懂得他的心事的人认为他的行动有些反常。当他想起牛郎织女故事中喜鹊搭桥的情景时，就下决心长大要造大桥。他还喜欢踢足球，读古诗，学理科。

他有股倔强劲儿，自尊心很强。一次，二叔在客人称赞他勤奋好学时，激将了一句："他不行，还是个孩子。"于是，他一气之下，三天未出门，闭门读书，暗下决心发奋成才。历史竟这样的巧合：茅以升在美国得了博士学位后，回国任唐山工学院副主任，二叔就在这里当国文教员。叔侄俩一次闲谈，茅以升说，我今天能做出点成绩来，还得感谢二叔的"激将法"呢！

他有批判精神，有救国救民的责任感。在读商校时，他带头剪掉辫子，反对腐朽的清王朝。他对孙中山很有敬意，孙中山来唐山路矿学校视察时，与师生合影，他就站在孙中山身边。为了建设祖国，他以比美国优等生还要

第三章 研究性学习的运行机制

高的成绩，考取了硕士学位。他拒绝了美国康奈尔大学留他当助教的盛情回国。在读私塾时，他敢于反对死读死背的方法，到新办小学后，他很喜欢学数学。

他爱思考，重理解。读古诗总要弄清诗意，因此更增强了记忆力。有一回，祖父抄诗，他在一旁念，祖父抄完了，他就背熟了。祖父赞他熟能生巧。

他勤奋刻苦。在唐山路矿学堂读书时，他做的笔记有200多本，堆起来有两个人那么高，约900万字。如果一个人一天抄4000字，要抄7年时间。圆周率，他背熟了小数点后的一百多位。在唐山路矿学堂读书时，先生用英语讲课，又没有正式的课本，一堂课听完后，他要查十几本参考书。他有计划，有毅力，成绩一直冒尖，在全国优秀的大学生中，他是第一名。后来，他又以第一名的成绩考取美国留学资格。美国康奈尔大学看不起中国人，提出要考试合格才能进大学。结果，他考的成绩比美国优生还高许多，美国人十分惊讶和赞叹，后来宣布，凡是中国唐山路矿学堂来的留学生一律免试。他主持设计和建设了钱塘江大桥，新中国成立后，他主持建设了武汉长江大桥。他以一生的经历启示我们，要去建造通向未来的人生之桥。

主持人：

一座座桥，一道道美丽的风景线，一座座桥，一块块历史的风碑。

你挺立出国家的经济实力，你开出了文化科技的花蕾。

你连通了时代发展的道路，你展示了物质、精神的优美。

世世代代用故事传播你，用影视展现你，

用艺术塑造你，用诗画描绘你。

你——心灵的交汇，你——蛟龙的腾飞。

你——科学春天里，一朵新、美、力的花魁。

你闪烁着万代灿烂的光辉，你沟通了文明的人类。

你铺起了幸福路的铁轨，你让热爱和平的人们"鹊桥相会"。

（六）相互评议

内容要点综合如下：

"传说组"的同学的"比较法"用得好，以现实生活为基础，把神话和传说进行比较，探究了古代人民用智慧和勤劳克服岸高水急的困难，建好桥墩、安好桥梁的办法。

"艺术组"的同学查阅了许多资料，用诗的语言，美的图画，评价了我

国桥梁的优秀文化和艺术价值。

"科技组"举例有代表性，但是没讲现代桥梁有哪些先进科学技术。

"未来组"想象丰富、神奇，但又不是神话，而是以科技的未来发展的可能性为基础的。

"设计组"进行了深入实地的调查，设计很有现实意义，构思也有创新。

"无形桥梁组"通过观察生活，发挥想象、联想，赏析有关桥的文学作品，查阅历史上国际外交的记载，以桥为喻体，赞美和揭示了心灵相通、高尚友谊、友好交往之桥，古今中外的文化相融之桥，国际外交之桥，人生奋斗之桥……给人以启发。

学生对"成长组"的汇报有争议：

生："成长组"离了题。我们的总课题是《桥的文化》，"成长组"没有紧扣桥来研究，而是研究了人的健康成长因素，所以离了题。

生："成长组"虽然是研究了人而没有研究桥，但他们是以我国著名的桥梁专家茅以升为代表来研究的，由他从小爱桥、以建桥为理想，到长大学习造桥专业，学成回国后建桥，这一人生经历能告诉我们成长的规律。这一规律就是人生之桥，还是扣住了"桥"。

生：但是"成长组"研究的内容与他们自己的子课题也不一致。题目是《怎样像茅以升那样成为造福人类的人》，可内容是茅以升的事迹。

生：我们是以茅以升的事迹为依据，说出了成才的重要因素，这没有离题。

生：健康成长的四大要素——驾驭环境、志向远大、个性良好、勤奋努力，确实是人生之桥的坚实桥墩，再加上我们实践奋斗的桥梁，我们就能通向成功的对岸。所以"成长组"没离题，而是深化了主题。

生：我认为"成长组"从定题到研究的过程和见解都有创新，他们让我们明白了怎样跨越人生之桥，成为新时代的"茅以升"。（众鼓掌）

教师评议：

这次以"桥的文化"为主题的研究性学习活动，总的特点是六个字：互赖、互动、均等。基础教育课程改革的两个基本理念是情感态度价值观的培养和自主合作探究学习方式的养成。这次以"桥"为探究主题的综合性活动，有效地采用了合作学习的小组调查研究法，发挥了积极互赖、人际互动、机会均等（成功机会均等）、内容整合等合作学习的重要因素的作用，产生了由社会能力、心理调适和积极的内在关系所推动的互动，产生了多维

立体效应。

1. 积极的目标互赖。

众组（班级）、小组都有相应的目标，各人又有实现目标的任务。如"成长组"，在对桥梁专家茅以升有关资料的研究中，根据总课题组提出的知识技能、情感态度价值观和过程方法三维目标，以茅以升成长过程的特点生成了学习茅以升用奋斗的人生，用本领造福人民的人生态度、价值观，并懂得了成才应具备的基本条件，因而研究动机明确，主题集中，主动性强。

2. 激励的角色互赖。

在众组、小组、个人三个层次的目标协同的前提下，各组分工协作，任务相关，成败相因，从而形成了积极的角色互赖机制。如"成长组"除了把记录员、精确性裁判员、检查员、总结员确定到人以外，还把怎样成才这个主题分解成五个因素作为研究的任务、重点，分给小组成员，构成研究系统。每个人的研究成功与否都影响到全组乃至全班的成效，使小组成员形成一种"沉浮与共"的意识。

3. 成功的均等机会。

由于问题的提出、课题的选定、角色的分工、任务的分配都是学生根据自己的知识和人际交往等技能水平以及兴趣爱好来实施的，评价内容和形式注重多元互动和研究过程，评价标准重视个体纵向提高，所以，每个人都有均等的成功机会。小组成员的计分方式是：成果分（按成员提供和使用信息的多少、问题论证、解决的程度计分）＋过程分（按参与过程中接受和完成任务的情况计分）＋提高分（按与前次比较提高的程度计分）＋获奖分（小组在班级获奖后所折合的每人得分）

4. 良好的人际互动。

美国大实业家洛克菲勒曾经说过，与太阳底下所有的能力相比，他更关注的是与人交往的能力。良好的社交技能是使所有的学生都学会进行有效的沟通、共同活动的有效方式，是建立并维持小组成员之间的相互信任、有效地解决组内冲突的必要途径。在相互的交往中，学生学会彼此认可和相互信任、准确地交流、彼此接纳和支持、建设性地解决问题，从而不断地增强社交技能，建构起有效的合作学习所必需的良好人际关系。

这一活动，最大的意义在于接近了研究性学习的本质，让研究性学习回归了生活，给学习融注生命活力，促进学生生命发展。从育人的高度，活动融会贯通了课程改革所倡导的两个基本理念（情感、态度、价值观的培养，自主、合作、探究学习方式的养成），从而培养学生的可持续发展能力。在此理念指导下，研究内容就被师生共同整合成了与学生精神生活、个性发展相融合的，落实研究性学习的宗旨——提高学生的综合素养。

这种活动拓展了学科学习的内涵，将母语文化、学科知识的运用与人文、科学的研究、人生的体验有机整合，唤醒了学生内心深处的思想和情感，把学生独特的体验放在了重要位置，促使学生的多元智能和人格个性在共同交流、合作研讨、思想碰撞中提升。

新课程改革的指导专家认为，储存多少知识并不是最重要的，学会如何去追求知识、获取知识和应用知识将更有价值。教师要把最有价值的知识，以最有效的方式呈现给学生，从改变自己的教学方式入手，实现学生学习方式的根本改变。有意义的接受性学习和发现性学习对学生来讲都是必要的，应对其有效整合，以实现优势互补，相得益彰。① 研究性学习也就是这种有效的"整合"，因为研究性学习既有学生在教师和书本指导下的接受性学习，也有学生自主探究的发现性学习。自主是独立性和能动性的体现，没有学生深入学习与思考的课堂是一种缺乏生命力的课堂。学生自主参加探究才能激发学习的活力。研究性学习让智慧碰撞出生命的灵性之光。探究是人的本能，自己发现的东西才有价值。学习层面的肤浅导致了智慧生长的搁浅，② 而研究性学习中的探究、发现能促进深层次的思维和学习，让学生的整体素质得到提高。

上述例子这种"做学问"式的活动，最大的特点是以研究性学习的实施为切入点，构建生命课堂，促进生命发展，直抵教育之本质和核心，体现了科学性与人文性的统一，促进了综合实践活动向生活回归。按照新课程理念，学科知识的实际运用与学生的精神生活、个性发展、社会生活有机地整合起来，唤醒了学生内心深处的思想情感，把学生的独特体验放在了重要地位，让个性人格、人文素养、综合素质在共同交流、研讨、碰撞中不断升华。

①　吴晓锋主编．新课程怎样教［M］．沈阳：辽宁大学出版社，2005.4
②　吴晓锋主编．新课程怎样教［M］．沈阳：辽宁大学出版社，2005.4

第三章　研究性学习的运行机制

第二节 三维目标——研究性学习的核心指导理念

"教育部课程中心提出：每一门课程要对如下三个目标进行有机整合：知识与能力、过程与方法、情感态度价值观。"而让学生"学会学习，很大程度上依赖于学生思维品质的提高，依赖于对学生本就具有的创造潜能的激发，这有利于学生的终身发展。"①

研究性学习重视学生的情感、思维、行为主动参与和批判性思维、创造性思维品质的培养，因而是落实三维目标的有效途径。

一、三维目标的内涵及其与研究性学习之间的内在联系

1. 知识和能力目标。按照新课程标准的精神，教师对"知识和能力"这一维度应有新的理解，如语文科目，学生应具备的语文能力不能仅仅局限于过去相对狭隘的听说读写能力。语文课程标准提出"在发展语言能力的同时，发展思维能力，激发想象力和创造潜能"，研究性学习既然突出一个"研"字，就离不开语言、思维、想象、创新能力的训练。

2. 过程和方法目标。新课程强调在实践中学习，"过程"重在"亲历"。如语文课程标准的"总目标"要求，"能主动进行探究性学习，在实践过程中学习、运用语文"，使学习过程成为学生生活世界的一部分。研究性学习是课程的创生和开发的过程，离不开学生的"过程亲历"。

所谓"方法"，应该是具体的，而不是抽象的，应伴随着知识的学习，技能的习得，情感的体验，审美的感悟，水乳交融，而不能游离其外。实践证明，对独立于具体的知识技能学习的"方法"，学生是很难产生迁移的。研究性学习重在综合性实践，是将方法转化为能力的重要途径。

3. 情感态度和价值观目标。这一目标维度体现的是人文性，内涵极为丰富、深刻，包括学习兴趣、志向信心、良好习惯的培养，生命意识、现代意识、科学素养、多元文化的教育、高尚的道德情操和健康的审美情趣、正确

---

① 徐巧英. 基础教育课程改革通览［M］. 北京：新华出版社，2003（15）

的价值观和积极的人生态度等。研究性学习重视知、情、意、行的立体参与，重视情感态度价值观的熏陶感染、潜移默化，正是"情感态度和价值观"这一重要维度渗透到教学过程之中的重要途径。

二、三维之间的关系及其在研究性学习中的整合

新课程改革，三维目标是主要矛盾；三个维度中，知识和能力是主要矛盾的主要方面，是基础、核心目标，是最重要的一个维度，同时，它又是其他两个维度发展的依托和载体。以学习兴趣、学习习惯和态度、学习策略能力等为基本要素的学科素养是技能的核心，是知识赖以生存的载体，因此，体现三维教学目标的有效性，就必须着眼于学科素养的培育，要把三维教学目标融入各学科素养的培育中。[①] 这是提升课堂效率的关键所在。

情感态度和价值观也是重要的一维，是动力目标，是学习的内驱力、动力源、方向、灵魂。如果没有这一目标，将导致学科人文性的缺失，使学习成为无源之水、无本之木，学生主体性将难以实现。在"突出过程设计，向优化教学过程管理要效率"时，应以"知识与能力"为主线，充分渗透"情感态度与价值观"，才算是一个完美的课堂效率管理典范。[②]

过程和方法目标是实现三维目标的途径、手段和策略。没有"过程和方法"目标，"自主、合作、探究"的目标也将难以落实，学生的动态参与也就失去了空间和时间。在兼顾其他二维的情况下，注重知识和能力维的坚实牢固，是新课程追求的目标。

研究性学习中的课程目标要根据知识和能力，过程和方法，情感态度价值观三个维度设计，以"研究"为切入点、协同点、交汇点，促使三个方面相互渗透，整合互动。三维目标的整合，不是三个维度的简单叠加，而是在"研究"的多元互动中相辅相成，互动互生，即以"知识与能力"目标为主线和落实三维教学目标的基础，以"方法与过程"目标为落实三维教学目标的阶梯，以"研究"为生发点、聚焦点，渗透情感、态度、价值观并充分地体现在过程和方法中，使学生在"过程与方法"中揭示知识的形成过程，展

---

① 冯增俊主编．把教学目标落实到位——名师优质课堂的效率管理［M］．重庆：西南师范大学出版社，2008（60）

② 冯增俊主编．把教学目标落实到位——名师优质课堂的效率管理［M］．重庆：西南师范大学出版社，2008（60）

示思维过程，感悟知识的价值体现过程，让学生通过"感知——概括——应用"的思维过程去发现真理，掌握真理。① 可见，研究性学习是落实三维目标的一个有效切入点。

如语文课程标准要求学生有表达的自信心，积极参加讨论，对感兴趣的话题发表自己的意见，"讨论"即是在研究中整合性地生发新的知识技能、过程方法、情感态度价值观目标的一个途径；"自信心""积极""感兴趣"即是情感、态度方面的要求；"表达""参加讨论""发表自己的意见"中的操作技巧掌握的熟练程度，则是技能方面的要求；而"参加""发表"的行为又同时体现过程；如何讨论和怎样发表意见则体现学习方法和策略的要求。

三、研究性学习中落实三维目标的基本策略

(一) 在研究性学习指导中实施信息技术、三维目标、潜能发展杠杆式整合互动模式

该模式有利于研究性学习中发挥信息技术对于实施三维目标，促进潜能发展的优势功能，是构建生态课堂极具操作性的运行机制，也是指导各学科课堂教学实现"情智共生"的核心理念。在研究性学习指导中，运用该模式促进三维目标生成的操作策略主要是以下三个"把握"：

1. 把握三维目标三个维度之间的互动关系：以知识技能目标为基础和立足点——杠杆的支点；以情感态度价值观目标为情感动能和内驱力——杠杆的动力；以过程方法目标为途径和策略——杠杆的动力臂。三个维度互动互促：在准确把握知识学习支点的基础上，情感动力越强，过程方法越能充分发掘学生的个性潜能，那么学生在研究性学习中创造性地解决问题的功效就越高。可谓"给我一个支点，我可以撬动地球"。

2. 把握信息技术、三维目标之间的交汇点。即在把握知识技能目标内容（知识重点和训练要点、学生经验积累）、情感态度价值观目标内容（学习内容及其意义的价值取向、情趣、习惯）、过程方法目标内容（最佳学习方式方法策略的操作运行）三者与信息技术四大功能（人性化与智能化结合的情境创设、资源整合、情感激励、方法指导）的交汇点时，根据其设计研究性

---

① 冯增俊主编. 把教学目标落实到位——名师优质课堂的效率管理 [M]. 重庆：西南师范大学出版社，2008（60）

学习过程和创设媒体、活动情境。

3. 把握信息技术所创设的情境与三维目标设施、学生潜能发掘之间的内在联系。发挥激情情境的激导功能，激情生趣，发掘情感潜能，增强学习和发展的动力；发挥导学情境的学法指导功能，导学导做导研，发掘智慧潜能；发挥资源情境的知识、信息拓展功能，构建新旧知识桥梁，发掘知识潜能；发挥问题任务情境的导探功能，发掘学生解决问题的个性潜能；发挥反馈互评情境的导评功能，发掘自我监控的元认知潜能；发挥实践仿真情境的导用功能，发掘创新实践潜能。

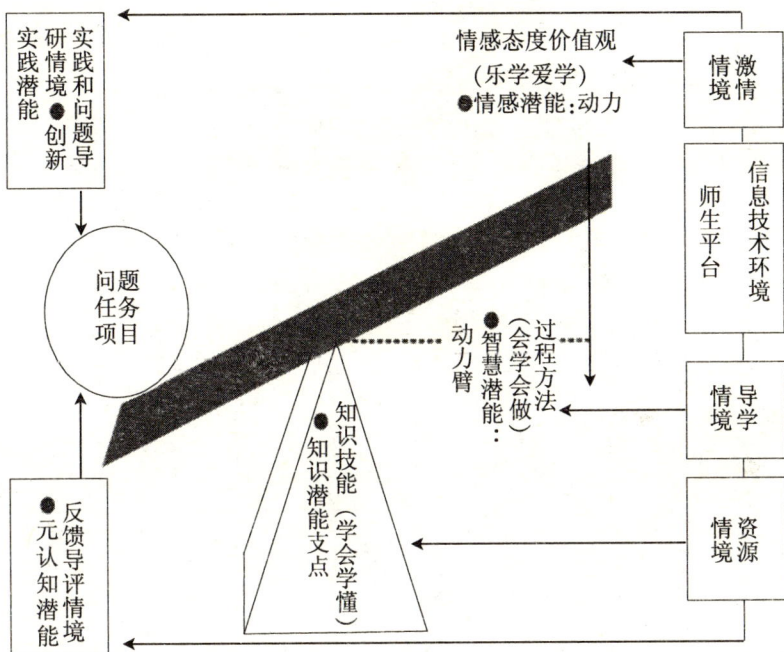

信息技术、三维目标、潜能发展杠杆式整合互动模式

如化学课"测定空气中氧气含量"的实验创新研究探索，先引导学生以要明确的知识点即探究"空气中氧气含量"及其实验新方法为研究支点体验媒体情境中展示的原用实验方法操作的过程，设计创新诱因，引导学生从环保、安全等方面研究实验方法的合理性、实用性。学生联系介绍红磷的网络资料，意外地发现用原实验方法，红磷在装置外点燃，产生的五氧化二磷可与空气中的水蒸气作用生成偏磷酸，对人的健康有害。学生研究探索的激情大发，"改进"的潜意识变为显意识，催生了创新动机。于是，经过综合提炼有关信息，在进一步的研究中，学生惊喜地得出在装置内点燃白磷，用氢

氧化钠吸收五氧化二磷的新方法。反馈评价是易操作，效果好，防污染，深化了创新归因。这种情境激导，情智互动的杠杆式教学，充分激发了"情感""智慧""实践""元认知"潜能。

（二）实施知、情、法互动型网络化研究性活动导学模式

该模式操作具有以下几个特点：

1. 这个基本模式的框架表明，在落实三维目标的任务驱动式研究性学习中，学习潜能的发掘体现在学生、教师、计算机网络、学习内容四个要素间的相互作用中；师生活动的六个环节表明，以学生的研究性学习活动为主线，教师的"教"必须服务于多层次学生的"学"。

2. 该模式沟通了学科系统学习与综合性活动、课内与课外、文本资源与学生情感智能资源之间的内在动态联系。

3. 学生自主学习过程中的六个环节之间的双箭头连线，表示每个环节都能引导学生进行自我反馈和多向互动性合作探究，从而发掘每个人的潜能。

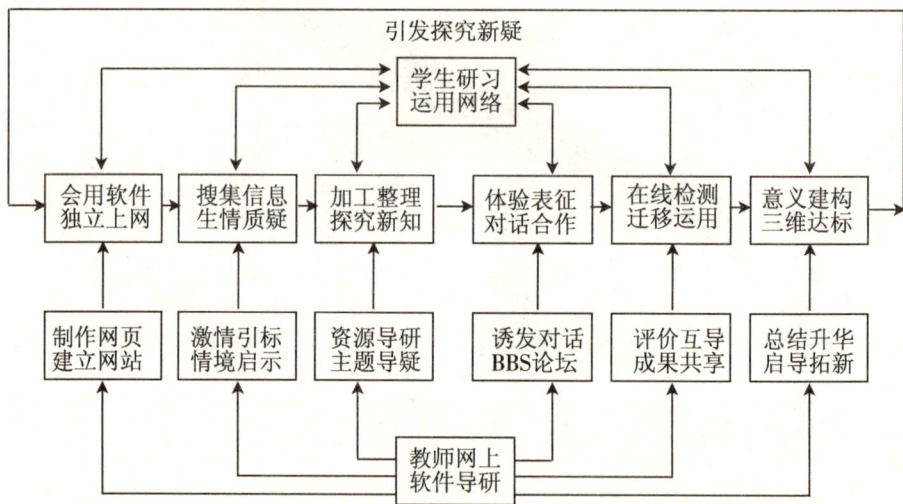

知、情、法互动型网络化研究性活动导学模式

如各学科在虚拟网站设计中输入了各学科的大量学习资源，开展章节（单元）"智能大冲浪"活动："腾飞点"（基础知识大比拼）——"探险区"（问题探究）——"云里斗"（分歧点辩论）——"新洞天"（先发现、创新点）——"凯旋门"（研究成果自述）——"颁奖词"（激励性评价）。同时，活动指导学生利用中教育星和K12等资源及本地强势优质资源进行拓展延伸研究，还设计了BBS，以便交流社会实践体会。活动环节中，知识闯关伴随着人性化的鼓励喝彩、策略引导、过程调控。课堂上，教师通过网络把学生

链接成"组内异质，组间同质"的学习小组，进行网上在线交流，同步传递信息，发挥"脑力激励"和"头脑风暴"效应。这种新型的人机交互环境，自然呈现了一个界面友好、形象逼真、积极能动、激烈角逐、情智互生、张扬个性、拓展学科素养、和谐发展的开放性立体课堂。

（三）构建研究性学习的实践情境

1. 构建问题情境。如挑疑引问、矛盾引问、回归反问、定势提问等方法就是创设问题情境的好方法。

2. 构建互动情境。有些教师引导学生利用现代信息技术创设互动情境探究问题的经验很有可行性，如引导学生利用网上发帖的形式向教师或同学提问并互相点评，利用博客与同伴交流，利用音像创设仿真情境引导探究等。学生的主观能动性得到发挥，问题就提得独特。如有学生提出："九一八事变"中张学良将军奉命进攻红军，西安事变中对蒋介石发动兵谏，为什么会有这种变化？

3. 构建任务情境。如在英语课语言交际活动中，教师指导学生开展贴近生活的活动，邀请同学参加生日晚会，被邀请者给予回复，生日庆贺会上运用英语交流，并针对实际适时地研究讨论英语的运用技巧及运用汉语的民族和运用英语的民族在生日庆贺方面的不同文化特色。把语言的积累输入和运用输出整合起来，把语言运用和思维情感结合起来，把词句语法知识的学习和运用策略的研究结合起来，把祖国文化和跨文化结合起来，这就是现在很提倡的"整体式"语言教学。

4. 构建情、知、法（研习方法）互促情境。如引导学生通过研究把"障碍接力"活动改编成"小八路送情报"的情境游戏，学生表演绕过敌人岗哨、跳过小河、爬过山坡的情景，知、情、体方面的能力都得到发展。

我校雷源洽老师教历史"大国崛起"一课，从目标的知识技能、过程方法、情感态度价值观三个维度创设问题情境和情、知、法互促情境来引导学生探究，高屋建瓴。雷老师对文本情感、态度、价值观取向是这样探究的：在世界竞争日益激烈的今天，在我们维护世界和谐发展的努力中，探究"大国崛起"这个问题有什么意义？雷老师对探究重点的引导：根据我们过去研究国家历史发展的方法，今天我们应该抓住什么重点和步骤？（生：应抓住大国崛起的史实——原因——经验三个侧重点和步骤）对探究方法策略的引导：用什么方法把这三者联系起来进行分析研究？（生：用史论结合的方法）接着教师和学生满怀热情地一起分析了一个国家，然后每个小组针对一个大国进行探究，最后各组代表汇报。课堂"合—分—合"的组织形式生动活泼，既张扬了个性又集思广益，同时，学生的分析很有广度、深度和精度。

发挥情、知、法互动效应要以营造促进认知的同化和顺应的最佳心理环境为前提。

一次物理课，学习"流体的流速跟流体压强之间的关系"一节时，教师先用媒体展示飞机停在机场上，机舱门打开时人不会被气流"吸"出，而在高空中快速飞行时，机舱门打开，人就会被气流"吸"出的对比情境，引导学生带着急于探求这一悬念的心理得出猜想：可能是飞机飞行时机外空气流动快的缘故。教师激发学生探究意向和强烈的好奇心，引入课题"流体压强与流速的关系"，然后，让学生带着这种意向和好奇心，做如下实验，让学生通过实验发现新的物理情境，以眼前情境与平时认知相冲突的矛盾，唤起学生构建新的认知结构的动机。实验一：将硬币放在离桌边2～3cm的地方，沿着水平方向吹气，硬币向上跳起。学生通过激情飞扬的讨论得出：没有吹气时，硬币上面的空气与下面的空气可看做静止，这时硬币上面的空气对硬币向下的压强等于下面的空气对硬币产生的向上的压强，硬币受力平衡而静止；当在硬币上方沿着与桌面平行的方向吹气时，硬币上方气体的流速大于下方气体的流速，上方气体对硬币的压强也就相应地小于下方气体对硬币的压强，所以硬币向上跳起。实验二：用手握着两张纸，让纸自由下垂，在两张纸的中间向下吹气，纸向中间靠拢了。学生在以上研究成就感的驱动下积极讨论，得出：不吹气时，纸张两侧的空气相对静止，致使空气对纸的压强相同，气体压强不会引起纸张运动；而吹气时，纸张内侧空气流动快，压强变小，内外造成压强差，于是，空气将纸张压在了一起。实验三：在倒置的漏斗里放一个乒乓球，用手指托住乒乓球，然后从漏斗口向下用力吹气并将手指移开。乒乓球好像被"吸"住了一样。学生情绪饱满，信息交流互动的心理渠道畅通无阻，所以思维更加敏捷，讨论更加热烈。他们得出：往漏斗口向下吹气，漏斗空气流速大压强小，漏斗内的空气流速小压强大，内外压强差把乒乓球托住。最后水到渠成地得出结论：流动气体的压强，流速较大的压强较小。

由上例可见，学生实现研习目标的过程，其实就是实现认知结构的同化和顺应的过程。当新的信息情境与过去的认知结构相矛盾时，就产生了实现新的认知平衡的心理需求，这时，我们创造条件，引导学生以这种"需求"为驱动力进行新的研习，同时给予策略上的点拨，学生就会充分发挥自己的主观能动性，实现三维目标的生成和达成。因此，发挥情、知、法互动效应往往要以营造学生的最佳心理环境为前提。

第三节　问题——研究性学习的切入点

问题是思维的发动机，思维是研究性学习的传动轴。研究性学习由学习和生活中的问题引发并以问题的解决过程为轴心。所以，发现和提出问题是研究性学习的前奏，问题解决的方法及过程体验，知识、技能和创新感悟的获得是研究性学习的宗旨。

所以问题是研究性学习的切入点。没有问题，就没有研究；没有问题意识，就没有研究的意向；没有在研究中创新的意向，就没有研究的行为。《学习与革命》中指出，最大的问题，是不能提出问题的问题。爱因斯坦曾说过，提出问题比解决问题更重要。而善于发现、勇于提出问题与学生的心理品质、思想观念、价值取向、个性人格、知识能力等有关。教师在培养学生的善于、敢于提出问题的素质的过程中，必须综合考虑这些因素。从教学实践中可见，以下策略行之有效。

一、以"五好"策略激发问题意识

五好策略即：创设和激发学生好奇、好问、好强、好胜、好求的心理情境和意向。

"好奇心系指外界环境作用于人们的感官所引起的感官的异常兴奋的反应和大脑的新鲜感觉（或警觉），并由此能动地引导和驱使人们为之产生一系列的探索行为。"① 好奇心是问题的孕育者。爱因斯坦说："我们思想的发展在某种意义上常常来源于好奇心。"

好奇心的产生源于个体原有认知结构和图式与外界环境或某种媒体中的新信息之间有适度的差异，而个体又有一种让自己的认知结构和图式能够同化和顺应这种新信息的意图，于是自然地出现一种惊异、疑惑、稀奇、矛盾、求悟的心理趋向，从而激起探究的欲望和动机。好奇性是人的原始性动机，是人所具有的一种天性。孩提时代的探索行为主要来自于好奇心，随着活动能力、感知能力、思维能力的发展，好奇心会进一步强化。但随着年龄

---

① 彭耀荣，李孟仁编著．创造学教程［M］．长沙：中南大学出版社，2001（221）

的增长，思维定式的束缚会逐渐强化，旧的思考方式逐步会成为习惯；由于对新事物的价值取向模糊或错位，对新事物也会变得毫无兴趣、消极、厌恶而拒绝接纳，所以好奇心会逐渐弱化，影响探究、创新心理潜能的发挥。因而我们的教育应促使学生保持一颗童心，具有强烈的求知欲望、饱满的探究热情。

由于好奇心具有对新事物的探索性、探索的自动性、关注事物的选择性、存在时间的短暂性等特点，① 我们应采取相应的策略，给学生创设问题情境，激发其好奇心，引起其探索心理；给学生创造激发兴趣、自动探索和创新的机会，提供那些适合他们心理选择意向的事物、情境，使他们保持好奇心，促使他们的好奇性升华为研究问题的兴趣、欲望和动机，发挥好奇心导致发现创造目标、强化求知欲望、激发创造想象、引发创造假设的作用。主要可采用如下措施培养好奇心和发挥好奇心的作用。

教师要以生动活泼的活动形式，新颖别致的活动内容，富有新意的媒体情境，激发学生的好奇心，如小发明创造活动，科幻故事活动，科技奥秘探索活动，模拟焦点访谈活动，课本剧表演活动，情境对话活动等。

教师要创设宽松的心理氛围，减少学生学习和活动的心理压力，营造让学生产生无意注意并将无意注意转化为有意注意的情境。

教师要启发学生多向思维，激发学生的求异思维，使其克服思维固着。

好强、好胜，是指不屈从、不服输、不示弱、不甘失败的心理。这种心理与积极进取的精神、科学的态度、好奇的心理结合起来，将表现出好问、好求的行为。这是创造发明所必需的，也是研究性学习所必需的心理基础和积极行为。有了这种心理素质和行为，也就会为创新、为研究性学习创造一个良好的开端——积极地发现、提出问题。

如在一次语文、生物、化学、物理课联合开展的以"年轮里的学问"为课题的专题研究活动中，教师引导学生提出问题的方法很巧妙。他将当地两家冶炼金属的工厂因双方都不承认自己厂对当地树木污染严重而相关部门一时又难以测定的情境展示给学生，让学生由此提出问题进行研究。学生的好奇心很快被激发起来。由于是一种无拘无束的讨论形式，学生各抒己见。提出检测定性的方法是研究的重点问题，教师让大家提出了多种检测方法。为对这种好奇心进行引导和强化，教师又把学生带到这两个冶炼厂旁实地考察，让大家与当地居民和工厂技术员交换检测意见。结果，他们设想的测大气、泥土、水流等受污染的物质的方法前面都已经被技术员使用过了，这些

---

① 彭耀荣，李孟仁编著．创造学教程［M］．长沙：中南大学出版社，2001（221）

方法都未能很有说服力地说明哪个厂对此地树木的污染严重。而生物、物理老师一再表示相信同学们能够用已学过的有关知识和结合图书馆的有关资料研究出结果。这更激发了学生的好奇、好强、好胜、好求心理，于是，他们更加好问、好学，有的多次走访当地育林老工人，有的上网、到图书馆查阅相关资料，有的到环保部门请教。由于真实情境中的问题打破了学生认知心理的平衡状态，使学生有更强烈的好奇心，已使用过的方法又不能解决问题的事实又增强了这种好奇心的持久性和向研究兴趣转化的可能性，所以学生积极性很高，解决问题的精神很执著。后来，有位学生从育林老技术员正在观察的一截树茎的年轮中受到启发，提出树木受到什么污染和受污染的程度是否可以从树的年龄里测出来这个问题。没想到，这个学生的设想竟与那位老技术员不谋而合。教师赞扬这位同学与高级技术员英雄所见略同，鼓励大家提出新的问题和设想。经过讨论，大家认为应该从树的年龄的学问切入。于是，大家把总课题改为"树的年龄里有怎样的学问"，并在那位老技术员的指导下把全班分成 4 个小组，各小组承担的子课题分别为"年轮与气候变化的关系""年轮与太阳黑子活动规律的关系""年轮与大气污染状况的关系""年轮与水文学"。

解决实际问题的心理需求促使学生筛选、分析、综合有关信息，初步了解了子课题所涉及问题的答案，如"年轮与气候变化的关系"，课题组在研究报告中写出这样的结论：年轮的宽窄疏密变化，与历年的气候变化情况和规律是相应的。气候温和，年轮的分布就很均匀，圈距、每道年轮宽度都差别不大；气候接连高温、多雨，年轮圈距就大；气候寒冷、干燥，年轮的圈距就小；气候特别寒冷、少雨，年轮圈距更加小。根据年轮分析情况，能够掌握上千年的气候变化规律，按照这个规律，能够进行长期天气预报。

"年轮与大气污染状况的关系"课题组得出的结论是，根据对年轮中所含金属种类及含量的分析，可以测知冶炼厂对大气的污染程度。因为冶炼厂排出的废气使大气受到污染，污染物质就藏在了年轮里。我们所考察的两个金属冶炼厂，大气中飞扬着的这种金属尘埃被厂旁的树叶吸收，落到土壤中的金属被树根吸收，这些金属尘埃被树木吸收后就被输送到年轮里积存下来。如果我们采用光谱分析，能够准确测知年轮里历年积累下来的金属含量。根据历年所含金属种类及含量就可以知道是哪一类金属造成的污染及其污染程度。同时，对于氟化氢等有毒气体对大气的污染程度也可以测知。

二、以"四变"策略形成问题意识

(一) 变被动学习为主动学习

发问是思考的起点，研究的动机。因而，发问是主观能动性的体现，学生必须有主观意识参与学习，才会发问。消极被动的学习，灌输式的学习是很难有发问的情况的。所以，我们要变被动学习为主动学习，变"充气球式"的学习为知识生成式的学习。心理学原理认为，人的行为是由动机支配的，而动机是指激励人去行动以达到一定目的的内部动力。人们的行动总是从一定的动机出发，并指向一定的目标。[①] 学习行为需精神生命的参与，是主客观相互作用的动态过程，因而必须是学生主动参与的。由于人的主观动机产生必须具备内在需要、社会环境需要、内外因素的刺激等条件，所以要激发学生的学习动机，促使其主动学习，必须唤起学生生理、心理上的内在需求，适应社会需要的意识，必须给予学生激发和强化内在需要的内外在刺激。

内在需要的强度要达到一定水平才能导致行动，因而，必须提供充足的强化动机的信息量，使"需要"的意向不断加强并成为能导致行动的有效愿望，同时提供满足需要的诱因条件，促使愿望表现为活动动机去推动行动达到目的，从而发挥动机的主观能动性、目标指向、维持和调控活动的三大作用。这样，学生主动学习的心理机制才会发挥积极的作用。

学校的综合实践活动课组织七年级进行了一次手工小制作研究活动。教师先是用多媒体展示了各种手工制品展览，激起了学生参与的内在需要。然后，他让九年级学生进行航模制品的操作表演，强化了七年级学生的这种需要意向。接着，他介绍一些必要的制作原理和方法以及材料来源，使学生在获得充足的信息量的情况下让需要的意向成为能导致行动的有效愿望。然后，他又宣布奖励措施和成品操作表演的计划，以此作为诱因促使学生为满足愿望采取行动。结果，学生提出问题、分析问题、解决问题的主动性、积极性和创造性得以充分发挥，手工制作的成品琳琅满目，异彩纷呈。

(二) 将思维由封闭变为开放

学生不愿发问或不能发问，其中一个重要原因是因为其思维是封闭的而不是开放的。他们只满足于自己想当然而不重视与别人交流，不重视摄取外界的有用信息，没有认识到"独学而无友，则孤陋而寡闻"的道理。

---

① 彭耀荣，李孟仁编著. 创造学教程 [M]. 长沙：中南大学出版社，2001 (199)

研究性学习的师生、生生多向互动性，要求教学系统必须是一个民主的、开放的系统，学生思维也应该是开放的。按照自组织理论，学生的心理系统是一个自组织系统，在这个系统中，知、情、意、行等要素在相互作用中必须从外界获得信息和能量，当所获能量达到一定临界值时，心理系统中各要素之间就会打破原有的平衡，实现新的环境适应的平衡，从而扩大心理系统的整体功能，达到系统整体功能大于各要素功能之和的效果。因而，学生在学习对象与自我双向构建的过程中，心理自组织系统应该是开放的。

将民主、开放的理念与研究性学习指导和实施结合起来的一个有效切入点是创设情感与问题结合的"激情引疑"情境。这个"结合"的过程能协调运作的关键是师生角色的正确定位：学生是研究性学习的主体，教师是主导，同时师生又都是合作者、研究者，是研究实践中的同伴和益友，是"治学联谊研讨会"中的主动参与的会员。促进这个"结合"的动力是对研究性学习活动的价值取向和情感态度的师生统一、协调；这个"结合"能行之有效的知能条件和基础是学生的合作技能、交往技能、相关的基础知识和科学常识。因而，教师在研究性学习组织和指导中，一定要注重落实"知识、能力，过程方法，情感、态度、价值观"三维教学目标，让学生在有感召力、凝聚力的情感氛围中，在类似学者探疑的探索情境中学习。这样，学生的"研究"才会在问题情境中实现"生疑——析疑——解疑——新疑"的良性循环。

如在学习《鲁提辖拳打镇关西》一课时，为了让学生避免步入那种只满足于品尝故事过程的趣味性和对鲁达拳打镇关西行为的一睹为快，而对施耐庵人物形象塑造的艺术及其人物形象的社会意义却缺乏深入体会的浅尝辄止、囫囵吞枣的阅读误区，教师采用演与导的设计策略，激发学生的探究情感和问题研究意识及合作探究的主动性、积极性、创造性。下面是课堂实录中的一个片段。

师：郑屠的狂、金氏父女的冤、鲁提辖的拳、惩恶扶弱的善，让我们从艺术的形象中获得了一次喜怒哀乐的情感体验。假如我们让文中人物变成影视形象，我想同学们可以做演员或导演了。请大家先体会一下当导演的感觉，假如你是导演，将文中内容搬上舞台，你会有什么疑难？是不是在改成影视剧本时要改动一些地方？

生：我觉得故事情节的设计要改。课文的情节安排一是鲁达倾听金氏控诉；二是鲁达救助金氏父女；三是鲁达三拳，郑屠毙命；四是鲁达出走，逃避大祸。金氏的遭遇是故事的起因，更是鲁达伸张正义的衬托，是故事发展到拳打郑屠这个高潮的导火线，所以不应该只让金氏叙述出来，应该直接表

演出郑屠霸占金氏女儿的过程，这样更生动。

生：我认为不应该改。因为这不是故事重点，只是起因和开端，让金氏父女控诉出来，就行了。同时设下一个悬念——那郑屠到底是什么模样？是像《西游记》里的牛魔王，还是像《烈火金刚》里面的猪头小队长？假如要我从我们班物色一个演郑屠的，还得想象一番人物特点呢。（有人插话："那就你扮演吧。"众笑）

师：小玲，你说昨天读到金氏父女的遭遇这段很受感动，假若你是金氏的女儿翠莲，你对改动有什么看法？

生：我认为不必改。这句句苦、声声泪的控诉不是很感人吗？再说，假如我是翠莲，我想是因为镇关西一手遮天没处申冤，才躲着哭，这也从侧面写出了镇关西的罪恶。

生：不改详略安排更合理，这样更能反衬出鲁达的正义感。假若小玲演翠莲一定会让观众感动，使人认识到郑屠可恶，鲁达可敬。

生：不改好。这样，鲁达一出场，一桩人间不平事就摆到他面前，观众一下子就被吸引了——小玲，不，翠莲是不是又要倒霉了？（众笑）这样的设计更能吸引人关注后面的发展，更加鲜明地体现鲁达爱憎分明的性格。

生：不改好，这样让酒店为舞台背景，更便于布景，瞧，店小二的奴才相也反映出社会的黑暗，又照应了后面鲁达救助金氏父女逃离虎口时怕店小二追赶而在酒店坐守一个时辰的内容。

生：这样就更突出鲁达救人救到底的心情。

生：又突出他心细的特点。

师：各位导演大师对将鲁达的言行搬上舞台有什么修改意见？

生：鲁达这"三拳"要演出来还真不易。

生：有什么难的？不就是打得猛，打得狠，打得郑屠这个杀猪的像猪叫，施耐庵也真是的，一拳解决了那杀猪的不更解恨吗？（众笑）

师：那你就先试着表演一下吧。演鲁达就要演出这三拳的不同打法，演郑屠，就要演出被打三拳的不同感受。你演鲁达还是郑屠？

生：你就演郑屠吧，只要像猪叫就行了。（众笑）可鲁达这三拳是有同又有不同呢。

师：同的是什么？

生：都写了怎么骂郑屠，都是依次写打的地方，打得怎么样，好像什么，镇关西的样子和感觉；都用了比喻，而且比喻后面都是三种东西，每样东西都是用了两个字。如"咸的""酸的""辣的""红的""黑的""紫的"。

生：有些词也相同。如三次描写中都有"只一拳""似"等。

师：这样写不是显得呆板吗？你们感觉怎样？

生：不呆板，倒有一种整齐的美感。还有一种惩罚坏人的快乐，叫做什么感？是快感吧。好像唱歌唱到高兴处，就用反复的方法唱出激情。

生：在电影里面可以用近镜头，展示每次打的样子，使鲁提辖疾恶如仇的形象更突出。

师：那么这三拳有什么不同呢？

生：三拳，三个地方。还有我想问，这三个地方可不可以换一下顺序？先打太阳穴，让这恶棍清醒清醒脑子，先听听全堂水陆道场的音响伴奏。（众笑）

生：不可以换。先一拳打在太阳穴就让他早早地到阎王爷那儿报到去了，太便宜了他，有什么看头？一拳比一拳狠，感觉也不同，先是味觉，让他尝尝酸咸苦辣，再是视觉，让他学会分清青红皂白，最后是听觉，让他在哀乐声中去见阎王爷，（众笑）多解恨，多够味。郑屠越来越惨，才让我们有大快人心的戏看呀！

师：看来这三拳设计得真好。谁设计的？

生：施耐庵，那被打的感觉是他想象出来的，真妙！

生：假如被打的是你，你会有何感受？（众笑）我想，生理的感觉可能跟我们想象中的一样，但是内心、精神世界的感受是不同的。这时候，郑屠一定是恼羞成怒而又奈何不得，恨之入骨而又胆战心惊，他不是在以求饶的口气假惺惺地说"打得好"了吗？所以说，这里逼真地写出了郑屠的肉体和精神感受。我觉得这三拳设计是施耐庵根据表现人物性格的需要设计的。写恶人受到这样的惩罚既说明善有善报，恶有恶报的道理，又表现了鲁达疾恶如仇，敢于伸张正义，保护百姓的性格。

生：也是按由详到略设计的，第三拳郑屠要死了，所以只有出气没有进气，也没前两拳后的叫声和讨饶声。只是这三拳和郑屠在这三拳中的不同心理活动怎样在电影中表演啊？

生：可用近镜头和慢镜头，分解三拳的动作，也可以用幕后语说出郑屠的感觉。

生：可用蒙太奇的方法，把那比喻中油酱铺、彩帛铺、水陆道场的情形分别插到郑屠被打的感觉那里。

师：各位导演大师真厉害，把这三拳的表达效果都分析出来了。还有什么关键问题要讨论吗？

生：最关键的是要表现鲁达见义勇为、不畏强暴、勇中有谋、粗中有细的性格，可是哪些地方表现他的粗中有细呢？

……

第
三
章

研
究
性
学
习
的
运
行
机
制

由上例可见，用"激情引疑"结合设境导学法，以情激情，以疑引疑，以教师引导、学生互导的方法促进了学生的思维，有效地落实了三维教学目标。如让学生以导演的身份讨论文中的描写应怎样搬上舞台表演，以改写成影视文学剧本的设想激导学生剖析人物形象和文中描写，使学生对赏析小说内容及其创作艺术有正确的价值认识和积极的态度，促进了思维在开放中的互动，学生发现和分析、解决问题的主观能动性得到充分发挥，合作学习的技能也得以提高。

（三）将消极依赖变为积极互赖

学生缺乏问题意识，不愿主动质疑，还因为有一种依赖情绪。长期的教师"一言谈"和个别优生主宰课堂的现象使中下层次的学生对于问题的发现和解决形成一种对教师和优等生的依赖感，而且认为课堂发言、质疑对于他们来说无关紧要。而有些优等生也保持沉默，一方面是由于思想保守，认为自己知道了就行，没有必要说给人家听，而别人知道的则有必要听听，以便提高自己；另一方面是认为学生只要专门听讲就行了，不必出那个风头。现在各种辅导资料铺天盖地，教材中各种问题的提出、分析和解答都应有尽有，只要翻翻资料就可以完成教师布置的任务，因而更没必要再削尖脑袋去钻什么"问题"。如果教师又是依样画葫芦，完全按备课资料讲课，学生不用说主动提问就连听课的功夫也不愿花了，因为已经多了一个依赖的对象——"私人文书"。至于厌学情绪严重者，则对学习的质疑问难有一种排斥心理。

要把学生的消极依赖情绪转化为积极互赖的心理状态，借助合作学习建立情感互动、情知互促、目标互赖、责任互赖、行为互助的"五互"机制是有效途径。现将合作学习中"五互"机制的构建策略阐述如下：

情感是人对事物所持的态度体验。人们对客观事物采取什么态度，是以客观事物能否满足人的需要为中介的，是客观事物与人的需要之间关系的一种反映。而需要的产生有赖于人对客观事物的认识，没有认识，就不会产生需要；没有需要的满足，就不会产生情感。[①] 又由于情感体验具有倾向性、深刻性、稳定性、有效性等特点[②]，因此，教师在教学中应引导学生在目标拟定、活动设计和开展、行动要求等方面努力做到符合实际需要，体现学生的情感倾向性，促使情感体验鼓舞和推动行为，增强情感有效性，发挥情知互促作用，提高学生的认识能力，从而增强其情感深刻性，强化其情感稳定

① 彭耀荣、李孟仁编著．创造学教程［M］．长沙：中南大学出版社，2001（245）
② 彭耀荣、李孟仁编著．创造学教程［M］．长沙：中南大学出版社，2001（247）

性。教师应努力争取所拟总目标代表全体同学的共同需要，使个人目标代表自身需要并从属于总目标，在合作中的个人的责任与集体的共同责任相互制约，在活动实施中使活动形式和内容起到情知互促作用，在合作中倡导互助互动。这样形成"五互"机制，引导学生以热烈的情感参与探究，做到精力充沛、情绪激昂、思维活跃、观察敏锐、质疑主动，在积极的情绪状态下产生创新灵感。

以下是八年级上册《懒惰的智慧》一课的一段课堂实录：

师：你知道"人勤地不懒，懒人地不勤"这句谚语的意思吗？它肯定了勤的效果，指出了懒的损失。勤人听了很高兴，可懒人却不服气，说这话不全对。你支持谁呢？

（学生议论纷纷，有支持勤人的，也有人拿不定主意）

师：这句谚语确实值得我们重新思考，到底对不对，还是请大家先读《懒人的智慧》这篇课文再说吧。请大家一边读一边思考：这篇课文有什么问题值得大家探究清楚？你有什么不懂的地方？

（学生默读课文，教师巡回点拨）

师：请大家讨论刚才提的两个问题吧。

生：这里说的懒人是怎样的懒人呢？难道猪八戒在太阳晒屁股了还不愿起床也是好的？（大家笑，随即表示这个问题提得有必要）

生：这是篇议论文，按照学习前几篇议论文的方法，要指出论点、论据、证明方法。可它的论点不好找，应该怎样找呢？

师：你能把前面学到的方法迁移到新知识的学习中，很好。

生：这篇文章举了很多论据，它们各起了什么作用呢？

生：这篇议论文的结构也与前几篇不同，为什么作者要这样构思？

师：比较阅读法，能帮助我们在同中求异，很好。

生：这篇议论文语言也有特色，那些帮懒人说的话有道理，又有趣，也许作者是个懒人吧？（众笑）懒真的好吗？

……

师：从读议论文的要求和这篇文章的特点看，大家认为哪些问题很有价值呢？

生：我认为懒的含义，对懒人的评价，找论点、论据，指出证明方法很有价值。

生：我认为语言特色和文章结构值得弄清楚。

师：大家同意吗？（大家表示赞同）那就把这几点作为大家的共同目标吧。也就是说：目标1：弄清"懒惰"的含义，怎样的"懒"是可取的？目

标2：怎样找到论点、论据？目标3：怎样指出证法？目标4：这篇文章结构有什么特点，语言有什么特点？目标5：你学到了什么道理和学习方法？各小组成员每人着重研究这5个问题中的一个，同时提出和达到一个个人的目标。小组长综合全组达标情况，准备汇报。

（各小组自学、研究、综合，准备汇报）

师：请各组组长汇报。请围绕5个目标中的问题和个人目标来说，先说论点、论据、证法吧。

生：我们组认为这篇文章的论点是"懒惰的智慧"，论据是文中讲的那些人和事，用了事例论证的方法。

生：论点应该是"懒惰激励了文明"，课文里的论据都是说得这个道理并用事例来证明的。

生：我认为应该把这句"懒惰激励了文明"与后面"促进了人类的进步"加起来作为全文论点。因为前面主要是说"懒惰激励了文明"这个道理；后面主要说"懒惰促进了人类进步"，最后总结"正是懒惰承担了促进人类文明发展的重任"。

生：我赞同。因为全文有数学里学的那种归纳证明的方法，先列举事实再总结出观点。

师：你能在学习方法上融会贯通，把数学方法用到语文里来了，很好。大家也越说越深刻了，由论点、论据说到结构了。大家对这些还有什么不同看法？

生：我认为前面第1段、2段还用了正反对比论证，把道理说得更明确。

师：大家弄清了作者的观点，那么请大家说说对"懒惰"的理解吧，是不是所有的懒汉都要打屁股？（学生在笑声中认同这个问题讨论的必要性和趣味性）

生：我认为这儿的"懒惰"是指不想死做事，希望能省力，是聪明的懒，不是愚蠢的懒。猪八戒那种不动脑筋的死懒不包含在内，那是该打屁股的懒。（众鼓掌）

师：你和作者凯利一样幽默。你是从省力的追求带来进步这方面说的。

生："懒惰"是对旧的操作方法不满意，想办法改进技术，提高能力。像发明蒸汽机的瓦特，他就是一个懒汉。（众笑）

生：懒惰是不守旧，是创新。爱迪生是发明大王，也是懒惰大王。（众鼓掌）

师：你从发明创造有利于新进步、新发展来说明，很好。大家都扣住了课文论点。

生："懒惰"是指讨厌受苦受累，想通过动脑筋想主意，找一条近路。

生：就是"捷径"。

生："懒惰"是在发现问题、提出问题、研究问题这方面不懒。

生："懒惰"是用智取，不是硬拼；是诸葛亮，不是猪八戒。（众笑）

师：你还能借用军事术语，而且越来越有趣生动了。大家体会到了课文的语言特色了吗？

生：幽默、形象。

生：生动、传神。

师：大家互相合作完成了共同目标。你们的个人目标实现了吗？能说给大家听听吗？

生：我的个人目标是弄清楚我到底是不是属于课文中说的那一类"懒汉"。做不出作业时，我要到外面去活动活动，常常是后来眼前一亮就能很快做好。我妈说我是偷懒。我不明白我是不是那种"促进人类进步"的好懒汉？

生：懒汉还有分别？

师：他们俩谈到的问题值得讨论。我们刚才根据课文意思解释了"懒惰"的意思，大家总结一下，课文中这样的懒人都想用新的、省力的、更有效的方法，其实他们身上有一个地方并不懒，是哪里？

生：是脑袋。他们是用心，用智慧，用创新的思维在求进步。

生：求发展。懒汉不是指那些不爱劳动，不爱工作，把不能放弃的事也丢掉的人。

师：对呀。"懒惰"也有不同理解，既有正确的一面，也有不正确的一面，这叫做辩证地看问题。正确的一面是讨厌要吃苦受累又意义不大的低效高耗劳动、重复劳动，不愿因循守旧、墨守成规，想要多快好省，反对少慢差费。而勤劳呢？有利于进步、创新，有利于发展的勤劳，巧用心智技能的勤劳，是科学的勤劳，这还是要的。哪种勤劳不可取呢？

生：那种死做，而不创新的"勤劳"；那种旧守，不肯用心智，使人受累而低效的"勤劳"不可取。

生：对于讲科学的"懒惰"者，我们要给他们正名。李玮同学通过活动来提高学习效率是讲科学的"懒惰"，是可取的。

生：那就请大家为我"平反"吧。（众笑）

师：你们还能联系生活举一些论据证明课文的论点吗？

生：莱特兄弟为了不让自己和他人远途跋涉受累又耽误时间，发明了飞机。他们为人类文明作出了贡献。

生：杨利伟等参加我国航空航天事业研究和建设的工作者，为我国航空航天事业发展作出了贡献。杨利伟没走一步就能环绕地球转。

生：超薄电视机、袖珍电脑越来越轻巧了，减少移动的麻烦，省了力气，研究者真可谓"懒惰大师"了。（众笑）

……

上例中，"懒惰"激励文明、促进人类进步这个超出平常思维习惯的石破天惊之见，与教师巧设悬念的开头、富有激趣生情启知拓思作用的点拨是分不开的。学生们的共同目标和个人目标的协同，促进了目标互赖、责任互赖和行为互助，使那些一向很懒惰的人也积极地参与了学习活动，激发了问题意识，也知道了应"懒"在什么地方，学到了有关议论文阅读的知识、学习方法，初步形成了科学地评价勤劳和懒惰的进步价值观念。

（四）变迷信、盲从为自信、超越

学生缺乏问题意识，还因为迷信书本，迷信权威，迷信教师，一味地盲从文本资料，同时，又由于自卑心理、惰性心理、基础薄弱等原因而缺乏超越他人的勇气和追求。此外，思维处于固着状态，也束缚了学生寻问质疑的学习行为。但从根本上来说，还是因为这些学生的尊重需要和自我实现的需要未得到强化和满足的缘故。

美国心理学家马斯洛提出的"需要层次理论"，把人类多种多样的需要归纳为五个大类，并按照他们发生的先后层次分为五个等级：生理需要；安全需要；归属于一个互相关顾的群体的社会需要；自信、自主、自尊的尊重需要；自我实现需要。[①] 五种需要循序渐进，当下一级需要基本满足时，更高一层的需要就成了行为内驱力。其中尊重的需要和自我实现的需要是高级的需要，它是从内部使人得到满足的，而且一个人对尊重和自我实现的需要，是永远不会感到完全满足的。因此，如果是通过尽力满足学生的高级需要而调动起来的研究性学习的积极性，将更有稳定性、持久性、自我激励性。

马斯洛的需要层次理论的核心是自我实现，把高级需要上升为自我实现需要的人称为理想的人。[②] 他认为这种人能不断地欣赏自己的新生活而摒弃陈旧观念，富有创造力，有强烈的创造欲和问题意识。但人的各种需要是社会与个人条件融合的结果，受人的主观能动性和环境因素、社会条件的影响，因而我们要创造条件激发、强化、满足学生的高级心理需要，使他们始

---

① 彭耀荣，李孟仁编著．创造学教程［M］．长沙：中南大学出版社，2001（201）
② 彭耀荣，李孟仁编著．创造学教程［M］．长沙：中南大学出版社，2001（204）

终具有实现自我价值、展示自我才能、超越旧我、创造新我的信心。

三、以学习方式多样性策略强化问题意识

在研究性学习指导中，采取多元智能切入法、发现式学习和问题解决式学习策略，有利于激发、强化、满足、发展学生的尊重需要和自我实现需要，从而促进学生产生创新的动机，使需要转化为研究的动力。

（一）多元智能切入式指导法

多元智能切入式，即"通过多元智能而教"的课程模式，将多元智能运用于教学中，对于同一知识的教学内容通过多种途径实施，让学生利用自己的优势智能进行学习。

"通过多元智能而教"的课程模式是林达·坎贝尔等提出的。根据加德纳的多元智能理论，人类个体的智能结构是多元的，每个人都至少具备七八项智能，同时，每个人的智能类型和学习类型各具独特性，都有相对居优势的智能类型或学习类型。"个体智能发展的方向和程度受到环境（包括社会环境和自然环境）和教育的极大影响和制约。……当今多元化的信息社会，要求每个人多项智能的全面发展及个性、才能的充分展示。"[1] 我们要在学科教学中有机地融入多元智能领域的内容，同时注重发挥学生多元智能的作用，使他们以优势智能带动其他智能，进而全面发展。

怎样根据学生个体智能的独特性和多样化，在教学设计和实施中通过发挥不同智能活动在学习中的不同作用，使每一个学生都得到发展呢？我们可以发挥课程与环境的交互作用，营造有利于学生与他人、环境交互作用的学习氛围，创造利于多元智能发挥的条件，使每一个学生"都能以适合自己智能特点的方式，通过多种途径达到对某一特定内容的掌握"。[2]

如根据学生智能结构中的优势智能，设计相应的课程和教学活动，使学生能满足自我实现的需要，从而激发其寻问、质疑、探究的积极性和主动性。

为发挥语言智能优势，可让学生多用语言描述，多参加演讲、辩论、节目主持、模拟答记者问、课堂讨论、情境对话、写作经验交流、阅读赏析等活动。

为发展学生的数理逻辑智能优势，可以让学生注意将有关模式辨别、工

---

① 李留江，张晓峰．课程与教学改革：多元智能的视觉［J］．教育科学研究，2003（1）
② 李留江，张晓峰．课程与教学改革：多元智能的视觉［J］．教育科学研究，2003（1）

作程序、预测事物未来发展等材料写进作文，让他们在阅读中多作分析归纳、因果推理，多做设计活动步骤方面的事情，从而提高语文素养。

为发挥学生的身体运动智能方面的优势，可多采用活动教学方式、角色扮演的游戏、"四动"（动眼、动口、动手、动脑）活动，让学生在这种多感官和动脑、动体（身体）协调的过程中感悟语文。

为发挥学生的音乐智能方面的优势，可用音乐智能辅助语文学习。如用音乐伴奏朗读，用音乐结合图画展示课文情境，用作文写声音形象，感悟诗歌朗读中的节奏美，感悟语言的音节和韵律美。

为发挥学生的人际关系智能方面的优势，可引导学生参加课题小组的专题研究活动、课文探究的小组合作学习活动、调查采访活动、社会考察活动、校园文化宣传活动、调节学生人际关系的工作、协调学科之间的综合性学习等。

为发挥学生的空间智能方面的优势，可充分发挥多媒体教学的直观性、形象性，培养学生观察能力和形象思维能力，引导学生运用空间想象构思作文，描述空间模型等。

为了发挥学生的自我认识智能方面的优势，可让学生谈学习过程的反思，写反省生活的日记，设想如果自己是课文中某个人物将会怎样，从而深化对课文的理解。同时，教师要引导学生设定目标，带动大家把学习与成长协同起来。

为了发挥学生的认识自然智能方面的优势，可引导学生把对课文内容的理解与有关的自然环境观察结合起来，写游记散文，写有关自然物、自然事理的说明文。

以上措施的实施不是孤立的，而是相互渗透，有机结合的。如为了弥补小组合作学习偏重于人际交往智能和语言智能，未突出多种智能之不足，可以把音乐智能、数理逻辑智能、身体运动智能、视觉空间智能、认识自然智能和自我认识智能等有机地融入小组合作学习中，使每个学生能通过适合自己智能发挥的途径有效地进入学习领域，满足自我实现的需要，从而进一步激发创新学习动机和主动质疑、探疑的意识。

（二）发现式学习指导法

发现式学习就是以培养独立思考能力、发展探究性思维为目标，以基本教材为内容，通过再发现的形式所进行的独立的、有意义的学习。[①] 发现式学习的主要途径是学生通过体验所学的概念、原理的形成过程，来发展归

---

① 靳玉乐主编．探究教学的学习与辅导［M］．北京：中国人事出版社，2003（105）

纳、推理的思维能力以及掌握探究思维的方法。发现学习中掌握知识的主要方法是学习者自己主动发现问题和解决问题，是把现象重新组织或转换，超越现象再进行组合，从而获得新的领悟。这里的"发现"是将原发现的过程从课程的角度加以再编制，成为学生能够接受与学习的途径，让学生通过这个途径以"小科学家"的身份，主动探索未知领域。

发现学习的一般过程是：提出问题——建立假设——验证假设——得出结论——评价假设——转为动力。

发现学习的积极意义主要有以下几点：

①发现学习因为能满足自我实现的需要，即满足学生使自己成为研究者、探索者、"小科学家"的需要，因而能激发学生的内部学习动机，从而保证主动、持久地坚持学习。

②发现学习使学生通过自主学习、独立思考分析和解决问题，有利于学生掌握探究策略，提高学习能力。

③发现学习过程中的独立思考和发现的过程以及形成概念的过程，有助于发展学生的独立思维能力。

④发现学习的心理机制主要是归纳思维、直觉思维、比较和类比思维，因而，它有利于这几种思维能力的培养。

⑤发现学习要求学生根据所获信息进行预测，提出假设，然后根据信息的有效加工、重组、整合验证假设，因而有助于学生提高信息分析能力，发展逻辑思维。

⑥在发现学习的过程中，由于资料信息的处理、假设的建立和验证被学生图式化，再遇到类似问题时，学生能用原有图式同化类似知识，因而有利于促进迁移能力的形成。

⑦发现学习过程能使学生学到探索的方法，所以有利于培养探索能力。发现学习是以"问题"为研发的"发条"的，所以发现学习能培养学生强烈的问题意识。

⑧发现学习是智力因素和非智力因素相互作用的过程。智力因素起具体的操作运行作用，非智力因素起动力推动作用。发现学习不仅是一个认知过程，也是一个情感体验过程，意志砥砺过程，行为实践过程，促进个性人格构建的过程，因而发现学习有利于学生的个性人格等整体素质的协同构建。

下面是一所乡镇中学的语文课、物理课与团队活动合作开展的一次发现学习活动过程。

第一步，确定研究课题。

学科综合与生活整合——研究课题确立的基础。

八年级语文课和研究性学习课要开展一次环保小课题研究活动，让学生结合这个活动学会写研究报告。正好，团队活动的近期内容是"学校绿地建设我该做些什么"。学校校园绿地面积少，仅有的树带、花池常常因泥土过于干燥致使花草干枯。怎样解决花草润水问题？这个实际问题引起了大家的关注。于是，语文课、研究性学习课与团队活动一拍即合，把课题定为"学校绿地小环境保护和建设"。

由于学生是带着问题观察实际生活情境的，以观察具体感性形象为基础，通过对观察信息的初步分析发现问题，于是，问题成了激发学生研究动机的引擎和催化剂。学生积极地行动起来，课余时间，大家围着树带、花池转，想从实地观察中获取信息，为解决问题创造条件。

第二步，建立假设。

重组信息，达成共识——假设建立的保证。

用什么最佳方法能使树带、花池的土保持湿润？课余用脸盆端水浇灌？那不能保证泥土的经常性湿润，又容易冲坏小树苗。接水管引水？因学校条件差，短时间内难以解决这个问题。借附近村民小组的小型抽水机从校园后面的小溪里把水抽过来？现在村民们正在抽水灌溉晚稻田。挖沟修渠把校园后面的小溪水引过来？同学们没有充足的时间完成这个艰巨的任务，因为小溪所在位置虽然比校区高，可以让水流过来，但小溪与校园之间隔了高出校园几米、用大青石块砌成坡的一条溪边大道。同时，村民也不会同意挖断大道引走溪水。正在大家左右为难、迷惘焦急之时，忽然有同学提出是否可用"虹吸现象"的原理解决问题。同学们心中豁然开朗，欢呼雀跃起来。真是山重水复疑无路，柳暗花明又一村。但这种位置特点行不行得通呢？大家凭目前掌握的一点物理知识还拿不准。于是，大家想到了物理老师，这样，又与物理课协作起来。

但是物理老师只是简单地说"虹吸现象"与大气压强、水的落差等因素有关，具体的原理内容要同学们自己去图书馆查资料，实地测量也要同学们自己去完成，把计划和设想拟出来后再给他看。他诙谐地说："这叫做'师傅领进门，修行靠个人'。"

于是，学生们分成几个组分别完成查资料、实地测量、到学校旧仓库找材料、拜访当地村民等任务。他们运用有关公式、原理对实际数据进行计算分析，证明了他们的想法在理论上是可行的。于是课题组组长建立了研究假设：如果利用"虹吸现象"的原理，就可以把地势较高而又隔了高岸的溪水接过来。同时，他拟出了实施计划。在这一步骤中，由于师生、生生之间的关系是民主平等的，氛围是融洽宽松的，行为是愉快合作的，心理是积极互赖的，教师点到为止，只在学生知识有限之处、方法经验缺乏之时给予恰到好处的启发，因而，学生能集思广益，各抒己见，创造灵性的火花在思维的碰撞中迸发，因而自主得出假设。

第三步，验证假设。

尝试实验，探究分析——初步验证假设。

学生作出的假设虽然已有理论原理作指导，有数据分析作依据，但由于学生的知识经验有限，假设的有效性、可行性还不能马上肯定，为了避免失误带来的损失，学生先进行了一个尝试性的小实验，探究假设产生预期效果的可能性。

学生找来了一个封闭式的牛奶盒，一根吸牛奶的塑料管，在盒内装满水，然后在盒的上表面的小孔插入塑料管，就像喝牛奶一样用嘴巴吸一下，水出来后松开嘴，结果，盒内的水就自动沿着小管流到外面。但是流了一段时间后，就不流了。这是为什么？通过反复测试，学生发现，盒内的水位必须高于管子的外口位置。要使管里面的水继续流出管外，要么加长管子，向低处延伸，要么继续向盒内加水。学生联系这一点，认为小溪水位是高于校园里树带、花池位置的，同时水源不断，应该是不会使管内的水流中断的。实验证明学生的设想正确，他们俨然从事什么神秘奥秘探索的科学家，对实验那样情有独钟，那样兴味盎然，那样严肃审慎。可见这样的类似于科学家研究实践的活动的确是学生素质发展的"炼丹炉"。学生像军事演习成功归来的战士，高高兴兴地、神情专注地把初步验证过程写到了"报告"里。

实践印证，行之有效——验证假设的结论。

初步验证还不够成熟，还是对材料、事实的一种尝试，这可能是由于学生以主观观念为主，或者以局部经验为主，或者是以个别事实中有一些特殊因素，因而还不能代表一般。设想是否符合科学原理，是否在实际运用之中切实可行，还要通过进一步的实践深入验证。

于是学生把一根自来水管一样粗的塑料管一头伸到小溪里，一头越过溪边大道，延伸到校园内树带花池边一个水坑里。他们从村民小组借来了小抽水机，将水流抽出塑料管口后就将抽水机移开管口，停止抽水。成功了！水汩汩流出，水花飞溅。学生的心像久旱遇甘霖，像珍珠落玉盘，润出一朵朵绽放奇葩的花，响起一曲曲愉悦身心的歌。大家与水花一起跳起来，笑声与水声交织成一曲交响乐。这是真正的学习乐趣，是一曲自我实现的需要得到满足的美丽心曲，学生得到迷信与盲从永远得不到的情感和精神方面的收获。

但是，科学研究与浪花一样，是"浪"形成的"花"，是有起伏、有曲

折、有碰撞才形成那动态的"花容"的。学生在实践中也难免有波折，而正是这种波折让同学们张起科学精神之帆，荡起科学勇气之桨，撑起科学创造之舵。

就在学生着手撰写这份研究报告的结论部分时，塑料水管停水了。它好像一条疲倦的黑蛇，脑袋——管头歪在一边。同学们反复检查都是丈二和尚摸不着头脑。于是，语文老师诙谐地说："这是要让大家的报告文学写得更有起伏性，更有文学性呢。不过，这回的研究报告可不是报告文学，研究报告是要实实在在地写出研究过程的。大家不要泄气，看来是这根水管不服输，想刁难大家，让大家再实实在在做点事呢。"他的话逗笑了大家，也提醒了大家。学生们围绕着这根水管做起文章来，仔细地瞧，来回地摸……语文课代表和物理课代表时而研读着《十万个为什么》里对"虹吸"原理的说明，时而量一量、拉一拉那不争气的水管。物理老师来了，他像是一位战地参谋长，望了望水管，意味深长地说："这水管是不是在生气？"语文课代表说："这黑蛇，真是太不争气了，这是在生我的气吧？"大家被这俏皮话逗得笑了。"气？是呀，气！"这时忽然有人惊呼，"一定是这根旧水管哪儿有小孔进了气。""可是，小小的沙粒大的眼不会有影响呀！"那位被大家称为"皮匠"的同学说。"沙眼多了就有影响了。"班长说。于是大家又一段一段地细看起来。这时，有女同学发现挂在坡壁上的一段水管有裂纹，抹掉上面的泥浆，就露出了裂纹。问题找到了，怎么解决呢？

有人提出请求学校换一根新管子。但学校经费十分困难，不可能满足这个要求。有人说用透明胶贴起来，但这么一根几十米长的塑料管上，不知有多少个地方存在小孔，怎么贴呢？有同学说："既然开始那段时间管子不进气，可能是久积的尘埃堵住了小孔和小裂缝，后来尘埃被水冲洗干净了就进气了。可不可以照样让尘土来帮忙呢？""是呀，原来尘土是积在小孔、裂缝里，现在我们让它到外面来——给管子穿一层厚厚的黏土衣，不就得了吗？""那坡壁上一段管子怎么穿得上？""让它睡到被窝里。""是呀，埋到石缝间的泥层里，再贴上沾土，那封得多牢。"

就这样一试，成功了！管里的水不知疲倦地唱起了它无尽的心曲。有心的学生还在出水管口扎上一个洒水壶嘴儿并把管口朝上，系在一根小铁杆上，做成喷泉状，水珠儿构成一朵动态的喇叭花，使简朴的校园里增添了浪漫气息、童话色彩。水珠均匀地洒落在花、叶上，滚落在枝丛间，晶莹跳跃。

第四步，得出结论。

实验证明，在能利用"虹吸"原理的条件下，可以把水引过来。

这种验证的实践，是一座无形的立交桥，连通了学习与生活、知识与情趣、书本与实践，让学生在童话的天地里找到了公式、原理的含义和研究报告的语言。这种充满诱惑、悬念、问题的真实情境，孕育着学生研发的积极性和主动性。在这种充满情感与智慧的生活化真实情境中，学生体验到了知识的内在价值。

第五步，评价与反思。

验证了假说的正确性、实效性，还要对发现学习的过程进行科学的分析、评价和反思。下面是评价、反思中的一个片段。

生：这个活动使我对大气压强的含义更明白了，也懂得了研究报告的写作步骤原来和研究过程是一致的，只是要注意信息的选择。

生：我发现"皮匠"在这样的活动中，一个也能顶个诸葛亮，用不着要三个才能顶个诸葛亮。（众笑，鼓掌）

生：老师有点像诸葛亮的老师水镜先生，既能提示我们，又不讲穿。我们自己想出办法后，心里更感到快乐。

生：我们由原来灰尘泥土是在塑料管小孔和裂缝里面会被水冲洗掉想到把沾土封到塑料管外面或把管理起来，泥土就不会被水冲洗掉了。老师说这是逆向思维，看来这种逆向思维真好，能让我们在想不出办法时，换一种相反的方式想出办法来。

生：语文老师联系活动，巧妙地指导了我们的写作。

生：我想，我们的人造喷泉虽然浇灌了一些树和花，但范围不宽，是不是还应该再动动脑筋，想办法浇得更宽些呢？例如，还可以加长水管吗？可以在现在的管口下用劈开的半边竹管架水桥，把水引向远一点的树和花呢？那样还有一点山里人原始生活的味道呢，更有自然之趣呢。

生：我觉得，大家参加活动就有一种精神上的享受，很新鲜、快乐。我们还体会到研究活动原来也是一种精神旅行。

师：是呀，研究活动是一种让我们成长的生命活动……

由上述评议可见，研究性学习让学生既获得了知识结论，也感受到了过程中鲜活的经历以及在经历中孕育的情感、蕴涵的思想方法，让学科知识和思想方法活化在生活实践的体验和运用中，使学科知识有了更大的智慧价值。

建构主义理论认为，学习是主体在现实特定的操作过程中对自己的活动过程进行反省、抽象而产生的。学习生成过程中，学生原有的认知结构与环境中接受的感觉信息（新知识）相互作用，学生主动地选择信息、注意信息以及主动建构信息的意义。在怎样运用"虹吸现象"这个发现学习过程中，

学生体验到探索的艰辛和曲折、发现的快乐和成就感、科学研究应有的精神和态度、提出和解决问题应有的意识和方法。学生对自己的活动过程和已有的知识、经验、能力，进行了一次主动的反思，经历了一个充满生机活力和创新乐趣的智慧活动过程，抓住了一个张扬个性、展示自我、实现自身价值而又能反馈自我、增强元认知能力的良好契机。

教师含而不露的指点迷津艺术，给学生发挥主观能动性留下了应有的空间。

第六步，知能转化。

结合实际，反复应用——假说转化为自身能力。

"对整个发现过程进行评价之后，发现学习的过程并未完整。那些被认为是合理有效的假说实际上并没有转化为学习者自身的能力，不过是一些定型化了的知识或技能。所以，就要把这些知识或技能与实际结合起来，在现实的具体情境中来使用它们，解决问题。而解决问题反过来又会给予它们一种反作用，来充实、改变其内涵，从而使其真正转化为学习者自身能力的一部分。"①

在上述有关"'虹吸现象'的运用"的发现式学习，虽然是真实生活中的实践，深化、活化了课堂所学知识和技能，但学生接触的真实情境还不丰富，积淀的体验还十分有限，在特定的具体情境中使用这些知识、技能的经验还不丰富。要使学生以解决问题的丰富的经验、理性的认识充实原有的知识和技能，"改变其内涵"，加强认知结构的同化和顺应，使其真正转化为自身能力的一部分，还必须反复实践。教师还应创设一些情境，或凭借生活中的真实情境，把"'虹吸现象'的运用"研究报告的信息处理等知识的探索还原到初始状态，启发学生用这些知识解释情境中的现象，使他们在面临新的情境时能够灵活地建构用于指导活动的图式，使他们实现对新知识的建构。同时，只有这样，学生才会摆脱盲从心理，发掘心理潜能，实现自我需要，感受生命价值。

（三）问题解决式学习与支架式教学融合指导法

问题解决式学习是以问题为核心，以问题情境为基础，以问题的发现、识别、分析、推断、解决和反思为基本途径，以学生自主解决问题为宗旨的研究性学习过程。

问题解决式学习的前提和基础是创设问题情境，也就是教师根据学习目标生成和达成的需要和学生已具备的认知结构和情感体验能力，选择有关信

---

① 靳玉乐主编.探究教学的学习与辅导［M］.北京：中国人事出版社，2003（108）

息，创设一种具有一定的问题解决诱发性、激导性、悬念性和适中难度，能使学生需要也可能自寻途径和方式解决问题的媒体情境、活动情境或真实生活情境。

问题解决式学习，对于发掘学生潜能，发展学生的创新素质有深远的意义。皮亚杰认为"一切真理要由学生自己获得或者由他重新发明至少重建"，而这种"获得""重新发明""重建"的过程，就是学生自主构建的过程。由于问题来源于教材信息与生活信息的整合，具有真实性或仿真性，学生在这种情境中受真实性或仿真性任务的驱动，因而能主动了解所要解决的问题，有主人翁感。同时，任务本身又具有挑战性，发挥学生潜能的多维性，能使学生认为解决了问题就是一种具有特定意义的奖励，因此容易激发学生内部动机。此外，因为解决问题、完成任务的活动具有必要的复杂性、要求能力结构的整体性，与简化了的课堂环境相比，它更能培养学生解决问题的能力，情境的问题多向性还可以启发学生充分发挥自己的个性潜能。

问题解决式学习需要教师的指导。维果斯基认为：人的高级心理机能，如对于注意的调节以及符号思维等，在最初往往受外在文化的调节，而后才逐渐内化为学习者头脑中的心理工具。[①] 而支架式教学的基本模式是教师引导着教学，使学生掌握、建构和内化所学的知识技能，从而进行更高水平的认知活动。因而，将问题解决法学习与支架式教学结合起来，处理教与学的关系，更有助于发挥师生角色的效应。因此，教师应引导学生掌握和内化那些使其能从事更难问题解决、更高认知活动的技能。随着学生内化能力的不断增强，自主掌握和内化解决问题的技能水平不断提高，教师就可以把管理学习的任务逐渐转移给学生，最后撤除"支架"。

问题解决式学习与支架式教学结合应遵循以下原则：

（1）引探性原则。引探性原则是指教师根据学生的一般认知规律、心理特点、现有的知识和能力，创设和利用问题情境，以开放的可以不断生成的目标体系，引导学生尝试探索，把需要让学生掌握的知识信息精心安排在具有诱导性、引疑性的关键处，以情境促疑，以疑激发内驱力，以教师适当的导，促进"问题解决"中的探索。

（2）交互性原则。交互性原则是指师生在"导"与"学"的协同活动中，形成交流、互动的关系，教师不仅引导学生进入愉快学习的最佳心理状态，而且使学生从他们已有的认知图式出发，与教材内容、问题情境发生交

---

① 陈琦，刘儒德主编．当代教育心理学［M］．北京：北京师范大学出版社，1997（104）

互作用，建构他们自己的新的认知图式。因而，这里说的"交互"是多向的，既有师生、生生之间的交互，也有学生与文本、作者、情境之间的交互，有人际关系的交互，也有心灵感应、信息传递和共同处理的交互，思维共振的交互，行为协调的交互。这样才能形成教师对学生问题解决的帮扶由全扶再到半扶到让学生互扶，教师不扶的机制。

（3）诱发性原则。按照心理学原理，好奇心、兴趣、求知欲都是问题探究和解决的动机、动力，是在学生的精神需要和生活实践或情境学习活动中产生并发展起来的。教师如果能在诱发性原则指导下，对教材、学生、教学策略、问题情境的结构进行科学的组织，使这些教学系统各要素内部协同，相互之间也协同，形成有利于问题解决探究的动态机制，就能充分发掘、发挥、发展学生自身潜在的心理内驱力，把教学过程转化为学生自学寻疑、自主探疑、自能解疑、自求发展的过程。

（4）适应"最近发展区"的原则。学生的认知过程是有序列性、层次性、阶段性和连续性的。教师创设问题情境和诱导学生探究，应是循序渐进的，有步骤、层次的，根据学生心智的水平和发展阶段确定难度的。这些层次、阶段的难度是与学生的"最近发展区"相适应的，也是连续性、系列性的。教师的教法选择、问题情境所涉及的信息来源、信息处理的方式等都应与学生心智发展阶段，知识、经验所处的层次相适应，这样才能避免学生因问题过易而懒散或因问题过难而自卑的现象。

（5）情知互促性原则。列宁说："没有人的情感就不会也不能有对真理的追求。"问题解决式学习与支架式教学相结合，是师生精神生活中的情感互动场。教师要以尊重学生和与学生民主平等的理念指导自己处理师生关系，要让学生在充满情感与智慧的问题性、生活化情境中体验和感悟知识的人文、科学、艺术、实践应用的内涵和价值，让学生在和谐、宽松、愉快、积极向上的氛围中热情合作，有安全感，共同解决问题。这样才能达到情知互促的目的。

问题解决式学习与支架式教学相融合的一般步骤：

（1）情境引探，发现问题。

（2）筛选问题，确定论题。

（3）分析论题，提出假设。

（4）推断假设，确定方案。

（5）实施方案，验证假设。

（6）反思评议，撰写报告。

（7）汇报成果，教师表彰。

在中学生多学科结合的研究性学习活动中，我们开展了一次"郴州市五岭广场建设意义的专题研究"活动，下面以这次活动开展情况为主线介绍各个步骤的实施要求，并结合其他例子介绍有关方法。

（1）情景引探，发现问题。问题是探索的前奏曲，发现问题是解决问题的起点和动力。教师创设问题情境或选择真实问题情境引导学生探究，是酝酿问题，引发探究的两个主要途径。

综合课为了引导学生提出"郴州市五岭广场建设意义的研究"的有关问题，教师用多媒体展示了外国友人在这个广场上流连忘返的镜头和中国女排来郴州训练基地训练时参观广场文化景点时接连拍照、感慨万千的情景，然后，教师又带学生游览五岭广场。在此基础上，教师问学生：你认为有关五岭广场建设有什么问题值得研究呢？学生提出了如下问题：

建设这个广场有什么意义呢？

这个广场为什么要这样设计呢？

这个广场的建设在外交方面有什么意义呢？

这个广场的建设用了多少人力财力呢？

这个广场的设计有什么艺术特色呢？在艺术欣赏方面有什么意义？

这个广场与经济建设有什么关系呢？

这个广场有什么文化内涵？

这个广场有什么娱乐价值？

这个广场有什么旅游价值？

问题解决式学习与支架式教学融合，一般有如下一些创设问题情境引导提问的策略：

策略一：现场联想情境引问策略。

如上例中，教师让学生目睹五岭广场实景，观看有关五岭广场设计、建设、游览等方面的镜头，从而引发学生联想思考，提出相关问题，这就是现场联想引问法。

策略二：诠释事物情境引问策略。

即让学生面对要加以诠释的事物，引导学生提出怎样用理论解释事物的成因、内在联系、事物特征等。如让学生对比阅读报刊新闻（消息）和通讯，阐述这两种文体的不同特点、写法以及与小说等文学作品的区别，查资料，介绍这些文体的一般构思方法等，从而引发问题。

策略三：阐明现象情境引问策略。

即让学生观察某种事实情况、现象，提出要求，从而引发问题。如让学生从广告的语言表达艺术的角度提出问题。

策略四：分析矛盾情境引问策略。

即让学生分析生活中的事实、现象所表现出来的思想观念与科学概念之间的矛盾，从而引出问题。如让学生观看表现邪教观念、残害生命、违背科学常理的事实纪录片，引发研究的问题。

策略五：实践性作业情境引问策略。

即让学生在实验、实际操作、社会实践中提出要研究的问题。如在完成关于中学生网上交互式学习内容方法与效果的调查中引导学生提出有关网上学习利与弊等方面的问题。

策略六：提出假想情境引问策略。

即在对问题的成因、解决方法等作出假设时，引发学生提问。如在综合实践活动中，在"通讯工具高度发达的今天，电报有没有用"的小课题研究中让学生提出研究结果的假设，从而引发问题。

策略七：结论检验情境引问策略。

即对问题解决的结论进行验证，引发学生提问。如针对"我们现在不提倡写格律诗是因为格律诗束缚人的思维"这一分析的结论假设，引导学生提出有关问题。

策略八：行为比较情境引问策略。

即让学生在阅读、写作、历史人物研究、现实人物分析对比中引发问题。如学生在研究古诗风格中比较豪放派、婉约派特点时提出有关问题。

策略九：事理概括情境引问策略。

即让学生对比已知事实或事理，在对事实或事理不同点进行概括时提出问题。如在对比小说与散文创作特点时引发有关问题。

策略十：科际联系情境引问策略。

即给学生介绍那些似乎无法解释却是科学史上曾导致提出科学性问题的事实，组织科际联系等。如让学生针对嫦娥奔月幻想变成人类登月的事实的情形提出问题。

策略十一：异常悬念情境引问策略。

即以异乎寻常，似乎超出常理的悬念创设情境，引导学生提出问题。如在引课题《爱莲说》的时候，教师说："我们有成语说'近墨者黑，近朱者赤'，可是周敦颐却说了个相反的人生哲理，否定了这个意思，他是怎么说的？你对他说的道理和说道理的方法有什么问题提出来吗？"

策略十二：补充拓展情境引问策略。

即发挥创造性思维，在让学生补充课文中因内容的跳跃性而未写或未详写的细节，拓展课文构思，写出课文言尽而意未尽的内容，增加更有典型性

的论据，丰富论证内容，阐述潜台词蕴涵的丰富底蕴等，引发学生的探究性问题。

如学习《桃花源记》时，教师在让学生把"既出，得其船，便扶向路，处处志之。及郡下，诣太守说如此。太守即遣人随其往，寻向所志，遂迷，不复得路"这样的故事结局形成的原因和包含的意思阐述出来的情境训练中，讨论并研究移情体验性问题：假若你是武陵人，会想到什么问题？假若你是太守会想到什么问题？假若你是课文结束时写到的高尚士刘子骥会提出什么问题？假如你是作者，写这个故事结局时，会想到什么问题？现在你是读者，读到这些内容会产生什么联想，思考什么问题？这样的问题情境引发了学生与文中人物、与作者的生动对话，以问题为发酵剂，酿出了发现文章深刻内涵的醇酒。

策略十三：逆向构思情境引问策略。

即引导学生从作者构思的相反角度去设想、阐述、认证，从而引发有助于深化课文理解、激发创新思维和联想的问题。如在八年级下册的口语交际活动"我看'闻鸡起舞'"的讨论中，学生在肯定"闻鸡起舞"的勤奋精神、顽强毅力可贵的前提下，提出了一系列的问题。如青少年长期"闻鸡起舞"是否会影响身体健康？"闻鸡起舞"的学习效果将会怎样？如果说"闻鸡起舞"值得效法，那么怎样解释"贵有恒，何须三更起五更眠"这句名言？是苦学更科学、更值得提倡，还是会学、巧学更科学、更值得借鉴？

策略十四：批判、借鉴情境引问策略。

即引导学生从对文本观点批判地接受、借鉴这方面提出探究性问题。如在教学七年级下册《杞人忧天》一课时，教师让学生在理解故事内容和"杞人忧天"的传统解释（传统认为，杞人的担心是庸人自扰、毫无根据的瞎担心）和后世的比喻用法（后世用"杞人忧天"比喻没有根据或不必要的忧虑）的基础上，发表对成语"杞人忧天"的不同理解、批判性看法，引发了学生"反其意而思之"的质疑："故事中'晓之者'日月星辰全是气体构成，地球全是泥土构成，不会坠落或崩塌的看法难道是符合自然科学的吗？""由于环境污染，空中臭氧层遭到破坏，对人类的生存和生活影响将越来越严重，这不令人担忧吗？担忧这种情况难道也是'庸人自扰'吗？""'晓之者'和杞人到底谁为'庸人'？"这些探究问题很有现实意义。

策略十五：仿写、改写情境引问策略。

即在对很有特色的课文进行模仿创新性写作练习中，在改变课文内容或构思的比较求异训练中，引发学生的相关问题，促进求异思维的有效训练。如在七年级下册《洲际导弹自述》的仿写作文训练中，学生从练习形式和内

容两方面提出了新的问题："可不可以把课文中的物体'自述'模仿先用到表演的游戏中，再写物体自述作文呢？""可不可以虚拟一种还没有发明创造出来的新事物，让它自述呢？""写'自述'要注意一些什么问题呢？"这些问题都表现出七年级学生充满童趣的心理特点。

又如在八年级下册《邹忌讽齐王纳谏》一课中，在将课文改写成课本剧时，有学生提出"可不可以给这短短的课本剧谱写主题歌，以'以铜为镜，可以正衣冠；以古为镜，可以知兴替；以人为镜，可以明得失'作为歌词呢？""根据战国时齐国的历史背景，应该补充一些怎样的故事情节呢？""剧中各种人物的语言动作细节应该怎样导演呢？"这些问题促使学生饶有兴趣地广泛查阅资料，精心设计剧情和导演、排练。

上述常用的创设情境，引发问题的方法体现了支架式教学对问题解决式学习的积极作用，具体可行，能促使学生与教师、文中人物、作者进行精神生命的交互式活动。教师成功地设计和组织问题情境，形成情境促疑的诱发性刺激，打破学生心理上的平衡，唤起学生"疑"的心理效应，即认知结构与情境刺激或特定环境不适应而产生的一种心智骚扰与不宁，同时这种心智骚扰与不宁要求得到解脱，情绪的惆怅与紧张希望得到放松，由此而引发学生探疑、解疑动机，促使注意力和情感态度与动机相适应并重新组成认知行为的心理动力系统，以确保一系列探索认知活动顺利有效地进行，从而促进教材艺术的再创造和知识的生成、能力的提升。

（2）筛选问题，确定论题。因为学生的认识能力、经验积累的差异，他们提出的问题也就有侧重点和难易程度的不同，有知识广度和深度的差别以及问题研究价值和意义的区别等。教师要根据解决问题的价值取向、学习重点、学生心理特点、认知能力、解决问题的条件等因素引导学生比较和筛选问题，选择那些适合在一定情境和条件下能进行研究且有必要研究的问题实施探究，先找出问题的实质，按问题的实质、侧重点和涉及范围进行分类，弄清问题的种类和从属关系以及问题的核心和关键，然后选出需研究的问题，抓住问题的核心和实质，明确研究的方向，创设研究的条件。

如学生在综合课的"郴州市五岭广场建设意义的研究"活动中，提出了9个问题（见上述"情景引探，发现问题"这个步骤），其中第4个问题与课题联系不够紧密，可以删去，其他8个问题扣题较紧，有研究的必要。第2个与第5个问题都是讲"设计"的，可以合并。第1个问题与总课题的概念外延相等，与除问题4以外的其他问题是种属关系。因而可以将2、3、6、7、8、9等6个问题作为总课题的子课题分给6个小组研究。根据对五岭广场已经和能够掌握的真实感性材料的有效信息，如文化、娱乐、旅游等方面

的可用信息，学生是能够顺利研究这些问题的。每一个方面定一个相应的子课题，子课题的研究成果综合起来就是总课题的成果。

由上例识别问题的例子可见，"识别问题最基本的条件是要占有丰富的和真实的感性材料，并对这些材料进行认真的分析和研究，找出其中的有效信息，这样才能抓住问题的核心和关键，确保问题得以顺利解决。"① 全面把握问题的认知过程，按照靳玉乐教授等专家的论证，一般要经过"整体——部分——整体"的三个步骤。

如语文八年级下册的一次综合性学习活动——"主题探究学习：妇女解放"，在解决这一问题时，教师先引导学生对关键词"妇女解放"这一概念有较为全面的整体理解，明确"解放"的整体含义是不再受剥削、压迫，解除精神束缚，得到自由或发展，能与男性平等，然后将有关妇女解放这个总概念的因素一个个罗列出来，分成具体的几个方面，如政治、经济、法律、文化、家庭生活、社会活动等方面，并将这些具体的方面作为子课题分到各小组进行研究。这样分解以后，还要注意把握它们之间的内在联系，把它们综合起来，形成一个完整的整体，从而既把握总课题的研究目标、核心和关键，同时又能指导子课题有重点、有明确方向地进行研究，各有侧重，统筹兼顾。在课文阅读的问题解决过程中，遇到综合性强，难度大的问题也应该分解成从属于总问题的几个分问题，或分解成层次不同、呈阶梯状、因果相承、循序渐进、共同趋向于大问题的几个小问题。这样更有利于让不同个性特点、不同层次的学生都有解决问题的成功机会。

如教学八年级下册《公输》一课，有这样一个教学片段——

师：你懂得"班门弄斧"这个成语的意思吗？

生：就是在鲁班门前摆弄斧子，比喻在行家里手面前显示本领，有眼不识公输盘。（众笑）

师：可是有同学说如果把这个成语用到鲁班身上就要改两个字，那怎么改呢？（以悬念巧设问题情境，迂回引问）

生：应改成"墨门弄械"。公输盘造云梯之械帮助楚王攻打宋国，在道义上被墨子说服了，还不死心，还要与墨子比战术，结果"攻城器械"用尽，黔驴技穷，而墨子守卫抵挡的方式还留了几手。这不是墨门弄械吗？看来，公输盘造高高的云梯，真是不知……

生：（抢接话题）不知天高地厚。（众笑）

师：你们对墨子的高超手法、高明之处全看出来了吗？有什么不明白的

---

① 靳玉乐主编. 探究教学的学习与辅导［M］. 北京：中国人事出版社，2003（96）

地方？

生：墨子的高明之处在于他的论辩艺术，但是用的是怎样的辩驳方法呢？我不知道。

师：请大家根据自己的理解说说墨子的论辩法吧，老师不会说你是"墨门弄法"的。（众笑）

生：我看是用了迂回曲折法。

生：我看是巧设陷阱法。

生：是比喻说理法。

生：我看是牵牛鼻子辩驳法。（众笑）

生：真是墨门弄法了，哪有这种说法，应该是引狼入室法。

师：大家说的名称挺有趣的，咱们还是一个一个进行分析吧，看哪种说法更合古人的说法，墨子没有意见。（众笑，教师引导学生对提出的问题进行识别、分析、探究）

生：我说迂回曲折法体现在这：墨子与公输盘论辩时，首先提出"借子杀之"的请求，而公输盘不知这是墨子故意绕的弯子，设的圈套，就说"义固不杀人"。后来他才知道，墨子"借子杀之"是假，劝说他停止帮助楚国攻宋才是真。他在墨子的辩驳下，也不得不默认自己"义固不杀人"是假，而"义不杀少而杀众"才是真，自己踏入了墨子设的陷阱，只好服了。

生：那不就是"引狼入室"吗？

生：那不就是"巧设陷阱"吗？

师：都有道理，看来你们的想法有异曲同工之妙。

生：我还和墨子先生异曲同工呢。（众笑）我认为还是牵鼻子辩驳法这名称形象并有讽刺的味道。墨子和楚王论辩时，先引楚王承认"三舍三窃"的做法是有"窃疾"，然后墨子用比喻推出楚王攻宋也是有窃疾的结论，使得楚王被墨子牵着牛鼻子进入了墨子设的"屋子"，关门打狗了。（众笑）楚王不得不服了。

生：那不就是比喻论证吗？是巧设比喻和迂回战术的结合嘛。墨子巧用比喻使对方说出同攻宋目的自相矛盾的话。公输盘自己要攻宋杀人的行为与自己说的理"吾义固不杀人"相矛盾，等于自己打自己的嘴巴，所以就认输了。

生：那干脆叫"自打嘴巴"法好了。（众笑）其实你刚才说的让我想起了跟自相矛盾这个故事有关的一个成语，叫做什么以子之矛……

生：以子之矛攻子之盾。

师：这名称合古人味，看来墨子不会反对。那么后面呢？

生：后面也用了比喻和以子之矛攻子之盾的论辩法。墨子先设了三个生动的比喻：舍文轩而窃敝舆，舍锦绣而窃短褐，舍粱肉而窃糠糟。用这三个比喻引诱楚王对"此为何若人"这个问题作出回答，问者有心而答者无意，于是不长脑袋的楚王不假思索就回答说："必为窃疾矣"，进而就范。接着墨子又用三个对比，把楚王要攻打宋国的事与那三个比喻联系起来，使楚王的行为成了自己说的"有窃疾"，陷入被动地位，也就是陷入了言论与行动自相矛盾的境地。因此楚王不得不认输了。

师：用楚王和公输盘自己的道理批驳了他们各自的行为，真是巧。还有一句名言也有这个意思："以其人之道，还治其人之身。"看来墨子很机智，也用心良苦。这只是他用了什么方法方面的问题，墨子之所以能取胜的原因还有什么要讨论的吗？

生：我看墨子论辩能胜不光是方法高超，另外还有他的"仁爱""非攻"思想，这是公输盘和楚王不得不服的道义。

生：我同意，墨子在天之灵也会同意的。（众笑）一旦公输盘、楚王明确自己的行为不合"兼爱""非攻"的思想时，他们就觉得理屈了，又加上攻城战术敌不过墨子，于是不得不"善哉，吾请无攻宋矣"。（模仿戏曲台白，众笑）

生：墨子可能还不全同意，因为墨子的勇气也会使他们折服。

师：大家都认为论辩过程表现了墨子的才智、勇敢和反对攻伐的精神，从根本上来说是表现了"兼爱""非攻"的思想以及论辩的艺术。现在请大家用墨子的论辩方法，辩驳一个错误观点……

由上例可见，教师引导学生比较、识别、筛选问题，将问题归类，然后抓住有价值的问题的核心和实质进行分析，是有效解决问题的关键环节。

（3）分析论题，提出假设。假设是指在提出问题的基础上，根据一定的理论、科学原理、经验、有关的资料、事实、逻辑推理、联想想象和创造性思维，对所研究的问题提出一种有假定意义和预测性的设想。

假设既然是依据一定的理论、原理、经验、有关信息的预测和设想，那么对问题的分析和解决过程就会有一种明确的指向性，为后面的研究、论证提出了论题，即验证对象，使分析、实验有针对性，不盲目，不偏离研究重点。

假设应该是合乎逻辑的，具有合理性；假设可能有一种或几种，但都要有科学性和有助于制订可行的研究方案；要经过验证。经验证假设是错误的，就要另外提出假设，再次进行验证。

提出假设的方法主要是：

①理论指导法。即以一定的理论、原理为依据提出设想。

②经验判断法。即对于难度不是很大的问题，凭借已有实践经验作出预设。

③信息整合法。即将已有资料、事实等方面的有效信息进行分析、筛选、整合而得出假设。

④逻辑推导法。即根据以事实为基础的逻辑推理提出假设。

⑤合理想象法。即通过发挥创造性想象，提出预测性设想。

以上方法实际上是相互渗透、综合运用的，不是孤立的。

如"郴州市五岭广场建设意义的研究"，可引导学生依据"环境是效益，环境也是动力"等理论，依据自己参观这里的文物、自然景点时的感受和经验，结合对广场文物、自然景点在人的精神上产生积极效应的想象以及逻辑推导，提出如下假设：郴州五岭广场建设在精神陶冶、招商引资、文化和娱乐生活、旅游观光等方面可能都是很有意义的。又如上文所举的《公输》一课的教学，在分析和推导墨子所用的论辩方法时，教师引导学生综合运用了依据经验法、信息整合法、逻辑推导法。

（4）推断假设，确定方案。学生提出的假设可能有几种，教师要引导学生进行比较，推断出最有验证可能性的一种假设来进行重点研究。同时，教师还要根据假设中所含变量、条件与可能性结果之间的逻辑联系，引导学生推导出解决问题的方案。

解决问题的方案一般有：第一，提出问题（什么问题、问题的来由、为什么要研究）；第二，研究的目标（研究要解决的问题）；第三，主要研究方法（资料法、调查法、观察法、实验法）；第四，研究的过程步骤；第五，研究的任务分工，解决问题的成果形式。

制订方案的目的是培养学生的研究意识、解决问题的自主性，引导学生学习研究策略，训练逻辑推理能力，调控研究过程。获得正确的解决途径是目的的一个方面，而不是唯一目的。所以，教师应引导学生自己寻求研究途径、问题解决策略，自己制订方案。下面是高一年级学生制订的《郴州市五岭广场建设意义问题的研究方案》。

综合课"郴州市五岭广场的建设意义"研究方案

一、提出问题

就像放飞的小鸟带着对春天的神往第一次来到春意盎然的树林，我们第一次游览了郴州市五岭广场，一切是那样清新，一切是那样明朗，一种浓厚的文化气息扑面而来。草木的自然之趣，造型的各具特色，碑文的文史记录，让人觉得遨游在古今优秀文化的长河中，前行在中外进步文化交融的画

廊里，神通古今，视接千里，总感到这自然与人文相映生辉的天地里有着深厚的文化底蕴，有着引人向上的精神意韵。我们想，五岭广场建设应该是郴州市城市建设事业中的一个重要组成部分吧。它的建设意义应该是非常丰富的。其深刻意义具体来说主要体现在哪些方面呢？我们中学生应该研究这个课题，从而以更深邃的目光去观赏它，以更宽阔的胸怀去接纳它，以更高涨的热情去吸吮这当中丰富的精神营养。为此，我们提出了"郴州市五岭广场建设意义问题"这一研究课题。

二、研究目标

通过研究，明确五岭广场建设在物质文明、精神文明建设中的深远意义。

通过研究，受到郴州优秀文化传统的熏陶和当代先进文化的滋养。

通过研究，能够向家乡的父老乡亲说明为什么要建设、应该如何进一步建设郴州的文化、自然景点，怎样使广场有利于发展经济、文化建设事业。

通过问题解决过程，提高研究和创新意识以及研究策略水平。

三、研究方法

这次研究，我们根据学校图书馆、旅游局、有关城市建设的领导能够给我们提供的有关资料和广场游览者有广泛代表性等条件，准备采用以下两种方法：

（一）文献资料法。

主要资料：何琦著《郴州文化溯源》；郴州文史资料；五岭广场建设设计说明，广场碑文；湖南省中小学教材审定委员会 2004 年春审查通过的省地方课程标准实验教科书《湖南地方文化常识》。

（二）实地考察、调查采访法。

四、研究步骤

（一）初步探索，发现问题（2004 年 3 月 1 日——10 日）。

（二）筛选问题，提出论题（2004 年 3 月 10 日——20 日）。

（三）分析论题，提出假设（2004 年 3 月 20 日——30 日）。

（五）推断假设，确定方案（2004 年 3 月 30 日——4 月 5 日）。

（六）实施方案，验证假设（2004 年 4 月 5 日——5 月 10 日）。

（七）反思评议，撰写报告（2004 年 5 月 10 日——5 月 20 日）。

（八）汇报成果，教师表彰（2004 年 5 月 20 日——5 月 30 日）。

五、研究任务分工

子课题一：五岭广场在设计、造型、园林建设艺术方面有什么意义？（第 1 小组）

子课题二：建设五岭广场在外交方面有什么意义？（第 2 小组）

子课题三：建设五岭广场在经济建设方面有什么意义？（第 3 小组）

子课题四：建设五岭广场在文化教育方面有什么意义？（第 4 小组）

子课题五：建设五岭广场在休闲、娱乐、健体方面有什么意义？（第 5 小组）

子课题六：建设五岭广场在旅游方面有什么意义？（第 6 小组）

六、研究成果的形式

1. 以问题解决的研究报告总结成果。

2. 以有关的研究小论文展示成果。

3. 以有关五岭广场建设意义的绘画、摄影、录像展示成果。

4. 以有关研究过程的校报、校园广播、校园闭路电视专题栏目报道展示成果。

5. 以向有关部门提出的五岭广场建设建议的价值展示成果。

6. 以对五岭广场建设意义的宣传活动展示成果；

7. 以口述汇报，问题答辩的形式展示成果。

（5）实施方案，验证假设。假设的正确性、科学性、可行性要通过验证才能确定。验证的方法和途径主要有三种：

①文献法。即搜集有关资料，对资料中的有效信息进行分析、分类、综合、概括，得出结论。

②考察法。即通过深入现场考察、实地观察、调查采访，获得第一手材料，在此基础上进行分析、归纳、综合、整理，得出结论。各小组的调查报告要通过去粗取精，去伪存真的整合过程，把感性认识上升为理性认识。

③实验法。即通过验证性实验或探究性实验，检验假设是否成立，或进一步探索以获得新的发现，从而以新的发现验证假设或深化假设中的观点。

教师应指导学生根据研究方案的设计去收集有参考价值的资料，搜集、整理能支持假设的信息，以严谨的科学态度动手做实验，实事求是地深入调查研究。在合作、实验的技能上，在研究的主攻方向上，在研究的方法和策略上，在信息的处理、整合上，教师要给予点拨、引导。

经验证，实属不能成立或没有效果、没有说服力的假设，应改换成新的假设，再采取相应的研究方法重新进行检验。

下面是教师指导总课题《郴州市五岭广场的建设意义》的子课题《五岭广场的设计、造型在艺术方面有什么意义》的研究小组进行的采访调查模拟训练。

首先，教师引导学生明确采访调查应注意些什么。

师：同学们，我先讲一个故事——

1924 年，孙中山先生到广东大学讲三民主义，由于天气热，礼堂不大，听众又多，空气不流通，有些人昏昏欲睡。孙中山先生也觉得闷热，但他顾不得擦汗。为了提起大家的精神，他热情而又幽默地讲起了一个故事："我小时候在香港读书，见过一个很穷苦的搬运工人。有一次，他买了一张彩票，由于一时没地方收藏，就放进时常拿在手中的竹竿里，并把彩票号码牢牢记在心里。不久，彩票开奖了。中头奖的号码正是他的。他一激动便把竹竿抛到海浪里去了。一心只觉得不再靠这根竹竿也能过上好日子了。当他知道办领奖手续需要彩票时才猛然想起彩票还藏在竹竿里。当他拼命跑到海边时，竹竿早已被海浪吞没了。"听完这个故事，大家有的叹息遗憾，有的大笑不已，瞌睡也没了。孙中山先生接着说："民族主义就是这根竿子。"大家顿时明白了民族主义是民主、自由、平等的前提条件。大家见孙中山先生大汗淋漓地讲着，语言又风趣，于是听得更认真了。

大家听了这个故事，觉得对我们的调查采访工作有什么启示呢？

生：采访语言要有幽默感。

生：我看要不要幽默那要看什么场合，对什么人说话。在很庄重或哀伤的场合，如人家很悲痛时你也幽默就不妥。（众笑）

生：主要是要热情，有诚心。你看，孙中山先生再闷热也不顾擦汗，耐心启发，这种诚心就打动了听众。

师：孙中山为什么要讲这个故事来启发呢？

生：孙中山知道大家是因为闷才昏昏欲睡的，如果讲个笑话就会提起大家的精神，同时，这个故事又有比喻的作用，工人容易懂。

师：由此可见，我们采访也要注意了解被采访者的心理状态，做到心中有数，还要根据对方的身份，选择表达方式。除了这些，大家还觉得要注意什么？

生：语言要得体。

师：对，一般要说得委婉些。如祈使句一般改用带商量口气的疑问句就会好些。如"你给我解释一下"改为"您能给我解释一下吗"或"请您解释一下可以吗"。有时否定句改用肯定句就会委婉些，如"你说得不清楚"改为"你说得只是不太清楚"。有时肯定句改用否定句会委婉些，如"你说得太含糊了"改为"你说得还欠明白"。有时双重否定句改为肯定句会委婉些，如"你不能不快一点说呀"改为"还是请您慢一点说吧"。今天，我们先演习一下，看还需要怎样改进。注意尽量做到热情诚恳，心中有数，把握对方心理状态，注意对象身份，说话语气委婉，有礼貌。请研究艺术意义的小组

试试吧。要把重点内容和提纲、采访对象、主要问题设计好,再进行模拟表演。

(学生讨论设计)

其次,学生介绍采访设计。

生:我采访的重点内容是"五岭广场的设计艺术有什么意义"。采访的提纲是:1. 总体设计;2. 绿化设计;3. 文化景点设计。采访对象是园林设计师,主要是围绕以上提纲设问。我们要从设计中了解其中的重要艺术价值,提高欣赏能力。

生:我采访的重点内容是"五岭广场的造型艺术有什么意义"。采访的提纲是:1. 湘南起义纪念碑顶部的"天马行空"与碑座的造型意义;2. 各种人物雕像造型设计艺术的意义;3. 各种动物造型设计艺术的意义。采访对象是游览者,根据上述提纲设问,主要通过采访提高艺术审美能力,明确五岭广场艺术造型的审美价值。

······

然后是学生模仿采访表演。

学生采访"园林设计师":

问:专家伯伯,您好!您是园林设计专家,把五岭广场设计得别具一格。从总体上说,您是想要达到怎样的效果呢?

答:我们的总体构思是让整个广场既宽敞美丽,给人心旷神怡的感觉,又错落有致,给人丰富多彩的美感,既成一个整体,又有层次感。

问:这好像借鉴了苏州园林的设计艺术。请您说具体一点可以吗?

答:整个广场的总体设计既有错落美,又有整体美。舞台,也是主席台,设在中间,正面朝着东面的升旗台和广场东面的市政府大院,各环层、各部分绿化块环拱在舞台四周。整个广场像一个巨大的向日葵,向着迎风招展的国旗和巍然屹立的政府办公大楼,这象征着人民团结在党和政府周围,为郴州的繁荣昌盛而同心协力,努力向上。

问:您说得真形象。那么绿化景点和文化内容是怎样结合的呢?有人说看了这里就觉得自然和人文是一对恋人,您同意吗?

答:绿化里面有文化,人文美中有自然美,两者是结合在一起的,但像不像一对恋人,我不敢说,因为我没研究过恋爱。(众笑)但我敢说,两者确实配合得很协调,就像一对双胞胎。

问:您对双胞胎有研究?(众笑)您的想象真有艺术性。您的审美设想也引起了我们老师的关注。我们美术老师也说五岭广场的设计把自然和人生感悟结合起来了。您对人生教育方面的设计还能说得更具体些吗?

答：各种绿化带、树丛、绿茵块中都有世界著名雕塑的复制品，配上诗文字画及解说，与自然美相映衬，相协调。而这些雕塑造型和诗文哲理内容的分布又形成系列，正像这个系列的前言里所说的："以人类共同情感和人生的大致历程为纵轴线，以郴州人对于人类文明的尊崇和不息的生命追求为横轴线，定位出郴州平实、豁达的精神坐标。"

……

对采访的评议——

生：我觉得问的同学紧扣采访的重点，有层次、针对性。

生：我认为问的语言很得体，亲切委婉。例如，对方回答得很抽象，问的同学不是说"您说得太抽象了"，这样说很生硬，而是说"您还能说得更具体些吗"，把判断句改成带商量口气的疑问句，听起来就舒服多了。

生：问的、答的语言都很简练明确，不说废话，大方得体，有启迪性，特别是回答的。

生：问的和答的都有特色。问得有趣，答得幽默。

生：问得真诚，答得恳切；问得清楚，答得明白。

生：问得有礼，答得文雅；问得委婉，答得亲切。

……

师：我们的模拟训练很成功，让大家体验到了记者采访的情趣，品尝到了调查工作的意义，又总结了经验。我相信大家在真实的采访调查中会做得更成功。就请大家按照自己组的研究方案去行动吧。

（6）反思评议，撰写报告。反思，是对研究过程的成败得失和途径方法的回顾分析，对问题假设是否得到验证、研究策略是否科学、研究内容还应怎样完善和深化进行深入思考。反思其实是对研究中的认知过程的认知，是一种元认知活动，因而反思是研究过程的升华，是承前启后、过渡到更科学的研究，解决更难问题的桥梁。

反思的内容有两方面：一方面是反思思维过程、思考方法、分析推理是否合理，联想想象是否有依据；另一方面是反思问题的选择、解决问题的手段、技术、技巧、材料选择和运用是否正确，有什么经验教训。

教师引导反思的策略一般有以下几种：

策略一：设问题促反思。

即以设问引导反思。如"你是怎样想的""你为什么要这样想""这样想有效吗""还有什么思路更快更好"等。

策略二：找"四点"促反思。

即引导学生找到解决问题过程中的重点、难点、疑点、关键点，思考是

不是找准了这些点，是怎样找的，用什么方法突出了重点，突破了难点，解答了疑点，抓住了关键点。

策略三：引评价促反思。

即引导学生自评互评，评研究过程和方法，看谁的解决问题的途径和方法最简捷有效，找到最优解决途径、技巧、方法和经验。

策略四：看操作促反思。

即将好的动手操作方法、技能展示在大家面前，让学生边观看边分析有什么创造性，有什么科学依据，还可以用到哪里。

策略五：理结构促反思。

即由问题解决的特殊性过程，推理出问题解决过程的一般结构、特点，以便把这些过程和知识结构运用到其他问题的解决过程中。

策略六：重过程促反思。

即引导学生关注解决问题的过程，而不仅仅是答案的正确与否。鼓励学生由问题解决的过程总结出一般原理，以指导研究行为，评价自己的研究方法和效果，衡量创新水平，发展自主学习能力。

通过反思，学生对问题的研究和解决过程有较全面、正确的认识，对信息的整合有严谨的构思，并在此基础上撰写研究报告。

研究报告一般写出这些内容：一是提出问题（即研究了什么问题，有什么研究意义等）；二是实现了怎样的研究目标；三是经过了怎样的研究过程和运用了怎样的研究方法；四是概括出怎样的结论和得出怎样的反思；五是运用了哪些文献资料。下面是学生撰写的研究报告。

综合课"郴州市五岭广场的
建设意义"研究性活动专题研究报告

一、提出问题

林中之城郴江流，五岭广场情意悠。

叶拂南海暖春风，花含五岭钟灵秀。

五岭广场的建成，让郴州城向世人展示了英姿和更加钟灵毓秀的风貌。五岭广场坐落在郴州市城南新区，占地约 14 万平方米，由市国土局聚资 8000 万元建成，为目前我国中南地区最大的城市广场，她让旅游城市增辉，为千年古城添彩。广场秉承郴州文脉，熔现代园林与古代园林、中国园林与西方园林之艺术于一炉，融休闲健体、旅游观光、集会娱乐之功能于一体。观赏之余，我们不禁感慨——其建设意义有多深远？其文化内容有多精深？为让我们中学生进一步受到她的文化陶冶、思想启迪，为进一步宣传她的丰富内涵、文化价值，我们在老师的指导下提出并实施了"郴州市五岭广场的

建设意义"这一课题。

二、达标情况

通过研究，我们明确了五岭广场建设在物质文明、精神文明建设中的深远意义：五岭广场的建设增强了郴州招商引资的魅力，构建了经济发展的良好文化环境，为粤港澳后花园建设增添了异彩。在文化教育方面，五岭广场建设了一个让我们深受祖国优秀文化传统陶冶、人类文化精神哺育、光荣革命传统熏陶的德育、人文教育基地；在设计、造型、建筑等方面，五岭广场让我们受到了创新艺术的滋养；在旅游事业方面，五岭广场为优秀旅游城市的建设添上了亮丽的一笔；在娱乐健体方面，五岭广场为人们提供了空间。

通过研究，我们能够向家乡父老乡亲回答为什么要建设、应该怎样进一步建设郴州的文化环境、自然环境，应该怎样为发展郴州经济、文化建设事业作贡献。我们懂得了应为加快城市化进程，保护和建设良好的生态环境，开发得天独厚的资源优势，塑造郴州开放形象，建设好"五岭明珠"而努力。

通过研究，我们提高了解决问题的能力，增强了研究和创新意识，学会了调查采访、整理资料、处理信息的常用方法，学会了写研究方案和研究报告，提高了语文素养，学会了合作学习的基本技能，懂得了怎样分工协作，共同承担研究责任，集思广益解决问题，共享成功喜悦。

三、研究过程

在准备阶段（2004年3月1日——4月5日），我们收集了相关资料，进行了现场考察，提出了总课题，并对总课题进行了分析、推断，提出了假设：五岭广场的建设在设计和造型艺术以及园林艺术、经济建设、文化教育、外交、健体、休闲、娱乐、旅游事业等方面应该是有深远意义的。在此基础上，我们写出了研究方案。

各子课题组都在验证阶段（2004年4月5日——5月10日）进行了查阅资料、采访调查、现场考察等验证假设的活动。

在反思、总结汇报、评议阶段（2004年5月10日——5月30日），各组都对研究的思路、方法、效果进行了全面的反思、汇报、评议，得出了一般的研究方法和解决问题的策略。

下面是各子课题小组在验证假设这一阶段的汇报要点。

"设计、造型、园林建设的艺术意义"子课题组的汇报：

我们在研究过程中采访了城市建设设计师，查阅了有关文史资料，了解到五岭广场是郴州城建的大手笔和典范之作。建设五岭广场，目的是传承优秀文化，弘扬光荣传统，展示文明形象，优化城市环境，为创建"粤港澳后

花园"谱写新的篇章。

广场建设秉承了古城文化渊源。"郴"字独属郴州,最早见于秦朝,为篆体,由林、邑二字合成,意谓"林中之城"。"郴"字见于史传,是汉代司马迁所写的《史记》,其中记载(项羽)"乃使使徙义帝长沙郴县"。郴州有文字可考的历史,已有两千余年。为秉承郴州文脉,更展"山川之秀甲湖南"的"五岭明珠"风采,我市设计和建设了五岭广场。

广场总体设计以面向国旗的舞台为圆心,由里而外有三个同心圆,地势逐渐略高,形成向心环拱的浑然一体之势。内圆为集会、观看演出场地。中圆围绕内圆的环形带形成绿化带和文化造型系列——世界著名雕塑复制陈列。这些造型按内容分类分别列于绿草如茵、花树相间的绿化带景点中,绿化带与由中间集会场向四周呈放射状延伸的通道相间,形成有分有合的系列环形带。外圆围绕中圆中的环形带,铺设宽敞的环形大道。整个广场展现在市政府大院前面,使政府大楼更显得雄伟庄严。展望广场,上空国旗飘映蓝天;观览地面,美景衬映雕塑,各种造型,别具风格,匠心独具。游人沐浴清新自然之风,感受浓厚文化韵味,常常驻足感慨,流连忘返。此设计有洗礼灵魂、愉悦身心之妙。

"外交意义"子课题组的汇报——

我们组采访了广场领导,阅读了一些资料,了解到广场的建成更加发挥了郴州作为湖南通往海外、走向世界的"南大门"的作用和"粤港澳后花园"的功能。

广场建设体现了这样一个理念:"郴"字独属郴州,郴州属于世界。广场的"写生画""文化廊"吸引着多少外国友人。郴州的旅游资源和地理特点的优势得到了充分发挥。在外向型经济的带动下,一个繁荣昌盛的郴州正在大步走向新的辉煌。

一些在郴州投资办厂的外籍人士,常徜徉于五岭广场,沉迷景点,咏叹古风,吟读碑文,凝望雕像,追寻奇闻,溯源神话,赞叹东方文化内涵,感悟中国人的高尚风格,称道这休闲观光的好环境。我们还保存了一些外籍友人参观广场时与中国朋友的合影,那是五岭广场展示的人类优秀文化的魅力把他们的心连在一起了。

"经济建设意义"子课题组的汇报——

我们组采访了有关领导,得到了领导的关心支持和耐心指导,并到市图书馆查阅了许多资料。我们了解到,五岭广场的建设为经济建设营造了良好的人文环境,发挥了招商引资的环境魅力作用。郴州东接江西赣州,南连广东韶关,称"沿海的内地,内地的前沿",是沿海经济向内地延伸的交接地

带。郴州的地理特点和"粤港澳后花园"的定位，要求我们首先改善环境，利用得天独厚的资源条件，大力发展旅游经济，并以此带动其他相关产业的发展。

我们的五岭广场建在国道旁，便于让南来北往的经济建设者了解郴州、爱上郴州。郴州地理上有优势——毗邻华南，交通便利；经济上有潜力，为广东一带的大量富余资金提供了增值出路。因而，营造良好的生态环境、投资环境、休闲健体环境、城市生活环境，有利于经济发展。五岭广场折射出了人文精神的光辉，展示了新的时代特色，增强古城文化的吸引力、感召力，为实施郴州市经济发展的三大主体战略和加快城市化进程发挥了"环境就是生产力"的作用。现在郴州的经济总量已成为湖南上升幅度最快的城市，进入了湖南改革开放和经济发展的第一梯队，不声不响地与粤港澳连成了一体，更有了良好的发展趋势。我们要让郴州经济发展驶入现代化、国际化、市场化轨道，就要使我们的城市建设有更高起点的规划、更高标准的建设、更高效能管理的运作方式。所以，郴州市近几年在中心城区的建设中投资9亿多元，使市政功能日益完善，城市面貌焕然一新。人们谈郴州必谈五岭广场，观赏了福仙圣地也不忘一睹五岭广场风采。五岭广场的建设对经济建设的良好效应众人皆知。

"文化教育意义"子课题组汇报——

我们组多次去市图书馆认真阅读郴州文史资料，感悟五岭广场碑文雕塑中的文化底蕴，采访游人、市民等各种知识阶层的人士，认识到五岭广场不仅是一个风景宜人、空气新鲜的休闲、健体场所，更是开启纯净思想感情，感悟自然景点、人文景观中蕴藏的深邃思想和无穷奥秘，体悟文化韵味的好课堂。

在此，我们更进一步认识了郴州——感人的碑图告诉我们：它是地蕴名山秀水之古城，天降嘉禾，神农作耜，苏耽跨鹤，寿佛济世，真可谓"昔楚湘人文福地"。勤劳、善良、智慧，对美好的向往……，令人崇尚的美德源远流长。纪念碑的刻记告诉我们：湘南起义，女排奋起，开放兴郴，光荣的传统在发扬光大。纪念碑上凌空腾飞的骏马告诉我们："立前瞻，图发展，三载共创，福城扬美名；塑城雕，期未来，一马当先，郴州更升平。"

观赏广场的父老乡亲告诉我们："古风雅韵誉四海，华夏精神重五岭"，郴州是"湘南起义"的策略地，毛泽东、朱德、陈毅等老一辈无产阶级革命家都在这里留下了光辉的足迹。郴州体育训练基地是中国女排厉兵秣马，夺取五连冠的重要训练基地。今天，敢为天下先的郴州人正在准备为建好"粤港澳后花园"，为2008北京奥运会捧出一颗更璀璨的"五岭明珠"而努力。

"世界著名雕塑复制陈列"中的形象雕塑告诉我们：人生要学会"觉醒""思考""向往""欢乐""希望""爱"与"和平"，学会体验"悔"与"痛苦"。广场里，一组雕塑，一束灿烂夺目的世界文明之花，为我们，为郴州人标示了一条到达世界文明的通衢。

"休闲娱乐健体生活意义"子课题组汇报——

我们多次观察五岭广场上人们休闲娱乐健体的情形，我们自己也亲身体验了这种生活，参加了广场上的一些娱乐健体活动，我们体会到，五岭广场是环境宜人、景色迷人、锻炼乐人、歌舞动人、腰鼓诱人、节日喜人的好地方。老人的散步，青年的跑步，情侣的漫步，男女的舞步，健美操的踏步，习步者的弓步，娃娃们的小步，演员晨练的碎步，腰鼓队的四方步，相映成趣，各种服装交相生辉，各种伴奏交织成丰富多彩的交响乐。五岭广场让人们体验到生活的和谐美满，健康的幸福快乐。

"旅游意义"子课题汇报——

我们组通过去旅游局采访和体验广场游览活动，认识到郴州市"创建优秀旅游城市""建设粤港澳后花园"和"南延东进"等发展战略，促进了市区的市政建设。

郴州旅游资源丰富，有各类风景名胜110处，是全省五大旅游区之一，已经开发的旅游景点有80多处，集奇、险、秀、美、幽于一体，汇山、水、洞、泉、石于一身，初步形成了以"疗养、休闲、狩猎、漂流"为特色的生态旅游网络。五岭广场的建成，使这个网络更加完善。广场的"神农尝百草""天降嘉禾"等优美传说的碑文雕塑和世界著名雕塑复制陈列等增添了旅游的人文内容，增添了市区旅游景点，为大力发展休闲旅游经济、优化生态环境、促进可持续发展发挥了积极作用。据可靠资料记载，郴州2002年全年接待国内旅游者达440.3万人次，旅游综合收入20.78亿元。五岭广场的建成，在郴州城南107国道边展出了令人赏心悦目的图景，焕发了郴州古城的新魅力，吸引着南来北往的中外人士的目光。郴州市这个2002年被评为"湖南省园林城市"的地级市，不愧为全省五大旅游区之一。她正以日新月异的独特风光展示着"粤港澳后花园"的风采。

四、评议的内容要点

同学们都积极参加了问题研究的全过程，交往能力强的同学在调查采访过程中充分展示了交际特长。汪锦娟、陈亚斌、雷慧、周丽娟等同学还能争取家长和亲友的支持，为活动提供资料和知识辅导。

同学们能有效地收集资料，根据问题解决的需要选取、分析和综合信息，态度严谨。如"旅游意义"组为了获得准确的数据，多次查阅郴州信息

网站和请教旅游局的相关工作人员。

同学们能积极合作，同心协力，不但能完成自己的研究任务，还能帮助别人解决问题。如王明艳同学在完成自己承担的查阅历史资料考证"郴"字由来和碑文分析任务后，还协助同学做好采访游人的工作。

同学们的特长、爱好都得到了发挥和发展。美术特长生对广场中的各种造型进行了深入的分析，音乐特长生还给广场景点的录像配上了音乐，信息课特长生积极查阅网上资料，还把研究成果纳入了校园信息网，写作特长生李嫒嫒、朱亚琨等同学写的研究方案和报告的初稿得到语文老师的好评。

五、结论、建议和反思

结论：我们这次研究活动较系统深入地研究了五岭广场的建设在经济、文化、教育、艺术、旅游、娱乐休闲等方面的意义，有效地验证了假设。同时，我们都受到了深刻的人文教育，学到了有关自然科学、人文历史、经济建设、旅游环保、艺术审美等方面的知识，提高了社会交往能力、合作研究能力、信息处理能力和语言表达能力，进一步激发了爱郴州、爱家乡的深厚感情，树立了为建设家乡贡献自己的力量的远大志向。

建议：如果在这个广场建设一个地下防空站，设置有关的战备设施，就更有意义了。一是这里是人们比较集中的地方，战略设施有利于紧急的战备行动；二是广场面积大，可充分发挥地下的作用，对广场进行立体开发和利用；三是防空建设是城市建设应该有的战略措施。

反思：我们在这次次活动中虽然有很大收获，但是，由于知识水平的局限，活动也有很多不足之处，主要有以下几点：

子课题的设立还欠完善，五岭广场在城市建设方面的意义应该作为一个专题进行研究，因为这个规模较大的广场建设是城市建设中的一个重点工程。

对于各方面意义的理解还不够准确、深刻、全面。一是因为我们获得的有效信息还不很充足；二是因为我们的知识面还不够宽，信息处理能力还不强。

我们在研究的总结阶段还不善于根据问题解决的核心提炼、综合信息，因此老师说我们的研究报告对有些重点内容未说清楚，如未将广场中各种造型的艺术意义明确说出，在总结广场的建设的经济建设方面的意义中，有些已获得的信息也未用到。

在研究报告中，有些论证的逻辑还不够严谨，有些术语运用还不够准确，到底应该怎样论证和表述，现在我们也还拿不准，有待于进一步学习。

有些同学在采访中还不够灵活、大方，缺乏语言机智，缺乏自我调控能

力、随机应变能力。

六、我们在研究中参考的文献资料

1. 市教科所编,《郴州市初级中学乡土教材地理》,湖南少年儿童出版社出版。

2. 司马迁著,《史记》。

4. 郴州市文史资料、城建资料、旅游事业建设资料。

5. 碑文资料。

学生课题小组执笔人　李媛、朱坤

(7) 汇报成果,教师表彰。学生的研究活动达到了预期的目的后,要开展成果汇报活动。这里所说的"成果"不一定要是前所未有的创造,而主要是指相对于作为研究者的学生来说,是新获得的答案、知识、技术、技巧、经验、体会、方法、途径、策略,发现新的事物、问题、规律,新产生的设想、设计等。通过汇报,学生共享成功的喜悦,巩固、强化、活化、深化知识,促进知识的同化和顺应,并将其转化为能力。

教师对学生的表彰应注重学生在研究过程中的研究态度、参与行为、科学精神、创新意识、自主合作探究的学习方式等。

发现式学习与问题解决式学习的内在联系和区别:

发现式学习和问题解决式学习既有联系又有区别。它们的内在联系是,都重视学习过程,在学习过程中两者相互渗透,问题解决过程需要对问题、概念、原理、规律、解决途径和方法以及结果的发现,发现的过程也同时伴随着问题解决的过程,发现的结果,也可以就是问题解决的结果。同时,两者都强调学生的主体地位,其宗旨都是培养学生的学习能力、创新意识,引导学生感悟、掌握科学研究的方法;都属于研究性学习,都离不开自主、合作、探究。因而新课程标准提倡自主、合作、探究的学习方式。这里的"探究"与"研究"其含义是基本相同的。

问题解决式学习与发现式学习的不同之处是:"在解决问题的方式上,前者较为倾向于演绎的方法,后者则倾向于归纳的方法;在适用范围上,问题解决学习的适用范围较广,发现学习由于需要学习者具备较高的知识水平和技能、技巧,因而不太适用于儿童的学习。"① 当然在得到很好引导的情况下,有些符合儿童的认识能力的学习内容也可以用发现式学习。

由于发现式学习在对概念、原理、规律、方法求得发现的过程中一般要用到探究的方式,因而就有了"探究——发现"式学习这种提法。

---

① 靳玉乐主编. 探究教学的学习与辅导［M］. 北京:中国人事出版社,2003（97）

"探究——发现"式学习强调了求得"发现"的过程和途径是"探究"，教师必须重视对学生探究过程的引导。进行"探究"的目的和结果是"发现"，老师应该激发学生自主发现的动机、需要。

"探究——发现"式学习和"问题解决"式学习往往相互渗透，对于侧重归纳推理过程的问题，常用"探究——发现"式学习，对于侧重于演绎推理过程的问题则常用问题解决式学习。在操作方法上，两者都离不开问题情境，都可以以问题为切入点，围绕问题这一核心展开探究，但"探究——发现"侧重于通过探究，归纳出原理、规律、概念、事物的特点、新问题、新知识等，"问题解决式"侧重于通过问题解决、寻求答案的过程，在已知条件的前提下演绎推理、探索出解决的一般途径、方法、新的技能、技巧、思维策略、解决问题的关键措施等。

下面是科学课指导学生运用"发现式"学习的例子。

阅读下面两段资料，从中你有什么发现？写出你的探究结果。

藏羚羊为我国特有的珍贵濒危动物，属国家一级保护动物，主要栖息在西藏等高原地带，喜群居，性怯懦机警，常出没在人迹罕至的地方。（《中学生知识画报》）

近几年来，武警官兵为保护可可西里的生态环境，打响了艰苦的保卫战……如今，在可可西里的青藏公路沿线，藏羚羊、藏野驴、野牦牛成群结队，不时向过路车辆鸣叫相迎，挥啼致意。（《中国国防报》2002年5月28日）

题目要求回答出有什么发现，即探究的结果，由此可见这里要用到"探究——发现"式学习，即由现象到本质，由个别到一般，分析、归纳出同类现象形成的内在原因，生态环境中人类与自然，人与动物之间的关系。可按下面的步骤引导学生用"求同求异归结法"进行探究，发现成因。

第一步，找出现象方面的信息。

第二步，进行求同类比、求异比较。

第三步，归纳：为了保护生态平衡，人类应与大自然和谐相处。

以前：藏羚羊——群居　　　性：怯懦、机警——栖地：人迹罕至

近年：藏羚羊——成群　　　相迎、致意——活动：公路沿线

藏野羊——成群　　　相迎、致意——活动：公路沿线

野牦牛——成群　　　相迎、致意——活动：公路沿线

求同：以前和近年都是群居；求异：由以前的怕人变成现在的近人。

归纳：为了保护生态平衡，人类与大自然应该和谐相处。

下面是运用"问题解决式"学习的例子：

在教学《曹刿论战》一课中，教师引导学生探究的过程总体来说有以下三个步骤：第一步：由抽象到具体。由题目创设问题情境：论了什么？论中有何观点？由提纲挈领式的问题切入。第二步：由表及里，由果及因。以"论了什么，有何观点"为着眼点，从文中找出曹刿认为可战可攻可追的三个关键信息，分析其原因，解决了中间问题：什么原因。第三步：由现象到本质。在完成第二步的基础上，探究根本问题"这是什么思想"，归结出曹刿的政治、军事思想。

在问题的解决过程中，教师引导学生由提纲挈领式的问题切入，再围绕"什么原因"，这些原因表现什么思想两个问题来探究，以问题为核心，从总体上看，属于"问题解决式"学习，但从由现象到本质，由指挥作战的特殊个案归结出曹刿的一般军事思想来看，又是"探究——发现"式学习。所以两种方式往往是相互渗透的。

由上例可见，问题解决式学习与探究——发现式学习是就其侧重点而言的，在实践中，两者是难以截然分开的。新课改提出的"探究性学习方式"综合体现了两者共同具有的"研究性"的本质特征。从本质上看，探究性学习就是研究性学习。所以研究性学习方式在概念外延上包含"探究——发现"式学习和"问题解决式"学习以及两者的融合。

第四节　学科综合——研究性学习的内容特点

研究性学习强调对所学知识的归纳、概括、综合、分析、思辨、批判、迁移、运用，从而使学生深化对知识的感悟、体验，促成综合素质的建构。研究性学习课程的教学过程是师生共同建构课程领域的过程，其教学目标和内容是师生在研究活动中联系自然生态、学习生活和社会生活，通过师生不断互动生成的，是自然、社会、自我作为课程开发的三个向度在研究性学习课程中进行整合而形成的，因而，研究性学习课程注重问题解决、探究过程中各门学科知识的批判反思和运用及其相互联系、渗透和综合，重视科学、艺术、道德知识的综合。教师在研究性学习课程的教学中，应根据学生发展的实际需要和植根于生活的研究专题的内容，引导学生对所学内容作出新的构思、处理。单科中的研究性学习，也不仅仅是教材内容的加深和拓宽，而应进一步注重知识结构的自我建构，注重综合运用、批判反思，使学生加深

知识的感悟和体验。因而教师"在教学中应从更高的层面和更广阔的视野把握教材，并根据研究性课题的内容和学生的发展需要作出新的构思和处理"。

随着现代信息技术的发展和在教学中的运用，教学资源和教学内容在整合中的呈现方式、学生学习方式、学习时空和载体都将发生巨大变化。同时，学生在获得新知识的时序上也会是灵活多样的。教师应转变以往单一的"线性"教学观，在教学中，既关注学科知识的系统性，也注意学科之间知识的相互渗透和内在联系与综合运用。

因而，研究性学习活动的主题选择视野涵盖学生自我、社会、自然；研究性学习探究内容体现自我、社会、自然的整合和科学、艺术、人文的相互渗透；研究性学习活动着眼点在于每一个学生个性的整体性发展。

如在综合课的"饮水与健康"专题研究活动中，活动的过程就是自我、社会、自然相互整合，科学、艺术、人文交融，多元协同的动态过程。

首先，课题的提出源于生活，基于学科知识的内在联系。

家乡工业废水、生活污水对水源的污染日益严重，对人们健康的影响日益加剧，而绝大部分家长对此问题认识不足，不支持学校改善饮水条件的情况，在研究性学习课程中，学生提出了"饮水与健康"的研究课题。教师引导学生分析了课题研究的意义及条件。学生通过登门拜访相关领导、利用亲属关系、学校出面联系等渠道，取得了环保局、自来水公司等单位的支持。任课教师举办了相关知识的讲座。物理、化学、生物课将与本课题研究相关的内容进行整合，辅导学生学习了人体生理机能与水的关系，可饮水的PH值含量及其测法，现饮用水的矿物含量，天然山泉水对人体健康的好处等。语文、政史课协同组织了阅读家乡历史资料的讲座，分析了赵云智取桂阳获得甘甜可口的泉水是因为泉水未受污染，使学生认识到地面污水对水源水质的影响。据此，学生酝酿出了问题解决的假设：科学饮用天然山泉水应该比饮自来水有益健康。

其次，在实施研究、验证假设的过程中，学生的交际能力、表达能力、信息处理能力、知识迁移运用和转化能力、实验操作能力等得到了有效的综合训练。全班同学分成网络信息组、科学文献资料组、历史人文资料组、外单位饮用天然山泉水情况调查组、及时通报研究信息的宣传组、与山泉食品饮料有限公司协同解决天然山泉水饮用的联系组、本县天然山泉水开发实地考察组等7个组。各组内容相辅相成，形成责任互赖机制。各组成员的任务有分有合，有出外联系员、名人笔记综合员、数据统计员、资料搜集员、实验管理员、小组长（负责成员之间的协调、与班长合作撰写研究报告）。

下面是学生根据各组汇报撰写的研究报告的部分内容。

综合课"饮水与健康"专题研究报告

一、问题的提出

"问渠哪得清如许,为有源头活水来"。

水是地球生命的催化剂,是万物之源,是人类和一切生物生存不可缺少的物质基础。然而,随着现代工业的发展,工业废水、生活污水对地表水的污染日趋严重。作为人类的生命之源,水已向城乡居民发出了强烈呼唤,向我们发出了警告。

为了进一步了解我们学校所在地饮水的质量,进一步向社会、家长宣传科学饮水,保护健康的科学道理,争取社会、家长对学校改善饮水条件的重视和支持,增强我们珍惜水源、科学饮水的意识,我们提出了"怎样做到科学饮水,保护健康"的专题研究。

二、研究假设

我们的假设是:饮用天然山泉水比饮用净化的自来水和纯净水更有益于我们的身心健康,而且只要我们积极创造条件,饮用天然山泉水的设想一定能实现。

三、研究的目的

(一)通过这一专题研究,进一步认识受污染的水资源对人体的危害及水资源的珍贵。

(二)进一步认识饮水与健康的关系,丰富科学饮水的知识,能够运用所学课程知识解决实际问题。

(三)学习科学研究的方法,进一步掌握研究性学习的策略。

(四)验证并实现我们提出的假设。

(五)通过研究,进一步了解家乡、热爱家乡。

四、在研究过程中对所获信息的分析、综合

通过查阅有关桂阳县城饮水卫生的科技资料,我们了解到:桂阳县城由于加强了对饮用水的科学管理,1999年采水样167个,经检验159个合格,四项指标(色度、浊度、游离余氯、细菌总数)合格率达到100%,桂阳自来水公司2000年被评为郴州市生活饮用水合格单位,近年来也不断改进供水工作。但县城附近铅锌银矿深掘开采,使县城地下水位降低,城区井水大部分枯竭,而城镇人口迅速增加,致使供水矛盾越来越突出。即使未干枯的井水也因受工业废水、生活污水渗透的影响而水质下降。现在县城饮用的水是从农村水库引入的自来水,虽然经过科学处理,但它集雨水和地表水较多,没有天然山泉水那样于人体健康有益。

我们通过采访县福利工程实施办公室技术员,查阅桂阳县凤神山泉食品

饮料有限公司的山泉水加工资料，结合本地学生对实地泉源和加工现场的考察所获信息，运用所学知识进行分析，了解到天然山泉水是通过对自然界中一种地下深处自然涌出的天然饮用水进一步处理加工而成，也可直接饮用。通常情况下其化学成分、流量、水温等在自然波动范围内相对稳定，没有污染。通过 PH 检验，我们还了解到这种山泉水的 PH 值一般在 7.0 至 8.0 之间，呈弱碱性。它含有多种矿物质和微量元素，直接为人体补充养分，具有调节心理、参与酶的活动、运送氧等作用。通过采访医疗卫生专家，我们还了解到这种山泉水根据水中的钙、镁离子的含量，可分为软水和硬水，硬水对防治心血管病有好处。山泉水中的氟离子还有预防儿童龋齿的功能。山泉水不但不含有害物质，而且还有利于人体健康。

我们通过查寻网络信息和文字资料了解到，有关部门用天然山泉水和纯净水对小老鼠做的实验，结果显示喝纯净水的小老鼠比喝天然水的小老鼠寿命短了 40%。

我们采访了对比研究天然山泉水与纯净水的技术员，了解到纯净水通过反渗透膜将水中所含的对人体有害和有益的物质全部滤掉，不含其他任何元素，溶解总固体近似于零，PH 值一般在 5.0—7.0 之间，呈弱酸性，属软水一类，不宜长期大量饮用。

我们通过问卷调查，了解到常喝含色素、香精等添加剂的饮料的同学达 60%。喝这些饮料增加消费，对人体健康不利。

我们通过访问有关领导了解到，中国学生营养促进会、共青团中央、教育部、卫生部联合实施"全国少年儿童健康饮水福利工程"，桂阳凤神山泉食品饮料有限公司已经通过了国家少工委专家评审组验收，可以承办这一工程。

我们将以上信息向家长进行宣传，终于赢得了绝大部分家长对我们饮用山泉水的同意和支持。

五、研究结论

通过研究，我们实现了预期的目标，验证了假设"天然山泉水比净化的自来水和纯净水更有益于我们的身心健康"，而且实现了饮用天然山泉水的愿望。我们的学科知识得到了综合运用，我们的综合实践能力得到了训练和提高，我们更加热爱自然资源丰富的农村家乡。

六、我们的反思

由于我们所学知识还十分有限，因此，对很多资料信息还不能准确、全面地分析和运用。我们在调查采访中的交际能力还不够强，还应进一步努力学习。

这样的研究性学习活动，使学生懂得了研究主题的选择视野应涵盖自我、社会和自然，研究性学习探究内容也应该体现自我、社会和自然的整合和科学发明、艺术创造、人文精神的相互渗透，研究性学习过程应该是创新学习的过程。所以，这次活动以后，学生受到启发而开展了如下的激发创新灵性的研习活动。

生物课兴趣小组的学生进行了一次"向动物学发明"的专题研究活动。在汇报成果时，"壁虎组"汇报说：壁虎"飞檐走壁"如履平地；倒挂悬梁，穿行水中，随心所欲；太空之中也行走自如，来无影，去无踪，不留痕迹。是什么奥秘使它有如此绝技？我们借助显微镜观察壁虎标本，发现它的脚趾上有许多细毛，查资料得知，如果壁虎脚上的 650 万根细毛全部附在物体表面，可以吸附 133 千克的物体，相当于两个成人的体重。如果利用这种细毛黏性原理制造人造胶带，就可以让人很容易完成墙壁上的工作。"蚂蚁组"汇报说：蚂蚁中的工蚁的主颚腺分泌物，能起防卫、报警作用，被称为"报警信息素"，如果仿照它的成分制成人工"报警信息素"，就可以开辟新的信息渠道了。"独角仙组"汇报说：独角仙有变色特性，它能随着外界空气变潮湿而让它的外壳的颜色由绿变黑。根据这一特点，我们可以采用电子成像扫描技术建立三维图像，用来检查处在不同湿度中的物体内部情况。

第五节　自主参与——研究性学习的动因

研究性学习既然要"研"，那就是一种主观能动，是精神生命的参与，是主体精神的体现。这种主体精神表现在自主参与、自主研发、自主调控、自主评价、自主发展等方面。没有自主性，也就失去了研究性学习的内因条件、内在机能，也就是失去了内驱力。所以自主的意识、自主的心理机能、自主的需要和期望是研究性学习的动因，是研究性学习活动有效开展的前提条件。

一、激发学生研究性学习自主性的主要策略

（一）心理相容策略

即在民主、平等、共学互促的氛围中，营造相互包容、相互接纳，相互

尊重、亲密合作的心理环境，使学生具有主动切磋、共同研究的积极心理意向和友好态度。

（二）积极互赖策略

即以目标的认同、学习任务分工协作的角色互赖、小组的荣辱与共、成功喜悦的共享来激发学生研究性学习的自主性，使大家在一种必须通力合作、共主沉浮的情境下参与学习，从而自觉地尽心尽力。

（三）个性张扬策略

即创造条件，让学生不同的个性特长、兴趣、爱好都能有表现的机会，在认同自我、展示自我、发展自我、超越自我的心理需求下参与研究性学习。设计的活动要力求适应多元智能的发展，具有多层次、多方面、多学科的内容结构。

（四）期望效应策略

即在活动前鼓励学生先把活动能达到的目标以一种具有褒扬感情色彩的描述性语言说给小组成员听。教师可帮助学生设计诸如"如愿以偿的快乐""我品尝到了成功的喜悦""我的美好愿望变成了现实""哇噻，我成功了"等话题，激励学生以前瞻性眼光看到预期效果，从而促使学生自主参与。当然，预先设定的目标必须是"跳起来能摘到桃子"，有可能实现的，这样才会有感召力。

（五）动机强化策略

即让学生选定他们希望开展的活动、有探究欲望的研究课题、有实际意义的问题，然后借助多媒体视频设境或教师描述、高年级学生谈成功体会等形式来展示这些研究成果所具有的情境，强化学生参与的动机，从而激发自主参与精神。

如七年级上册的一次综合课活动的主题探究学习——现代科技给我们带来了什么。在这一研究性学习活动前，教师先组织了几次用现代信息工具融洽相互感情，增进同学友情的活动。一次是通过校园网相互发一次共叙友情的电子邮件，一次是通过宽带与很少接触的本班同学进行一次心语交流活动，还有一次是在"五一"劳动节假日里用父母或老师的手机进行一次发短信息互送祝福的活动，这些活动使大家的心更加贴近。团委会还先后组织了"相互说句交心话""和大家同唱一支歌"的"心心相印"活动。这些活动为合作开展研究性学习创设了良好的心理氛围。

然后，围绕活动主题"现代科技给我们带来了什么"的研究，教师引导学生自选、自定子课题，根据自选课题分组，组内再将研究任务分给个人。

这些任务既是相互牵制的，又是适合各人个性特长、兴趣爱好的。如"科技给我们带来了工具创新条件"这一子课题组，根据组内成员的兴趣爱好，把与子课题研究相关的 6 项具体任务根据各人的个性特点相应地分配给 6 个成员。这 6 项任务是：通讯工具创新、电化教学用具创新、医药器械创新、交通工具创新、学习用具创新、国防设施创新。同时，教师让各位成员用描述性语言表述研究成果目标，组长将这些子目标综合成小组目标。然后，教师借助多媒体展示的虚拟情境，如构建地月（地球、月亮）互联网的通讯工具创新，为校园网站增添新的学习内容，建立新的学习平台等，强化自主研究的动机。活动还请高年级学生指导撰写研究方案和报告。结果，学生各尽其能合作得很成功，还在本校面向全县举办的新课改开放日活动中展示了研究成果。

上例中，教师引导学生通过互发洋溢着真情厚意的短信息等活动，创设心理相容氛围，唤起积极的期望和参与动机，使学生在具体的研究性学习活动中能"情系于斯，心系于斯"，从而充分发挥自主性。于永正说："感情和技巧是老师吸引学生眼球、打开学生心灵之窗的密匙。"① 没有情感的教学是不成功的教学，没有情感的教学是没有魅力的教学。在民主和谐的教学氛围下，教师用自己的情感来唤起学生的情感，点燃学生智慧的火花，让学生情感更丰富，更高尚，让学生智慧更灵动，更丰厚。② 学生在饱满的激情驱动下，做到了自选、自定研题，自主实施研究。共同的目标、深厚的情谊把大家的心联结在了一起，从而形成了责任互赖的心理机制。于是，学生在个性张扬中认同自我、展示自我、发展自我、超越自我。

二、要充分激发学生研究性学习的自主性，教师必须真正落实"生本理念"

研究性学习作为一种学习方式，其内涵是指学生在教师指导下自主地发现问题、探究问题，从而获得结论的过程；作为一种课程领域，是指学生在"老师指导下，从学习生活和社会生活中选择和确定研究课题，主动地获取知识、应用知识、解决问题的学习活动。"③ 因而学生的"自主性""主动性"是研究性学习的内在特质，"以生为本"是研究性学习的根本所在。研究性

---

① 于永正.名师经典课堂细节［M］.南京：江苏人民出版社，2007（162）
② 于永正.名师经典课堂细节［M］.南京：江苏人民出版社，2007（168）
③ 李瑾瑜，柳德玉，牛震乾主编.课程改革与教师角色转换［M］.北京：中国人事出版社，2003（173）

学习以尊重儿童本性为根本的价值追求，"植根于儿童本性、尊重每一个儿童个性的独特性与具体性"。① 这就要求我们要注重以下几点，以求得"生本理念"的真正落实和学生自主性的充分激发。

（一）学习目标的学生自主生成、达成性

为了充分调动学生的自主性，防止步入教师包办代替的误区，研究性学习的活动目标应该是学生在与教育情境的交互作用中互动生成并以学生自主行为来达成的目标，而不是教师单方面预先设定的一成不变的"模子"。

在"书的趣闻"的专题研究活动中，学生初设目标时，根据在图书馆读到的"关于书的书"系列丛书的信息，把活动目标定为：了解书的变迁史及一些关于书的趣闻；掌握科学的读书方法；感悟关于书的格言；了解中国著名图书；学会到图书馆书籍中获取研究信息；学会写读书笔记。后来在查寻一些科学术语时，他们用到了电子词典，于是在目标系列中又增设一条目标：了解和学会使用现代高科技条件下出现的新式的书。之后，通过研究，学生进一步明确了书的演变、发展与科学文化发展紧密相关的道理，产生了对未来书的想象，于是又增设了一个新目标：向人们介绍我们设想中的未来的书。就这样，对书的研究目标随着活动的不断深入、学生认识水平的不断提升而不断生成和逐步达成。

（二）课程内容的学生自主生成、选择性

研究性学习的课程领域是师生共同探索新知的发展过程。这里的"师生共同"指教师成为给学生在自主探疑、析疑、解疑行为中"点石成金"的"手指头"的人，成为学生研究信息交汇的枢纽，成为学生研究的顾问和参谋，成为激发其合作研究积极性、主动性的"政委"。学生是研究的"主人"，是在以教师为组织管理和技术咨询的"顾问"、思想工作的"政委"的前提下自主研究的"智囊团"和实施者，因而研究的内容应该是学生从自己的学习生活和社会生活实践中选择和确定的，有利于他们主动获取知识、应用知识、解决问题，有利于学习对象和自我双向构建，以求得多元发展。研究涵盖的内容应包括自然、社会、自我，这三者作为课程开发的三个向度，应在研究性学习课程中达到均衡和整合。如"关于书的趣闻的研究"这个课题就是学生根据自己对书的种类、古今中外关于书的故事和奇闻、书的内容、书的发展前景等方面信息的关注而提出来的。他们对未来书的设想也是根据自己对现代科学技术的发展前景提出来的。其中，"未来书"研究小组

① 李瑾瑜，柳德玉，牛震乾主编．课程改革与教师角色转换［M］．北京：中国人事出版社，2003（175）

设想了一种综合计算机知识、无线电知识、光学原理等，利用随身带的缩微计算机，可以随时检索古今中外资料，并不需要屏幕就能在眼前显示文字和配音动态画面的新型"神奇书"。虽然设想的内容有些天真，但折射出创造性思维的光彩，体现标新立异的独特个性。

学生自选研究内容并不是盲目的、没有一定价值取向的，相反，应既具有时代性、广泛性，又能发挥每个同学的个性。上例中关于"书的趣闻"的研究，体现出信息时代立体传递信息的特点，体现出艺术、自然、社会、人文、知识的综合性，多方面的子课题使每个学生都能根据自己的兴趣爱好各取所需，各尽所能，避免了局限于学科活动、科技类活动、少数尖子生参与的"精英主义"等倾向。

（三）研究性学习参与的全体性、全面性和内在性

全体性、全面性是指研究性学习尊重每一个学生个性的独特性与具体性，秉持多元价值标准，使每一个学生都能将自我与自然、社会领域交融起来进行研究，从而促进整体素质的发展；内在性是指使他们的参与不是形式上的"表演"，而是精神生命的参与，是一种心理内化过程，是心理内驱力的效应。

在思品课的"怎样维护我们的安全"这个专题研究中，以"触目惊心与刻骨铭心的安全问题"为主题的演讲会扣动着学生的心弦，特别是亲眼目睹的交通事故更使学生以严肃审慎的态度正视安全问题。孔子说："不愤不启，不悱不发。"学生内心维护生命安全的需要与动机，上升成了能产生行为意义的有效愿望，化成了积极投入活动的动力。七年级"交通公益广告语"子课题研究组，通过对常见的交通公益广告语进行归类分析，提出了许多交通安全广告语存在的问题，拟出了"粗心一秒，痛心一生""安全才能安心，安心需要爱心""大家小心，你我欢心""规则在心上，笑容在脸上""让一让，等一等，不挤不乱多开心"等呼唤爱心、亲切感人的宣传标语。"交通安全常识"子课题组还谱写出了一曲曲宣传交通规则常识的歌曲，热情而又和谐的旋律，明快而又活泼的节奏，唤起了心灵的共鸣，激导着学生对遵守交通规则的情感和认知。九年级"遵守交通安全规则的公民形象"子课题研究组，通过对维护交通秩序的交警、旅客、行人的录像情境分析，认识到自觉遵守交通规则的人表现出高度的责任感、热情严肃的态度、文雅的教养，于是举行了一次以"维护交通秩序，展示美的形象"为主题的美术画展。音乐表演特长组还举行了一次"遵守交通规则文艺会演"活动，节目异彩纷呈，将严肃的话题融入艺术的审美愉悦中。

可见，激发学生研究性学习的"全体性""全面性"，最根本的还是激发

自主研习的内驱力，即自主参与的"内在性"，而激发"内驱力"必须把握自主研习的基本特点。

　　我校的刘国芝老师在上"勾股定理"一课时，首先用多媒体展示三千多年前数学家商高对周公讲直角三角形"勾3股4弦5"的奥妙的情形，引导学生探究和感悟数形转换的理性之美。刘老师对同学们说："有人说勾股定理是数与形珠联璧合的一种'交汇美'；也有人对这个奥秘生疑：'勾3股4弦5'适合所有的直角三角形吗？于是在反复的论证中又有了新的发现。请你们也来验证一下商高的话，或许也会发现新大陆呢！"于是，学生灵活选用证明方法来证明勾股定理，有的用中国证明法来证，有的用希腊证明法来证，有的用测算法来证。有一个叫周海媚的同学在测算验证中，提出"勾股定理可能只适用于三边为整数的直角三角形"，刘老师风趣地说："看来要验证勾股定理，还得先请大家考证周海媚这'周氏疑问'呢，如果得到肯定的结论，'周氏定理'也就诞生了。"大家通过反复的验证，欣喜地得出在数、形足够准确的情况下勾股定理一定成立的结论。

　　由上例可见，真正意义上的自主研习，是以激发内驱力、"内在性"为前提的，是学生作为学习的主人，在教师指导下，遵循不背离学习目标的要求，对学习内容作出适当的自主选择的过程，在不误解或曲解学习内容或文本意义、价值取向的基础上，对学习内容或文本进行理解和研读、解读的过程，在不脱离教学实践的基础上，对学习方法和解决问题的策略自由选用的过程，我们只有把握自主研习的内涵和基本特点，才能采取有效的指导措施真正激发学生研究性学习的"内驱力"和"内在性"（见下表）。

自主研习的特点和指导措施一览表

特　点		指　导　措　施	
		设　境	步　骤
基本特征	主动性——我要学	体验情境	兴趣——自信——自励
核心品质	独立性——我该学	实践情境	帮扶——半扶——独立
明显标志	能动性——我能学	问题情境	质疑——探疑——解疑
调控因素	规划性——我筹学	活动情境	目前——近期——长远
重要因素	创新性——我巧学	信息情境	模仿——借鉴——自创

　　1. 自主研习的基本特征——主动性。也就是自觉自愿地学，就是"我要学"。主动性主要来源于兴趣、自信和自励，而这些特质离不开切身体验。根据这一特征，我们可以采取这样的指导措施：创设体验情境，引导学生"兴趣——自信——自励"。如上述例子中刘老师从数与形珠联璧合的理性美

这个角度引出要探究的奥秘，从而激发学生的学习兴趣，用"相信大家能发现新大陆"来激发学生自信和自励。

自主源于积极的心向、兴趣，而这种心向、兴趣又离不开生活和情境的体验。所以用媒体创设仿真情境或用活动营造真实情境，通过情境体验激发内驱力，是激发学生自主学习主动性的重要策略。

我校胡晓斌老师讲物理"磁现象"一课时，先用多媒体展示郑和驾船历经惊涛骇浪下西洋促进中外文化交流的情境，渗透人文教育，同时创设问题情境：如此遥远的水路却没有航标，什么有这样神奇的引航导向功能呢？这样，既设下了探究疑点，也激发了学生的兴趣，唤起了学生自主学习的内驱力。

媒体仿真情境与生活真实情境、学生活动情境交融起来，往往是激发自主灵性的好办法。胡晓斌老师在引导学生探究磁体"同极相斥，异极相吸"规律的运用时，先用媒体创设磁悬浮列车为什么能"悬浮"的问题情境，引导学生在模拟活动中探究"奥妙"：把两块磁铁相同的一极靠近，使之相互排斥；把相反的一极靠近，使之互相吸引，从而使学生明确，磁悬浮列车其实就是使用这种吸引力与排斥力将列车托起，使列车悬浮在轨道上方，和轨道之间没有直接接触，大大减小运行阻力，达到高速运行的目的。这样充分激发了学生自主学习的潜能。

2. 自主研习的核心品质——独立性。也就是有自主研习的主体精神、独立意识和能力，就是有"我该学"的强烈意识。独立性是学生普遍具有的一种根本特性，也是自主研习的灵魂，是在实践中不断强化的。根据这一特点，我们可以采取这样的措施：创设实践情境，实施"帮扶——半扶——独立"的三个步骤，即他主——共主——自主。我校欧阳小东老师在讲"黄金分割"一课时，先指导学生测量和计算人体的手和脚的比例。学生发现协调配合的手脚长度比值都接近 0.618，从而发现黄金分割的审美原理，这是"帮扶"；然后，欧阳老师让学生欣赏节目主持人的舞台形象美，指导学生自己发现主持人的最佳位置也是在这个黄金分割点上，从而迁移知识，这是"半扶"；之后，欧阳老师让学生用黄金分割知识独立动手制作工艺品，让知识转化为个性化能力，这是"独立"。

3. 自主研习的明显标志——能动性，也就是有主观能动性、自能性，就是"我能学"。叶澜说："教育的根本目的在于发展人之自觉。"指导措施可以是创设问题情境，通过"质疑——探疑——解疑"三个步骤激发学生的积极性。如前例中的刘老师由商高的故事引出"勾 3 股 4 弦 5"是否适合所有三角形的疑问，让学生自主选择证明方法，从而引发了由"周氏疑问"探究出勾股定理的能动过程。英国的 10 岁女孩蒂莉·史密斯在海啸即将来临时

作出准确判断，让 100 多名游客及时撤退，幸免于难，就是因为她有把知识转化为实际能力的能动性。

4. 自主研习的调控因素——规划性，也就是"我筹学"。学习的筹划包括对学习内容的选择整理，对学习策略的优选优用，对学习活动的自主调控。教师要培养学生把学习过程当成学习对象进行学习的意识和能力。教师可以通过创设活动情境，引导学生学会"目前——近期——长远"的规划步骤，九年级教师指导学生制订复习计划就应是这样的。

5. 自主研习的重要因素——创新性，也就是"我巧学"，就是学习中的认识、方法、见解、情感体验的独到性、创见性、差异性。指导措施可以是：创设信息情境，促进"模仿——借鉴——自创"的动态生成过程。如前例中的刘老师指导学生运用图证法来论证，这就是对前人的模仿和借鉴；用测量自己画的图考证"周氏疑问"来论证勾股定理，这就是学生的"自创"。

（四）学生主体发展的多元性

研究性学习立足于每一个完整的人的整体生活，指向学生的个性发展；相对独立的研究性学习课程是学科中的研究性学习的归纳、整合、开拓、提升；学科中的研究性学习可以从学科领域细化、深化生活中的问题；[①] 研究性学习中学生探究的路径是思辨、畅想、感悟；研究性学习评价关注每一个学生的个性的独特性、具体性，发展的多元性。因此，研究性学习凸现主体发展的多元性。

在理科组多门学科结合开展的"建设绿色家园"的专题研究活动中，学生从实际生活中酝酿出自己研究的子课题，并与自己所喜欢学科的学习有机结合起来，将科学与人文结合起来，以研究多角度的内容促进了智能的多元发展，以智能的多元互动带动了综合素质的优化、健全人格的构建。"净化环境，净化心灵"子课题组通过运用理、化、生知识对污染性物质的科学分析，提出了很多新的见解和主张。如针对一次性圆珠笔会产生很多塑料垃圾的情况，他们向同学们提出了尽量使用墨水笔的建议。针对精装的书籍为了美观，很多页面上都涂了胶水，但这样的纸张将无法进行回收利用的情况，他们言词恳切地向有关部门提出了以提高纸质和封面设计艺术性以求得美观而不用涂胶水方法的建议。通过对每生产一度电就会放出 10 克左右 SO_2、3 克左右 CO 和 1000 克 CO_2 等情况的分析，他们以'环保小博士'讲座评优活动的形式，从环保的角度宣传节约用电的意义，产生了良好的效应。针对

---

① 李瑾瑜，柳德玉，牛震乾主编. 课程改革与教师角色转换［M］. 北京：中国人事出版社，2003

塑料都是以石油、煤和天然气等不能再生的资源为原料制成而目前很少有塑料被回收利用消失的情况，为节省能源，减少污染，他们开展不以塑料、薄膜为原料制造用具的发明小制作比赛，制成各种小巧玲珑、方便适用的小购物篮等用具。"绿色奥运"子课题组则怀着对"新北京，新奥运"无比向往的豪迈之情，开展了"2008 年奥运会要打出'环保、科技、人文'的旗帜，我们该做些什么"的研究。学生提出了许多有关绿化、净化、美化、现代化、高科技、科学与人文结合等方面的建议。虽然这些见解还显得稚气未脱，但活动过程对于促进学生多元智能发展，带动综合素养提高，的确起到了积极作用。

根据学生有不同学科爱好和特长的情况，各门学科都可以设计跨科探究活动，如化学课教师可设计分别与语文、数学、哲学、生物等知识结合的探究活动。

师：很多自然科学现象与事实都反映了哲学中的"量变引起质变"这一辩证唯物主义观点。这一观点指导着科学家的研究。同学们能从化学中发现这种规律吗？

生：有些溶液质量分数的变化会引起溶液性质的变化，例如，与稀硫酸相比，浓硫酸就有了腐蚀性、强氧化性、吸水性、脱水性等特点。

生：是呀，同样是硫酸，浓度不同性质就有差异。

生：有些化学反应，同样是这些反应物，但由于反应物的量不同而会有不同的反应效果。例如，如果要让 3 克碳与氧气完全反应且生成物都是二氧化碳，那么至少需要 8 克氧气。

生：的确，正因为是这样，才有"杯水车薪"这个成语，用化学知识来解释这个成语，可见这里面的科学性：水火虽然不相容，但水的用量太少，对于扑灭一车柴火，也是无济于事。一杯水既不能覆盖一车柴火，也不能使温度迅速下降到着火点以下，当然不能灭火。

生：有一种晶体海波，在加热的过程中，温度在 48℃以下时状态不变，当温度达到 48℃时，继续加热，海波就开始融化了。

生：原来我不懂"量变引起质变"这个道理，现在，我由晶体只有达到熔点时继续受热才能融化的情况懂得这个哲学道理了。

这里探究的主要是化学知识，但是与哲学有机联系起来，能使一些擅长哲学思维的学生带动其他学生，擅长化学探究的学生又给擅长哲学思维的学生探究政治哲学提供了化学方面的学习资源，他们之间产生优势互补的效应。当然这里主要还是探究本门学科，其他科目的观点和相关知识只是一个切入点和桥梁。

第六节　情感投入——研究性学习的灵魂

　　教学活动是师生的认知因素和情感因素这两条经纬线交织而成的。[①] 列宁说："没有人的情感，就不会也不能有对真理的追求。"

　　研究性学习主观能动性发挥的基础是学生的情感投入，情感是研究性学习之魂，研究性学习始终伴随着情感波动，"研"是情与知的互动，认知信息交流回路和情感信息交流回路是交互作用的。情感信息交流回路对认知信息交流回路起促动、催化作用；认知信息交流回路对情感信息交流回路起深化、调控作用。在学生的研究性学习过程中，情感提供动力之源，认知提供智力支持。教师的引导旨在形成以情促知、以知增情、情知交融、情知并举的心理动态机制，并发挥这一机制在激发学习动力、兴趣、主体精神，提高学习效率，构建健康人格，发掘个性潜能，培养可持续发展能力等方面的积极作用。

　　引导学生自主构建情知互促的心理机制主要有如下策略。

一、以情生情策略

　　以情生情，即教师应对学生充满爱心，让学生在平等、和谐、真诚、友好的氛围中参与研究性学习活动。"疑难相与析，奇文共欣赏"。它关注教育过程中学生的态度、情绪、情感，以促进学生的个体发展和整个社会的健康发展为宗旨。教师以自己的情感激发学生的情感，使学生产生心灵共鸣，进而更加积极地加入到对课文的探究活动中。教师通过在教育过程中尊重和培养学生的情感品质，发展他们的自我情感调控能力，促使他们对学习、生活和周围的一切产生积极的情感体验，形成独立健全的个性与人格特征。

二、以境生情策略

　　以境生情，即创设融注情感的问题情境、悬念情境、语言交际情境、研

---

① 卢家楣著．情感教学心理学［M］．上海：上海教育出版社，1993（191）

究示范引导情境，唤起学生的情感共鸣、探究欲望和创新灵性。

在生物课"动物能为自己治病"的专题研究活动中，教师用多媒体展示大草原上的野牛患了皮肤癣以后，同伴带着它长途跋涉，跑到湖边，到泥浆中沐浴，然后爬上岸来，在太阳光下慢慢晾干。过段时间它们又去沐浴，直到把病治好。学生看了很感动，觉得动物也有"体贴之情"，于是研究热情高涨起来。课余，大家到山林里的老乡家中采访，了解到山鹬也会给自己和同伴治病。当自己或者同伴的腿受伤后，山鹬就一同去河边取一些黏土敷在自己或者同伴的腿部，然后拐着脚一起去寻找青草，压在黏土上扎起来，像人骨折接好以后用石膏固定一样。接着，它们一起飞走，相依相伴。大家从网络上得知，热带森林中的猴子，得了疟疾以后，就会由同伴陪着一起去寻找金鸡纳树，啃咬这种树皮，不久疟疾就好了。学生从资料上查到，金鸡纳树皮含有奎宁等物质，是治疗疟疾的特效药。同学们还从动物专家那里采访到，鹿因贪吃致使腹泻的时候，他们就寻找木斛树的皮和嫩枝来吃，因为这些植物里含有鞣酸，能治腹泻。学生在笔记中写道："动物尚且能如此，人非草木，孰能无情？"

由上例可知，情与知，物与理，行与善，往往是水乳交融的，从而构成大自然的杰作和奇迹，铸就人类的美谈与佳话。在研究中，当然会给人以情感的陶冶、心灵的启迪。自然空间、社会空间，本身就是融注着真善美的"境"，以境生情是合乎自然规律和教育规律的"良策"。

三、"满足需要"策略

需要是个体对内外环境的客观需求在脑中的反映，它常以以意向、愿望的形式表现出来，并成为推动人进行活动的动机，从这个意义上来说，需要有强烈的指向性，并随着满足需要的具体内容和方式的改变而不断变化和发展。它既是一种主观状态，也是一种客观需求的反应。

满足需要，即在研究性学习活动中，教师要创造条件，激发并尽可能满足学生的尊重、理解、宽容、信任、鼓励和上进的心理需要，让学生从教师对他们的态度中看到自己的可爱、可贵、可信、可取之处，进而去努力开发自己的潜能，发展自我。

四、"以情添彩"策略

以情添彩，即充分展示教学内容中的显性情感因素，并能赋予不含情感

因素的学习内容以恰当的情感色彩。教师的情感往往是学习内容和信息的画笔，教师的有声语言、态势语言、举手投足甚至板书特色都会给学习内容以一定的情感渲染和烘托，喜、怒、哀、乐，情寓其中。

总之，教师施教以情，寓教于乐，精诚所至，金石为开，终会达到使学生"亲其师，信其道"、"善教者使人继其志"的境界。

如桂阳一所中学的思品课教师根据本校下岗职工子女多的情况，组织学生开展了以"对下岗职工的昨天和今天的调查与思考"为专题的研究性学习活动。开始，部分学生对活动并不感兴趣，研究课辅导教师对因父母下岗而生活困难的学生十分关心，这感动了他们。教师见李艳父亲开了家电维修部，却因技术水平差而生意冷淡，就利用寒假时间把自己精通这门专业的朋友带到他家进行技术指导。王敏父亲因务工合同的语言表述不清引起工程纠纷，教师帮他请律师打赢了官司，还利用朋友的关系介绍了几位下岗职工去郴州实现了再就业的愿望。有位学生因父母下岗后又离婚而交不起学杂费，教师又对他慷慨解囊……他把在与家长接触的过程中了解到的家长的困难情真意切地讲给学生听。在家长会上，他热情洋溢地赞扬了下岗后积极面对现实、不忽视子女学习的家长，并把毛泽东同志深入农村调查研究的故事讲给学生听。学生终于能以关爱长辈，关心社会，学会调查研究方法，学会反思人生为出发点，热情主动地参与了调查采访。他们耐心统计数据，分析材料，明确了要做到敢于、善于迎接社会挑战，首先必须把握青春，把握自我，不断地争取超越自我的人生哲理。

可见，研究性学习的过程也是陶情、启知、明理、导行、培养良好教养和可持续发展能力的过程。

李老师刚接任一个班的健康课时，学生对健康课不感兴趣。有一段时间，班上绰号为"飞天蜈蚣"的李佳同学的家人都病了。外公患上了骨质疏松症，坐在凳子上歪了下来，股骨就损伤了；外婆有中度贫血的毛病，常常头晕；在外当海员的叔叔也得了一种不常见的病，牙齿松动，牙床裂开，脸也浮肿，皮下出现青紫块；爸爸又感冒了；妈妈因为忙着照顾老小，没注意自己的营养，眼睛一到傍晚就视物不明。这样，李佳就更加无心学习了。李老师带着班干部和同学代表来到李佳家里，细心问了每个人的症状，还看了医生写的病历卡，知道了他们的病都与生活环境和食物有关。于是，李老师指导全班同学再读生物教材有关饮食与健康的内容。学生觉得这是在实实在在地帮助同学，因此都很投入。大家提出了一个大胆的假设，建议李佳家人通过改善饮食习惯的方法治病。李佳被感动了，走出网络游戏，主动查阅有关网络资料，其他学生也按照教师的安排分别查阅与病人症状相应的图书资

料，他们共同拟出了适合李佳家人食用的相应食物单，指出李佳外公、外婆、妈妈、叔叔适合的食物分别是：牛奶、菠菜、猪肝、柠檬。过了一段时间，医生说，还真见了效果。后来，李老师指导全班学生按家庭所在社区分组调研每个学生家庭的饮食与健康状况，拟出营养改善方案，受到了家长的称赞。学生的学习兴趣越来越浓厚了。

由上例可见，李老师融拳拳之心、殷殷之情于科学知识的教育教学之中，让情感与科学知识的学习和运用水乳交融，用爱心和科学的力量，唤醒学生那蒙昧的心灵。这就是"以情生情"，这就是大爱无痕。李佳等同学充分发掘潜能的事例，折射出了教师倾注在对学生尊重、理解、宽容、信任、鼓励和点拨中的真诚爱心。教师机智巧妙地把教材知识融汇在实实在在的问题情境、生活境遇之中，让枯燥的知识浸润在深厚的情感之中，终于产生了动之以情、晓之以知的良好效应。

第七节　体验感受
——研究性学习中情感形成、认知建构的基础

"情感、情操的基本特征是含蓄的，不能被个体时时体验到。如一个人的理智感，平时并不时时体验到，只是在具体的学习探究情境里，在客观事物是否满足求知需要和超出预期的过程中，获得喜怒哀乐的情绪体验。然而，这种情绪性体验是十分必要的，是形成情感、情操的心理机制中的又一重要因素。"[①]

根据情感、情操的形成、巩固过程的内在规律，我们可以在研究性学习的体验和感受中实施如下策略培养健康情操，实现情感态度、价值观目标。

一、创设体验良机，促进情感萌发

由于理智感的体验常常是在探究情境里获得，教师可以借助富有探究创新性的研究性学习情境，让学生获得与某种情感、情操相应的情绪体验，触发情感、情操的萌发，为情感、情操的形成导向。如在学生提出研究性学习问题解

---

①　卢家楣著．情感教学心理学［M］．上海：上海教育出版社，1993（191）

决设想时，教师要给予充分肯定，并鼓掌，在研究信息栏公布，唤起学生积极的激情体验，为良好的期望效应和热情研究的情感的形成作"先导"。

二、丰富情绪体验，促进情绪积累

学生的情绪性体验，在情感、情操的形成过程中，能促进情绪积累，即情绪的记忆和强化，从而促进情感、情操的形成。

如让学生通过类似科学研究的过程，体验探究的科学态度、科学热情、科研的苦与乐，并不断积累这种体验，从而形成科学研究情感、态度、意识。

三、品尝成功的喜悦，促进情绪强化

"所谓情绪强化，是指一个人在某种活动中曾获得一种快乐的情绪体验，那么他会倾向于重复类似的活动，以便能获得这种情绪体验。这样，快乐的情绪体验本身也就成为一个人行为所追求的目标。"[1] 所以，我们要尽可能创造让每个学生成功的机会，使他们有一种自我胜任心理，从而激发内在潜能。如在研究性学习中把主题内容具体化、层次化、系列化，让学生根据自己的研究基础完成相应层次的内容，与别人的内容形成系列，这样能使每个个体和所在团体都能有成功的机会，并达到成果共享的目的。

四、体验新的内容，促进情感形成

因为一种情感情绪的形成，要通过各种不同情境中获得的情绪体验积累，因而我们要引导学生探究生活中各方面的问题，从而丰富体验，充实情感。

五、加强情知互促，促进认知建构

杜威说："知识与经验结合才是最佳状态。"在研究性学习中，教师要引导学生从他们已有的知识世界和情感积累出发，与教材内容发生交互作用，找到新旧知识、情感积累与新体验的交合点，并在这交合点的基础上找到知

[1] 卢家楣著．情感教学心理学［M］．上海：上海教育出版社，1993（193）

131

识的生长点、情知的互动点，同时，以新的体验为支点，合作探究，从而促进情感、知识的升华。

六、深化情绪体验，巩固情感认知

情绪性体验要进一步丰富、深化、更新、与时俱进才能促进情感巩固、加强，使之更进步、更有生机与活力，使认知结构更完善。所以，研究性学习内容要逐渐深化，与学生的生理、心理发展和情感体验加深以及学科学习进展相协同。

下面是实施以上策略的一个例子。

生物课上，教师正在介绍"小白兔生活习性的研究"课题组的一个学生观察小白兔耳朵作用的过程，尽管教师说得眉飞色舞，学生总透过玻璃向外张望，有些甚至站起来，张大了嘴巴。越来越多的学生的视线投向了窗外。教师正感到奇怪，"老师，外面也有一只小兔子。"班长解释说。教师靠近窗一看，只见一只小巧玲珑的小白兔正在草坪上跳跃着。原来，一位老师养的家兔跑出来了。

于是，教师把那位学生观察过程的介绍换成全班同学的真实观察体验，让大家带着那位同学观察报告中提出的问题"兔子的长耳朵有什么作用"去观察、研究。

"请大家先说出对兔子耳朵的作用的猜想吧。"教师说。

"可能有使自己听声音的效果更好的作用吧。""可能有增强动作灵活性的用处吧，我们看到它的耳朵就觉得它是那样有灵性呢。""可能是增强美感吧。你看那耳朵就像两片叶子，多可爱。""还是想办法验证验证吧。"

有个小组的学生拿着菜叶，在兔子前面几米远处隔着块木板哗哗摇动，只见小兔子高高地竖起耳朵凝神倾听，随即绕过木板跑到了菜叶面前跳着咬起菜叶来。教师问："刚才，兔子没看到菜叶，它怎么知道菜叶在这边呢？"于是学生七嘴八舌地说：兔子耳朵长确实有增强听力的作用。它把耳朵高竖和人用手掌接在耳轮上听远方的声音一样，为的是增强听的效果。

有个小组的学生用小竹竿围成一个小圈支撑在兔子窝前，看它过圈的灵活性。结果，他看到兔子过圈时，总是先用耳尖接触圈顶，探测圈的高度，再让自己的弓背低于这个高度，穿过圈进窝。学生将兔子耳朵用绳子扎到身子上，再让它过圈时，背部就把圈撞倒了。于是学生得出结论：兔子耳朵还有接触事物以调节背部高度，使自己的身子便于动作的作用。还有学生说，根据他以前的观察发现，兔子天热时总是迎着风，舒展开耳朵，可能是为了

便于散发体内的热量。教师说："我忽然由此想到了狗——""就好像狗怕热时伸出舌头一样。"有个学生抢着说。

有个组的学生观察兔子在快跑中急转弯时，总要把耳朵往斜身的另一侧迅速地一摆，使身子恢复平衡，防止摔倒。于是，大家得出结论：兔子的耳朵还有调节身体平衡，使自己的动作更快更稳的功能。教师说："这有点像骑自行车时的什么情形呢?"大家若有所思。有人说："好像人们摆动自行车车把调节平衡一样。""请大家总结一下自己观察体验的收获吧。""我们验证了开始的猜想，还有新的发现。""我们体会到了科学研究的趣味。""我们懂得了杨振宁所说的科学研究要'格物致知'的道理。"

由上例可见，研究性课程应该是教育与学生生活体验相融合的过程，在融合中触发心灵的感悟，在感悟中碰撞思想的火花，在火花中照亮新的灵感。教育与生活体验融合，理念扎根于行动研究。

陶行知在《艺友制的教育》一文中说："凡以朋友之道教育人艺术或手艺者，谓之艺友制教育……先行先知者在做上教，后行后知者在做上学。共教、共学、共做方为真正之艺友制……"研究性课程，促使教师的角色定位为学生研究的"艺友"，"在做上教"，与学生共教、共学、共做，这里的"做"的过程，就是体验的过程。体验，往往是探究和解决问题的切入点、着力点、聚焦点。

苏联教育家阿莫纳什维利曾说："儿童回答教师提问的精确性，主要取决于儿童经验的逻辑性，而不在于事物本身的逻辑。"所以，在上例中，教师利用自己处理即时信息的机智，当看到学生注意窗外的兔子时，便随机应变，利用这一体验的良机，促进学生求知情感的萌发，接着引导学生猜想、假设和验证，体验成功的喜悦和科学研究的过程，促进学生探究热情的强化。教师以新的体验内容促使学生的学习情绪上升到最佳状态，实现情感升华和认知建构。可见，真实生动的体验，能营造研究性学习的情感场。

看到电视上报道的"毒奶粉"事件后，农村学生李卫对邻居刚买的一袋奶粉产生了怀疑，于是他当天就回老家把那种奶粉买来拿到学校来检验。李卫和同学通过查阅资料得知合格奶粉中蛋白质含量的国家标准是每100g婴儿奶粉中含12～15g，而劣质奶粉降低蛋白质含量，致使食用这种奶粉的婴儿严重营养不良乃至死亡。他们在教师的指导下，从这袋奶粉中取样品100g，经系列反应生成的 NH_3 和 7.5g19.6% 的稀硫酸恰好完全反应。

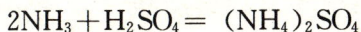

$$2NH_3 + H_2SO_4 = (NH_4)_2SO_4$$

他们由该化学方程式计算出氨的质量，然后由氨的化学式，求出其中氮的质量，再由氮的质量求出100g婴儿奶粉样品中蛋白质的质量（蛋白质含

氮按 16‰ 计算），然后将蛋白质的质量分数与国家规定的标准相比较，结果发现大大低于国家标准，因而确定了这袋奶粉是劣质奶粉并将其交给了有关部门。他们更加认识到了社会责任感和科学知识的重要性，也体会到了科学实验的严谨性，于是学习化学的热情更加高了。

上例中李卫等学生的情绪性体验，在情感、情操的形成过程中得到了积累和强化（热情更为高涨），情绪的高涨又将进一步促进新的体验，从而使他们进一步深化情感体验，使他们在情知互促中形成新的知识建构。这样，研究活动形成良性循环，促进学生学科素养的发展，带动学生综合素质的整体构建。

第八节　合作互动——研究性学习的重要组织形式

国际 21 世纪教育委员会向联合国教科文组织提交的报告指出：教育应围绕四种基本学习加以安排，即学会认知、学会做事、学会共同生活、学会生存。其中，学会共同生活，即学会控制自己的行为，能够与他人和睦相处、有效合作。因而现在，面向社会的教育着眼于人的社会性品格的培养，注重师生、生生之间的交往合作、人际互动、互教互学。合作学习的运作机制是培养人的社会性品格的重要途径。

"合作学习是以学习小组为基本组织形式，系统利用教学动态因素之间的互动来促进学习，以团体成绩为评价标准，共同达成教学目标的活动。"①

合作学习的理论基础和运作机制以现代社会心理学、多元智能理论、教育社会学、认知心理学、系统论、教育技术学、动机理论、群体动力理论、选择理论、教学理论、社会凝聚理论、发展理论、认知精制理论为理论基础，以开发和利用课堂中人的关系为基点，以目标生成为先导，以教学动态因素的互动合作为动力资源，以班级授课为前导，统筹和宏观调控机构，以小组活动为基本活动形式，以标准参照评价为基本手段，以综合个体成绩的团体成绩为评价标准，以培养良好的班级气氛、促进学生的素质自主构建、提高社会技能、优化学业成绩为根本目标，是以提高教学效益、愉悦身心、协同发展为基本特征的一系列教学活动的统一。

① 王坦著．合作学习的理念与实施［M］：北京：中国人事出版社，2003（9）

研究发现，许多较高级的认知技能，如批判性思维技能、创造性思维技能，其习得的难点不在于一套程序的掌握，而在于使用这一程序的倾向。要培养学生主动使用这些技能的倾向，基本的途径是让他们处在一个良好的、推崇技能运用的社会群体中，这一群体对每个成员示范所学认知技能的使用，而且对每个成员的尝试进行鼓励、反馈。学习者长期处在这样一个积极的社会群体中，其运用技能的倾向会得到培养和发展。

合作学习的基本要素主要有小组组建制、目标导向、积极互赖、合作共研、任务设计、人际技能、个体责任、自评互评八个方面。合作学习是研究性学习的重要组织形式，合作学习的基本要素体现在研究性学习过程中。

一、把握合作学习的基本要素和运行机制

(一) 任务驱动，目标导向

教师在教七年级上册传记单元之前，先让全体学生初读本单元的几篇传记文《鲁迅自传》《第一千个球》《少年爱因斯坦》，在此基础上引导学生确定本单元的研究任务，即总课题——传记文的特点和写法的研究，并将总课题分解为5个子课题：1. 传记就是传奇故事吗——传记的内容特点；2. 传记记叙顺序一般是怎样的——结构特点；3. 传记只用平实语言吗——传记的语言特点；4. 人一辈子有很多事，怎么写得完——传记的选材特点；5. 从本单元传记，你认识到少年时代的毛泽东、贝利、爱因斯坦是怎样的人——传记的写作目的。研究的总目标是：1. 了解传记的内容、写法特点；2. 认识人生的历程是曲折、美妙的，树立正确的人生观、价值观；3. 学会研究的方法，发挥任务驱动，目标导向功能。

在组织合作学习时，我们的课堂往往出现"冷场""放羊""马太效应"（活动中优者更优，劣者更劣）等现象，怎样避免步入这些误区？抓住能吸引学生的内容，形成凝聚力，形成任务驱动，目标导向最重要。

我校尹慧丽老师在教英语句型"Would you mind doing……"时，尹老师以图画创设有趣的话题，以交际模拟活动创设鲜活的语境，以交际任务激发交际行为的内驱力。在讲英语新句型时，尹老师让学生把句型的学与用、输入与输出结合起来进行分组训练：一学生抽取一张写有指令的卡片，然后用所学的句型围绕指令内容向另一学生提出问题，提问的学生马上按照指令去做这件事。这样，把句型运用生活化、情境化，激发了学生自主研习的积极心向。在完成指令任务后的交流对话中，尹老师先后采用师对众生、师对一生、生对生等形式组织学生对话，让学生在对话中合作，在合作中体悟语

言，促发情感共鸣，强化语感，从而掌握句型在不同情境中的特点和用法。

胡晓斌老师的"磁现象"一课让学生分组学习达到了全员参与的目的，是因为创设的情境有任务驱动力、趣味引动力、目标引擎力、探求奥妙的促动力。如他引导学生在分组前先置疑：磁极之间相互作用的规律是怎样的呢？这里面到底藏着怎样的奥妙呢？同极相斥会怎样？异极相斥又会怎样？问题具体而又有探究的导向性、激趣性，所以学生能积极动手，配合默契。组员们一人用绳子吊起一块磁体，一人拿起另一块磁体靠近，然后更换方向尝试，一人做记录。大家轮番尝试终于发现磁体"同极相斥，异极相吸"的规律，然后由一人总结，准备汇报。

（二）小组组建，个体责任

把全班分成若干组左右，按组内异质、组间同质的原则组建。每组若干人每人承担1个子课题，并分别兼任本组总课题综合汇报员（即组长）、检查和记分员、资料保管转交员、联络员、记录员。各人的责任是完成自己所承担的子课题任务的同时，履行所负职责。合作学习小组的目的就是使每一个人都在可能的范围内成为强者。而个体责任则是使所有的小组成员通过合作性学习取得进步的关键。与小组责任息息相关的个体责任，将大家维系在一起。

（三）积极互赖，合作共研

全班各小组负责同一子课题的同学在班上组成该子课题"专家"小组，在教师指导下通过研读教材、图书资料，整合网络信息等，进行探索和小结，然后再回到自己所属小组指导本组同学进一步深入研究、补充完善。所有子课题都完成后，学生再综合写出总课题报告，然后在全班汇报会上汇报，交全班讨论互评。

这样，在合作探究的情境中，每个学生都有三个责任：一是学会所承担的子课题研究；二是确保本组所有成员都学会该子课题研究；三是履行好自己的责任。每个成员都承担着具有互助互补、相辅相成关系的角色，形成角色互赖关系。如果哪一位成员未尽好自己某方面的责任，就会影响小组成绩和荣誉，而小组成绩又影响着个人成绩。这样就形成积极互赖心理和"沉浮与共"的关系，从而促使每个学生主动参与"面对面的促进性互动"，即学生之间相互鼓励和支持，促使由社会能力、心理调适和积极的内在关系所推动的个体间的互动发挥决定性作用。

（四）指导运用社交技能

社交技能是一个小组有效性的关键所在。教师必须指导学生在合作学习

中学会相互信任和认可，学会进行准确有效的交流，学会彼此接纳和支持，学会建设性地解决问题，并能在得出问题结论时，促使认知活动和人际动力的产生。

（五）自评、互评，成果共享

自评、互评，要紧扣个人责任的履行情况、研究的动机积极与否，紧扣认知、探究过程，促进反馈和元认知思维，运用形成性评价和个人纵向比较评价。评分标准将个人成绩与小组成绩紧密联系起来。如在对每个人的子课题研究成果进行评价时，将小组每个成员的得分和与前次研究相比，把提高分加起来，根据各小组加得的总分评优授奖或举行一定的庆贺仪式，这样确保每个同学都有均等的成功机会，共享成功的快乐，从而进一步激发积极向上的动机。

（六）语言交流，信息交互

七年级学生在学习语文传记单元中的合作探究课题"传记的特点和写法"时，进行了探究活动，他们的研究汇报和讨论评议如下：

师：人生，像一幅连环画卷，异彩纷呈，有花朵也有硕果；人生，像一条山间小河，曲折奔腾，有瀑布也有波浪。人生是宝贵的，也是美好的，令人回味无穷的。为了让我们的人生增添光彩，我们共同来探寻我们所爱戴的名人的人生轨迹，寻求人生的真谛吧！我们已经结合传记单元的教学研究了"传记的特点及写法"这一课题，今天请各组汇报员汇报研究过程和结果，并相互评议，哪些地方有创见，哪些地方还不够准确或不够深入，研究方法和合作情况怎样。

生（第一合作学习小组汇报员）：传记是用来记叙人物生平事迹的文章，也简称"传"，分"自传"和"评传"两类。我们组通过初步研究认为，传记有这些特点：内容真实性，结构顺序性，语言平实性，选材典型性，写作目的和意义具有人生总结性、反思性、启迪性，明确这一点，应该是我们这次研究的重点和目标。

1. 内容真实性。自传内容一般要写出自己的姓名、生年、对人生和社会的看法、主要经历和理想；评传一般写主要经历、典型事例、简要评论等。传记一定要真实准确，不能像传奇故事那样构思夸张性的想象情节，不能像小说那样虚构。例如，在我的想象中，少年毛泽东是小天兵天将，是"飞毛腿"，在传记里能这样写他吗？那不成了《哪吒外传》了？（大家笑）

2. 结构顺序性。传记在结构上采用顺叙，也就是按人生经历的时间顺序写，线索清楚，前后呼应，过渡自然。例如《少年爱因斯坦》，每个年龄段

都有点明时间和承上启下的句子。不像我们平时写作文，像猪八戒打妖精，东一耙，西一抓的。（大家笑）

3. 语言的平实性。传记在语言上平实简明，通俗朴实，没有什么形象刻画。我们对比研究了《鲁迅自传》和阿累的《一面》。《一面》中描写鲁迅的外貌非常形象、生动、细致。那隶体一字似的胡须，写得就像王小冬（本班同学）的爷爷（画师）描出的鲁迅头像，让人拍案叫绝，（大家鼓掌）令人想起鲁迅先生"横眉冷对千夫指"的形象。（大家鼓掌）

4. 选材典型性。专记单元的选材特点，就是点面结合。就像李明（本班同学）的舅舅（记者）给我们的文艺会演摄像一样，对于我们这些起链接作用的"群众演员"只能扫描，而对于我们班"舞皇后"李阳的表演就必须拉近距离拍特写镜头，"靓"了李阳这个点，也就"酷"了我们这个班啊。（大家鼓掌）这就是以"点"代"面"，"点""面"结合。"点"是具体叙述，选取典型事例，突出要点；"面"是概括叙述，使"点"环环相连。例如《鲁迅自传》，围绕"为国为民，积极正直"这个主题和时间线索，主要写了他改读矿路学堂、改学医学、弃医从文三次重大转折。

我们认为写传记的目的和意义主要是：①总结过去，启示未来；②反思人生，启迪后人。例如，读了《鲁迅自传》，我们懂了个人理想、行为应该与国家、民族的前途统一起来，这样的人生态度才是进步的、高尚的。学习了《少年毛泽东》，我们懂得了年轻人要志向远大，刻苦修身，勤奋学习，独立思考。学习了《第一千个球》后，我们认识到，人要有精湛的技艺，又要有谦逊的品德、良好的心理品质……《少年爱因斯坦》鼓舞我们组喊出了这样的口号："好学＋好问＋好思＋科学头脑＝成功。"（该同学组齐呼，全班齐呼）这些传记让我们更加热爱生活，热爱生命。我们组的研究汇报完了。请同学们评议吧。（全体鼓掌）

师：名人的传记告诉我们伟大出自平凡，自古英雄出少年。同学们从现在的豆蔻年华起，就要用脚踏实地的行动去书写自己生动灿烂、无限美好的人生传记。第一组的汇报重点突出，条理清楚，语言幽默流畅。现在请大家从研究内容、研究方法、合作效果几个方面进行评议，不必受拘束。

生：第一组能运用资料法、比较法、综合法等研究方法，合作得很好。但我认为，传记的内容除了真实性，还有评价的准确性。例如《少年爱因斯坦》中写到老师骂他笨的事时有这句评价的话："其实这不怪阿尔伯特，他并不笨，只是喜欢思考，不能立即回答出来……"这个评价说出了人物个性。

生：我们组为第一组合作的成功而喝彩。他们把数学里面的归纳法用到

语文研究里来了。但我认为专记的选材还要注意表现人物个性。例如，爱因斯坦三岁时就被母亲的钢琴曲陶醉，这突出他在音乐方面的早慧；四五岁时就迷上了罗盘，这突出他爱独立思考的习惯。有的时候还要有详有略，不然就会成了管家的账了。什么是管家的账呢？就是把买白菜茄子都记进去的"流水账"。（大家笑）

生：第一组能把每个方面都讲出主要特点，说明5个人认真负责，也合作得很好。但我认为传记在结构上虽然一般是顺叙，但为了突出人物某个特点，也可以用倒叙。例如《第一千个球》为了突出足球大王贝利的高超球艺和优良心理素质，先写他踢进第一千个球的情景，再写他的成长。这样就连我们这些"非球迷"都一下子就被迷住了，那"球迷"们就一定像喝了"迷魂汤"了。（大家笑）我们看完踢进第一千个球的描述，于是就想了解他成功的原因……

生：第一组在汇报里说，"传记语言简明，没有什么形象刻画"，这不够准确。我认为，有的传记语言平实，也有的传记生动形象，有文采，有精彩的刻画。如《少年爱因斯坦》中"一双棕色的眼睛却总是闪烁着异样的光芒"，"从孩子那忽闪忽闪的棕色大眼睛里流露出来光彩"，这些形象逼真的刻画突出了爱因斯坦聪明、善于思考，是一个不寻常的少年。也有的传记语言幽默形象。如《少年毛泽东》："我家分成两'党'。一党是我父亲，是执政党。反对党由我、母亲、弟弟组成……"风趣诙谐地说出了少年毛泽东和家人像抗日统一战线一样，联合反抗他父亲这个旧势力代表的有趣故事，这些话体现了毛泽东在口述这些经历时的政治家身份。还有的传记运用文言，语句精练，别具一格，如《老舍自传》幽默、形象，句式整齐而有节奏感。

生：那我们的自传可以写成文言文吗？那念起来不就像乡里后生念祭文，多不顺口呀。（大家笑）

生：也不是说我们的自传要写成文言文，只是说传记语言生动活泼，形式多样。另外，我还认为传记选材的典型性，不仅指主要事迹有典型性，还指细节也要典型。例如，《少年爱因斯坦》中通过眼睛这个心灵的窗户，把一个对科学好奇、好学、好思、聪慧而又不太善于说话的孩子写得活灵活现，我原来以为小爱因斯坦是个仙人下凡的"小神童"，是一个"小精怪"，（大家笑）现在我觉得，跟他相比，就像老师说的，我们每个人都有可以培养的灵性和潜能。（一生插话：那么你有可能成为爱因斯坦吗？）我认为有可能。（大家鼓掌）只要我们爱学、爱钻、爱思考、爱科学、爱好奇。（大家再次鼓掌）

生：我认为选材还要注意能表达真情实感。如《第一千个球》中的球王

贝利。我原以为传奇人物球王贝利是个怪兽一样只有威猛，没有情感的人。（大家笑）原来，他是一个不忘父恩、谦逊真诚、能诚恳反省自己的好人。

生：我认为第一组成员责任明确，能够既对自己负责，又对全组的整个课题负责，他们和刚才发言的同学都能认真地体会传记中的语言和作者的感情。另外，我要补充的是，写传记还要注意联系当时的背景进行恰当的评价。如《少年爱因斯坦》，写爱因斯坦10岁念中学时，普鲁士的军国主义在法国泛滥，爱因斯坦对军国主义的狂妄很反感。文中评价他"小小年纪，已经是暴力专制制度的反对者了"，这恰当地突出了爱因斯坦正直的个性。

师：同学们的评议真可谓有礼，又有理，有语感，又有情感、美感，评议的气氛热烈而又有亲和力。同学们能从汇报组的研究内容、方法、过程和结果上评，既肯定成功的地方，又表达自己不同的看法，还有很多独到见解。下面请继续汇报和评议，请进一步突出同学们在研究过程中的态度和方法。

……

上述例子，说明研究性学习中的语言交流、信息交互要突出语言的情理性（有情、有理、有礼）、信息的整合互动性，也说明合作研究的确具有目标导向、积极互赖、社交技能、语言交流、信息互动、成功机会均等等动因和特征，同时也说明语言交流为研究性学习中的合作探究提供了互动桥梁。库埃豪认为，合作技能、功能语言和评价是合作学习所涉及的最重要的三个因素。[①] 学生是通过语言来交流信息和理解观念的。语言交流是合作学习的重要内容和载体。学生通过无拘无束、畅所欲言的语言交流，进行探讨，交流信息，澄清思维，促进内化，形成观念，开拓创新，综合提高学科素养。

我校刘典盛老师在上"合作带来共赢"的思品课时，让学生分成"家庭组""邻里组""师生组""异性组"，在模拟真实角色所构成的特定情境中，体验和讨论不同的社会成员在竞争中应该怎样合作才能达到共赢的目的，看哪个组合作得和谐融洽。师生组有组员说："我是校长，应该以一颗平常心对待老师，促进大家的合作。"家庭组有组员说："我是爸爸，应该有爱心，使大家愉快合作。"异性组有组员说："我要让异性的吸引力变成合作学习的凝聚力。"课堂情境所唤醒的生活体验，营造了良好的课堂生态环境，使学生完成了对知识意义的构建。

这一课所学的内容是"合作"，所用的学习方式也是研究性学习中的合作学习。活动以学习小组为基本组织形式，以"共赢"的目标导向、任务驱

---

① 王坦著 . 合作学习的理念与实施 [M]：北京：中国人事出版社，2003（14）

动、个体责任唤起责任互赖、合作共研、成果共享的积极心理机制，充分利用教学动态因素之间的互动来促进学习，以团体成绩为评价标准，使学生共同达成了教学目标。科学家说，大雁一起飞能提高速度减少疲劳，原因是雁群排成"人"字队形，会增加71%的飞行范围，在这个范围中，群雁的飞行动作会形成一股"向上之风"，而大雁们凭借这股风能大大减少空气的阻力。这有力地证明了系统的整体功能大于各子系统功能之和的原理。研究性学习提倡合作，也是这个道理。

二、构建师生研究性学习的共同体

心理学认为，一个人的智能体现于他的活动之中。而有精神生命参与的有意义的学习活动是生命的激活，是心灵的能动，是活动主体的心理自组织系统各要素，如智力和非智力因素，在其环境能输入一定能量与信息的情况下相互协调，积极互动，进而使系统充分发挥功能的动态过程。

研究性学习活动也是一个主体活动过程，教师应帮助学生创设良好的心理环境，发掘学生的心理潜能，使之自觉、充分发挥智力和非智力因素的协同作用，促进终身学习素质结构的自主构建。因而，在合作开展研究性学习的过程中，师生的活动是协同运作的。

同时，从研究性学习的教学过程来说，这个"过程"是一个动态系统，也是一个自组织系统，需要教师、学生等各要素协同作用，从而发挥"共同建构课程领域"的系统功能。因而，师生是研究性学习的共同体。

师生的协同作用体现在：师生共同努力、亲密合作，使课堂教学成为全体学生主体活动充分展开和整合的过程。因而在学生的合作研习中，教师应从下面几个方面发挥师生的协同作用，有效构建师生研究性学习共同体。

（一）焕发学生的主体精神，激发学生的心理潜能

教师应引导学生在与教学情境的交互作用中焕发主体精神，激发学生的心理潜能，使教学过程成为艺术的再创造过程，使课程内容不断生成和内化、活化，使课程意义不断形成与升华，使课程成为师生互动、促发生命成长的"生态系统"和文化机制。

（二）师生共同组成信息传递的动态系统

教师应组织和辅导学生与高新信息系统进行信息交换，引导学生通过多媒体获取问题解决的方法和策略，使师生共同组成信息传递的动态系统。

（三）把教师当做学生主动发展的心理支持源

教师要启发学生与教师共同营造能促进每个学生都得到适合自己个性特

点、学习类型、学习风格的最大化、最优化发展的心理氛围、学习环境。教师应在心理上给予学生有力的支持，使学生有充分展示自我的愿望，把教师当做主动发展的心理支持源，从而充分发挥自己的个性潜能。

如我校八年级物理教师雷丽花、蒋玉娥，为了探索引导学生学会自能实验的策略，共同研讨，反复尝试，化抽象为具体，融大道理于小操作之中，总结出许多简便易行的实验方法。他们指导学生按照这些方法，把物理、生物知识结合起来，设计出了一种研究植物恒温生长规律的恒温箱装置，测出了箱内小电热丝在用 220V 的恒电压供电情况下，每秒实际供热 1100J。查资料可知，该植物实际需要电热丝每秒钟向箱内供热 539J。由此，他们测算出了为满足植物恒温要求所需要的电能（设电能全部转化为热能）及应在箱外电路中串联的电路元件的电阻值，并在语文老师的指导下写成了研究报告。笛卡儿说："最有价值的知识是关于方法的知识。"学生学到了一些科学研究的方法，也品尝到了科研的乐趣，体验到了严谨治学的过程；教师也改进了引导学生学会自能实验的策略。

教师要让学生在掌握研习策略的情况下形成一种"艺高人胆大"的心理，从而激发学生的心理潜能，引导学生共同分析、处理信息，在协作中形成"共同体"，这样，教师才能真正成为学生主动发展的心理支持源，有力保证了研究性学习的有效进行。

下面是"语言怎样做到得体"的研究性学习汇报课的课堂实录片段。

师：有一个节目主持人，在登台去主持节目的时候不小心摔了一跤，此时气氛十分尴尬。主持人灵机一动，诙谐地说："女士们，先生们，我被大家的盛情所倾倒了，谢谢大家光临！"顿时台下一片掌声，气氛变得十分和谐。大家认为是因主持人的语言具有什么特点才有如此效果？

生：诙谐、幽默。

生：自我解嘲。

生：得体、恰到好处。

师：你知道老师的名字为什么叫"喜闻"吗？就是我爸爸嫌我小时候总不会把话说得中听些，就把我原来的名字改成了"喜闻"，意思就是说话让人喜欢听，可我还要和大家一起努力学才能做到呢。（众鼓掌）

师：可见，语言得体、表达合乎分寸的确重要。前面我们以"语言怎样做到得体"为专题开展了研究性学习活动，今天请各子课题代表汇报研究的主要内容和体会吧。先请"日常生活用语"子课题组汇报。

"日常生活用语"子课题组汇报——

我们组对群众中传为笑柄的表述不得体的例子进行了收集，并分析了其形成的原因，根据成因进行了分类。为了使大家引以为戒，我们汇报几种较为典型的病例。

第一种，感情色彩不协调。有一位新郎随新娘第一次来到丈人家做客。新郎为了让自己的话能显得高雅些，就总用一些成语或者不常用的词语。当他看到丈母娘身体肥胖，便说："岳母有福气，真是膘肥体壮。"丈母娘先是吃惊，然后是很尴尬地进了厨房，再没出来。（众笑）我们查了工具书，"膘肥体壮"这个词语一般指畜生体肥，用到人身上就有嘲讽的贬义了，因而感情色彩不协调。

第二种，称代对象不正确。这位新郎看到岳父从里间出来了，忙迎上前去说："令尊大人好！"老人家先是一愣，接着还是回答了，说："我父亲早就作古了！"（众笑）大家看这又错在哪里？"令尊"是称对方父亲的一种敬辞，用来称自己的岳父就不当。

第三种，词不达意。当岳父坐得很疲倦了，要去卧室休息时，新郎说："您就寿终正寝地去安息吧！我不送您了。"岳父气得颤着身子进去了。第二天岳父和新娘送他到门口，他回头说："你们留步吧，天下没有不散的宴席，回去吧，让我们分道扬镳吧，永别了！"岳父十分恼火，新娘更不满意。"永别"用得真晦气，第一次到新娘家说"天下没有不散的宴席"也不吉利呀！"分道扬镳"本来是指目的、志趣不同，各自向不同目标前进，他却用到这里，这样说，新娘还不跟他"拜拜"吗？（众笑）

第四种，用错场合。新郎回到家，他妈妈说："你怎么回来了？吃了中饭了吗？岳父岳母态度怎样？"他回答说："妻子敦促我中饭前赶回家，赶下午的班。岳父态度暧昧，岳母后来就销声匿迹了。"他妈妈说："什么？你女友还敦住（揪住）你回来？岳父还爱妹子？岳母还要生呢？"（众笑）这都是因为词语用错了地方或说话不看对象和场合引起的误解和笑话。由以上几例可见，说话要根据表达的目的、对象、场合、方式的差异来调整，与情境保持和谐一致，注意分寸得当。

师：你们的分析比较中肯。大家能否从正面举些例子，让我们体会母语的美感呢？

生：诙谐含蓄也是一种美。如有一次上课，老师正在兴致勃勃地讲着《川江号子》一课，某同学却酣然入梦，老师说："怎么这么美丽动听的川江号子成了你的催眠曲了？"你猜那位同学会怎么说？

生：他会说："你的课让我好像听到了妈妈唱的摇篮曲：'宝宝哟，睡哟……'"（众笑）

生：这样说不得体，与老师讲得"兴致勃勃"不协调，也是对老师的课

的不礼貌的评价。可能他会含蓄地说："川江号子太动人了，我都感动得为之倾倒了。"

生：他会委婉地说："美丽的川江号子把我带到了梦幻的天地了。"

生：我也举个例子：一位外国政府代表由中国领导陪同他一起去视察，他以揶揄的口气问这位领导："你们为什么把人走的路叫做马路？"这位领导应答得非常巧妙，既给予了耐人寻味的解释又没刺激对方。他是怎么说的？"因为我们走的是'马克思主义的路'。"（众鼓掌）

师：真可见表达者的睿智、幽默，也可见祖国语言的丰富多彩、修辞方法的形象生动。我们还可以将中外语言比较一番。

生：1860年，林肯在竞选总统时，他的对手道格拉斯是个大富豪，讥笑他穷，也为了哗众取宠，标榜自己富有，道格拉斯租用了一列漂亮的列车作为竞选的专车，车上装了一尊礼炮，鸣炮奏乐，声势浩大。而林肯不卑不亢，只是在竞选演讲时诚恳地对听众说："我本人既穷又瘦，脸蛋很长，不会发福。我实在没什么可依靠的，唯一可依靠的就是你们。"结果，幽默的竞选演说打动了听众，赢得热烈的掌声，他战胜了道格拉斯。

生：中国也有一位堪称语言大师的人——田汉。有一回他接待一些农民朋友，他诙谐地说："今天是田汉见田汉，我这个田汉要向各位田汉学习，因为你们才是真正的'田汉'。"一句话说得大家心里热乎乎的。

生："文化大革命"时，作家赵树理身处逆境依然乐观幽默，说话含蓄深沉。一次，一个造反派想把公家的一盆花据为己有，但又不知道那盆花好不好，就问赵树理。赵树理说："这就不好说了，我说是香花，你们必定说是毒草；我要说是毒草呢，你们就认为是香花……"一语双关地嘲讽了当时"四人帮"颠倒黑白的情形。

师：你们的例子虽然有待考证，但形象地说出了语言的得体运用确实是生活所需要的，而且体现着母语文化的艺术美。这在广告文化中也是异彩纷呈的，请"商品广告用语"子课题组说说看。

"商品广告用语"子课题组汇报——

我们组查阅了老师在校园网上提供的语言欣赏信息，从中选了一些典型的广告语言，分析了它们的表达技巧。

第一种是谐音双关，如摩托车广告：跨上铁骑，真是"骑乐无穷"。将成语巧妙地改一个字，余味无穷。

第二种是意义双关。如联想电脑的广告："如果没有联想，世界将会怎样？"这一巧妙的设问既让人想到"联想"这种思维方式的重要，同时也由此类比而想到联想电脑的重要，真是耐人寻味，恰到好处。

又如一种移动电话的广告语："中国移动，到处听说好。"这里的"听说好"既指收听和发出信息的效果好，也表示到处都听到人们在说"好"，真是一语双关。

第三种……

师：大家能从表达的艺术和效果两方面来赏析，同时运用分析、归纳、综合的方法处理信息，这些学习方法很好。大家刚总结了商业广告语形象含蓄、有吸引力等特点，现在我们请"公益广告语"子课题组先介绍本组所掌握的广告语的特点，再指导大家拟写公益广告，看谁的方法最好。

"公益广告语"子课题组发言——

根据我们组对本组收集的公益广告语的分析，发现这些广告语的特点是：

1. 亲切，有感召力。如"为了您和您的家人幸福美满，请遵守交通规则"，没有严肃的说教，听来让人心悦诚服。又如，为了让家长在送子女上学时不要进入校园内，校门口出示了这样一句话："请用您希望的目光送孩子进入校门。"

2. 形象，有感染力。这一类主要是利用各种修辞增强形象性和生动性。

比喻类："水池如镜，映照蓝天，请让她照出你的倩影"，亲切委婉地道出了不要向水池扔垃圾的要求。

拟人类。"问渠哪得清如许，为有源头活水来，喷泉愿如您的心一样明净！"这些话唤起人的美感，谁还会舍得弄脏水池呢？

设问类。阅览室有一条标语："心灵与书本对话，你是否觉得'此时无声胜有声？'"这句话让人读了很快投入到作品的情境中而无心闲聊。

对比类。旅游景点有标语："除了您的脚印，什么也别留下；除了您的摄影，什么也别带走！"这句话十分含蓄道地出了一个恳切的请求。

……

师：今天我们共同游览了语言的宝殿。品味佳句妙语，我们含英咀华；感悟文化底蕴，我们意味深长。我们受到了母语文化、人类文明的滋养，也学到了许多语言赏析的方法。请大家谈谈你今天的感想和收获。

……

教育家第斯多惠说："教学的艺术不在于传授知识，而在于激励、唤醒、鼓舞。"罗伯特·弗罗斯特也曾说过，教师有两种，一种是在你的脑袋里灌满沉重的东西，使你无法走动；另一种是在你的背后轻轻点拨一下，就能使你直上云霄。他们的话启示我们要发挥师生研究性学习共同体的作用。要做到这一点，教师必须把握好以下四个点。一是把握潜能发掘的关键点。专家

认为，人的发展潜能主要是情感潜能和智慧潜能，发掘这两种潜能，并形成两者的协同效应，就找到了促进学生发展的关键点。上例中教师以一个节目主持人表现出语言机智的故事和自己名字的由来导入，富有情趣，也暗示了学好语言的现实意义及本节课的要求，其实是找到了激发学生情感潜能与认知潜能的关键，形成情智互促、思维共振的交汇点。二是把握师生整合信息的协同点。本例中师生从正反两方面共同体验语言的艺术美，研究表达的技巧，这就是协同点。教师引导学生先从反面说语言不得体有失文雅的情况，再从正面说语言得体恰到好处的故事，使师生在共同的情感体验中深化了语言艺术的研究。三是把握研究的导航点。教师对学生的引导，是导在情感升华处；由语言表达的个别现象上升到母语文化特色的感悟，是导在思路转折点，如上例中正反对比的拐点、从分析到归纳的逻辑衔接点。四是把握学生主动学习的心理支撑点。教师作为研究性学习师生共同体的组成部分，还是学生的心理支持源。如上例中教师对学生中肯分析的给予的恰如其分的肯定，师生之间的平等对话等，使学生在师生心理相容的氛围中能畅所欲言。这四个点是构建师生研究性学习共同体的有效策略。

三、增强合作研习的互动效应

研究性学习是个别与合作学习的有机结合。合作理论认为，"与同伴的社会相互作用是儿童身心发展和社会化赖以实现的基本关系"。[①] 因而教学是多种互动过程的有机统一，是一种人际交往，是复合型的信息互动过程。教学动态因素之间的互动互促，是学生学习中的一种重要人力资源，其充分开发和利用能使课堂教学的运行体系焕发生命活力，也是学生在"研究"中共同提高的动态载体。合作学习理论认为，把教学建立在更加广阔的交流背景之上，对于正确地认识教学本质，减轻师生的负担，提高学生学习的参与度，增进教学效果，具有重要指导意义。[②] 教学组织形式改革的基本取向是增加课堂中动态因素之间的互动，特别是学生与学生之间的人际交往的时间与频度。[③]

创造性地指导学生运用合作学习方式，增强研究性学习互动效应，开发宝贵的人力资源，有如下一些策略。

---

① 王坦著．合作学习的理念与实施［M］．北京：中国人事出版社，2002（69）
② 王坦著．合作学习的理念与实施［M］．北京：中国人事出版社，2002（69）
③ 王坦著．合作学习的理念与实施［M］．北京：中国人事出版社，2002（76）

（一）构建复合互动的立体交流网络

互动方式有师向生单向互动，师生双向互动，师与生、生与生多向互动等，各种方式在特定的教学情境和活动阶段中发挥自己的优势。教学过程是一种课程内容不断生成的多元信息互动过程，因而是多种互动协同运作的过程。教师应该根据教学内容的特点、知识构建需要，对各种互动方式进行合理选择、优化组合、科学运用，形成动态因素协同互动的立体交流网络。

（二）个别化与集体化学习的有机统一

即兼顾个别性与集体性特征，符合班级教学形式的实际。约翰逊等人认为："学习动机是借助于人际交往过程产生的，其本质体现了一种人际相互作用建立起的积极的、彼此依赖关系。激发动机的最有效手段就是在课堂教学中建立起一种'利益共同体'的关系。这种共同体可通过共同的学习目标、学习任务分工、学习资源共享、角色分配与扮演、团体奖励和认可来建立。小组成员之间形成'休戚相关''荣辱与共''人人为我，我为人人'的关系是动机激发的一个重要标志。"① 为了发挥这种"利益共同体"的积极效应，形成小组成员之间的"积极互赖"，班级授课可以采取"分合相宜"机制，即以班集体为基础，以合作学习小组活动为主体形式，以组内异质，组间同质为构组原则，使学生组内分工协作，突出任务的专门化与整体化。活动目标的达成离不开个体成员的努力，班内评价的对象和内容是小组、成员之间的协作过程、参与态度、实施策略。学校或年级对各班进行评价。这样，以班集体组间竞争的形式促生生互动，避免了个人竞争相互排斥所带来的心理压抑和基础薄弱学生的自卑心理，形成了"班优我荣""组优我欢"的积极效应，增强小组和班级的凝聚力，由互动促进了互学、互促、互勉、互助、互爱。

（三）以"最近发展区"促互动发展

学生的基础、能力、个性是不同的，要求不能千篇一律。要使学生能参与互动，必须激发其互动的动机和愿望。而愿望与"最近发展区"相应才会成为有效愿望。苏联著名心理学家维果茨基（Vygotsky. 1978）将儿童的"最近发展区"界定为："由独立解决问题所决定的实际发展水平与通过成人的指导或与能力更强的伙伴合作解决问题所确定的潜在发展水平之间的距离。"通过相互的动态协作解决问题的情境引起和推动学生的一系列发展，使学生在"最近发展区"的新旧更替中发掘潜能，在自己内部发展进程中形

---

① 王坦著．合作学习的理念与实施［M］．北京：中国人事出版社，2002（56）

成新的能力，其过程是交往——目标——尝试——反馈——修正——新知
——达标。所以，教师要指导学生按各人的个性特点、能力特长分工协作，
要帮助学生看到自己的"最近发展区"，按自己的"最近发展区"提出自我
要求，反馈自己的研究性学习行为，指导能力强的学生在相互协作中充当
"导生"的角色，在"导生"角色互换中相互促进。

在多门学科联合开展的"学科与生活有怎样的联系"专题研究活动中，
教师在编组时要求各组均有文科、理科、体育、艺术科的爱好者和信息技
术、科技活动、劳技活动中动手能力强的同学及社区活动课中喜欢参加调查
等活动的同学。这样就形成了组间同质、组内异质的的搭配，使每个学生都
能展示个性特长、满足兴趣爱好。然后各组内部按成员的爱好确定研究的侧
重点，在遇到跨科性知识时，要与其他学科的同学协作。这样，每个学生都
因自己某方面相对突出而有当"导生"的机会，每个学生都因为有"导生"
指导而能够自主创设自己的"最近发展区"，同时在多种互动中实现"最近
发展区"的相应目标。

在汇报时，学生都有自己的独特感悟。下面是几个学生的汇报内容。

"数学与生活的联系"研究组的汇报——

我们的研究发现数学在生活中有审美功能。门窗上下两格的宽度看起来
有一种舒服感，我们通过计算知道，原来是运用了"黄金分割"原理。我们
的石拱桥既牢固，又有一种彩虹般的和谐美，通过采访桥梁设计师，我们终
于明白，原来桥拱的跨度是有讲究的。许多对称图在生活中形成一道道风景
线，如桂阳市蔡伦广场的彩色风轮，就是以圆心为对称中心的。我们请"物
理与生活"子课题组的同学和我们一起研究，知道了风轮能自动旋转是因为
风顺着风轮的叶扇形成旋涡状流动，于是带动了叶扇旋转而形成一种彩瓣周
转的动态美。还有，城市各种建筑物设计成各种几何图形，我们请教了城市
建设设计院的设计师后明白，原来，各种建筑物的几何图形不是随意选择
的，是按地势、地质特点和构成的整体美、错落美的要求设计的……

"物理与生活"子课题组汇报——

我们认为"数学与生活"子课题组说得还欠准确，城市建筑物的设计还
要考虑到物理中的重心原理，按保证建筑物稳定平衡的要求确定重心，设计
立体结构，这从我们对郴州五岭广场碑座顶上骏马腾空塑像的研究中可以得
到。塑像的重垂线在碑座上的骏马的那只脚上，所以碑座能保持稳定平衡，
又有一种天马行空、一往无前的动态美。我们还研究了人坐在公园里的飞车
上面，车子沿着一个竖起来的圆圈的轨道旋转，当转到顶端、人头朝下的时
候为什么不会掉下来。后来，我们和"科技课与生活"子课题的同学一起做

了多次"飞车"模拟实验，和信息组的同学一起查了校园网上的相关知识才知道……

"科技课与生活"子课题组汇报——

我们组和荀文永同学一起到他老家春陵江畔神仙岭，跟他教物理的三叔一起设计出了用沼气作燃料的建制图，还利用手机问了生物、化学老师一些问题。那山里面信息传输效果不好，可苦了我们了，每次电话都要爬到山顶去。我们的那位物理老师笑着说："人要往高处走，声也要往高处走，都喜欢'高'。"荀文永说："顺风而呼，声非加疾也，而闻者彰。"大家笑着说："真不愧为古代朴素唯物主义思想家荀子的第X代后裔，主张'制天命而用之'。"后来，我们和物理老师提出了在这山里建个信息转发站的设想。临走时，山里人很感激地说："我们听说，古人烧牛粪取暖时，有取其燃气，去其臭气的希望，在想知道山外的世界有多美丽的时候，有'千里目，顺风耳'的幻想，现在多亏了你们，让这些都能变成真事了！"荀文永说："科学让我们'神通古今，视接千里'。"后来，我们听说因为虫害，李子减产，喷洒农药又对人体有害，也污染了环境，就和生物组的同学帮他们制订了在果树里繁殖害虫的天敌的方案。

由上例可见学生的信息互动是复合型的，既有师生、生生互动，还有学生和社会、学生和家长、学生和活动情境之间的互动。合作学习的互动观确实是一种先进的互动观。

由上述研究中的人际交往、协同研究行为可见，维系多元互动的纽带，是集体与小组以及个人之间因为共同目标与个人最近发展区目标有着内在联系而形成的"利益共同体"，而这种共同目标与个人最近发展区目标，又是促进多元互动的动力源。所以，运用上述三种策略进行分组、定标，组织和指导研究性学习，对于形成研究性学习互动机制是非常重要的。

第九节　探究发现——研究性学习的主要途径

一、探究发现是研究性学习的主要途径

研究性学习，顾名思义，是以切磋商讨探究发现为主要途径、方式和手段的学习活动，是与接受式学习相对而言的。当学生面对自己未知的领域、

未解决的问题时，就需要有探究的精神和行为，在探究中发现、创新是研究性学习的本质属性。所以，研究性学习过程是类似于科学探究过程的学习活动。而这种探究过程强调思维的开放性、批判性；强调聚合思维与发散思维结合，求同思维与求异思维结合；强调挑战权威，敢于质疑；强调信息资源的充分开掘和利用，在分析、整合信息中提高信息素养。总之，研究性学习以对教学内容或联系生活提出的问题的动态探究过程为载体，培养学生的科学、人文素质及综合实践能力。

蔡伦中学地方课组织了一次专题研究活动。学校命名为"蔡伦中学"，城内一些休闲广场和商店也冠以"蔡伦"二字，校园里的蔡伦塑像下还有"蔡伦，桂阳人的骄傲"等字样，面对这些现象，学生不是简单地认为这只是一种"品牌"、一种美化和文化点缀，他们联系在政治、历史课的文史专题研究活动中所学的家乡人文历史是宝贵的文化、精神资源的道理，觉得这里面一定有丰富的文化内容、人文底蕴。他们认为，了解这些文史知识，并能领会这里面的人文内涵，作为一个读书人，是应该做到的，而且有些问题有研究的必要。蔡伦是怎样发明造纸术的？他发明造纸术的过程有什么丰富的教育意义？他还有什么具有积极意义的历史事迹？让蔡伦的塑像出现在文化生活环境中仅仅是一种艺术欣赏吗？这些文化设施在实际生活中产生了怎样的效应呢？学生能想到这些问题，可见教师平时注重培养学生的研究性学习的研发意识的积极效应。后来他们在语文、政治、历史老师的指导下，到县图书馆查阅文史资料，研读《桂阳县志》，分析有关蔡伦史迹的碑文，采访文史的研究者。他们在研究报告中写道："通过研究，我们明确了蔡伦造纸不仅对人类文化发展作出了卓越贡献，而且他在艰苦细致的工艺流程中表现出来的不畏艰难、执著追求、勇于创新、深入实践的科学研究精神启示后人崇尚科学，积极从事发明创造，无私奉献自己的才智。他为人正直，为官清廉，深得权贵宠爱，却不卑不亢，从不趋炎附势。我们和被采访的家乡人一样，认为记载他的史迹的图文壁雕和他的塑像增添了生活环境和桂阳古城的文化气息，展示了更深的文化意蕴，让人们在现实生活中不忘继承和弘扬家乡文化传统，让人们在科学发展的今天，继续创造奇迹，让我们在应用科学谋利益的同时，重视人文精神，造福人民，关爱人类。"

由上例可见，以探究发现为研究性学习的途径、方式和手段，使学生不仅能探索到新的答案，发现新的知识，同时也能"发现"人文精神、道德修养、环境文化审美方面的"未知领域"，从而受到优秀文化的滋养和熏陶。

二、探究文本的底蕴、意境、技艺——文科中的探究发现

文科中的研究性学习的动态机制是：以质疑为起点，以问题为核心，以学生精神生命的参与为内驱力，以思维的开放和共振，师生、生生互动，学生与文本对话为重要途径，以自主、合作、探究为主要学习方式，以阅读的个性化感悟、艺术的再创造过程为重点，以实现知识能力、过程方法、情感态度价值观"三维"教学目标为着眼点。这个动态机制的运转是以教材的探究为载体的，教师只有引导学生找到教材探究的切入点，才便于把研究性学习引向深入，一般是根据教材内容和学生质疑情况，以语文课为例来说明，从以下几个方面寻找切入点。

（一）探究底蕴

一些含意隽永、意味深长的课文，其蕴藏的哲理、意韵、文化底蕴，需要教师将学生引入课文特有的语言情境中去用心感悟，用情交流，研讨切磋，进而促进认知的深化，情感的升华。

八年级下册报告文学《南京大屠杀》一课的研究性学习指导课实录片段：

学生先是观看了电影《南京大屠杀》中日军残杀中国无辜同胞的一系列触目惊心、令人发指的镜头，眼里闪着怒火，欷歔中充满愤激。银幕拨开岁月留下的烟云，拉近时空的距离，用生活的真实和艺术的真实凝成的一幕幕充满血腥味的镜头，再现了那段惨痛的历史，让目睹者痛心。学生们的心灵被震撼了，为学习课文创设了应有的心理情境。

师：同学们，日本侵略者踩躏我中华民族的深重罪行，已刻在了历史的耻辱柱上，然而日本右翼势力却曾于1982年、1986年两次通过了歪曲历史的教科书，企图抹杀南京大屠杀的罪恶，进一步蛊惑人心。大家通过查阅资料已经掌握了一些有关日军侵华的信息，假如要你写一篇再现历史真实的报告文学，你打算怎样写？你对这篇课文的内容和写法有什么问题要提呢？

生：如果我写这篇文章，我将首先描述刚才所看的电影镜头，展现历史上最残忍的场面，那将更加有震撼人心的力量，可课文为什么要以老太太发疯的情景开始呢？

生：如果我写这篇文章，我一定要揭露日本右翼势力歪曲历史的用心和目的。课文里为什么不写出日本右翼势力歪曲历史的行为是多么的丑恶、卑鄙呢？战犯早已被审判，铁的事实已不容置疑，他们为什么还要否认那血写的事实呢？

生：第三部分，也就是后5段中的"今后的路该怎么走"是什么意思？这部分为什么不写出我们中国在今天这个提倡中日友好、共同维护和平的时代应该怎样对待那段历史，怎样对待日本右翼势力用谎言掩盖历史事实的行为呢？

......

师：同学们能联系自己的体会和认识读课文，敢于向作者挑战，针对文章内容材料的取舍和组织等方面提出疑问。大家的一些写作设想是带着真诚的民族自尊心、骨肉之真情，结合已掌握的写作知识提出来的，所提的疑问也很有研究价值。这是一篇报告文学，必须结合报告文学的特点来研读。谁先简要介绍报告文学的主要特点？

生：报告文学是用文学手段处理新闻题材的一种文体。它有三个特点：鲜明的新闻性。可以用两个字说明报告文学的新闻性，一是"快"，二是"真"。强烈的文学性。除虚构和夸张外，艺术构思、艺术想象、描写、抒情和修辞手法，都是可以采取的文学手段。三是深刻的政论性。报告文学往往直接地表现作者的思想倾向，带有强烈的政治色彩。

师：同学们可以围绕这三个特点来研读这篇报告文学。首先从"新闻性"这个特点来看，你认为哪些地方体现了新闻的真实呢？

生：我认为开头的一幕就是无可辩驳的事实。作者亲眼目睹了1986年8月11日上午10点，一位老太太在南京城浓郁的槐荫旁疯病发作的情形。这位老太太就是在当年南京大屠杀中逃出日兵魔掌后藏在这棵槐树下又被日兵发现而蹂躏的中国尼姑。在日军进攻南京时，就连在教会医院工作的特莉萨英格尔小姐的英文日记上都记载着这位叫静缘的13岁尼姑和她的师父遇害的事。作者用这位受害者看到老槐树受到刺激疯病复发的情形开头，使读者一读文章内心就受到很大的震动，正如作者说的"半个世纪的漫漫岁月，竟然无法抹平她心中的裂痕，那该是何等令人发指的暴行"，我认为，这个材料很有雄辩力，放在开头，有一种很快打动读者内心的作用，用一个什么成语来说就是——

生：就是"先声夺人"，比引用电影中的镜头更有说服力。

生（前面提出应以引用电影《南京大屠杀》中的镜头开始的那位同学）：我明白了，课文这样开头更能体现报告文学的真实性，因为这样写实，更有铁证如山的效果。

生：我觉得，这篇报告文学的真实性不仅体现在这些南京大屠杀幸存者亲身经历的事，还体现在法庭已经查证证实的史实，还有战犯本人的交代，这些确凿的真相母庸置疑。

生：不是母庸置疑，而是毋庸置疑。

师：作者在日本右翼势力企图用谎言掩盖血写的事实的时候，写这篇文章，引用这些史实有什么用？

生：我认为引用这些血写的事实，还有很大的现实意义。日本有人想否认他们的历史罪恶，作者这篇文章很快在《解放军文艺》上发表，让人们清醒地认识到日本右翼的阴谋，这也体现了报告文学"快"的这个特点。

师：时效"快"，事实"真"，报告文学的这些新闻性特点，大家都感悟到了。请大家谈谈报告文学的文学性，也就是文章的构思、描写、抒情、修辞等方面的技巧，在这篇文章里有什么体现？起到了什么作用？

生：我认为开头先写静缘看到旧物精神受到刺激而复发了疯病的事，再引出半个世纪前南京大屠杀的灾难，这是倒叙的方法，这样构思能突出日军的暴行在受害者的心灵上留下的裂痕，竟然半个世纪的漫漫岁月都无法抚平，为引出作者这句夹叙夹议、突出主题的话作了铺垫。

生：也增强了文章对人心的冲击力。

师：可以作为日寇罪行的见证的人和事很多，作者为什么多处引用日本众多媒体的报道和战犯本人的交代作为依据呢？

生：这些事铁证如山。例如，1984 年，参加草鞋峡大屠杀的原日军某部的粟原军曹，在保持了四十多年的沉默之后，终于说出的事实真相。

生：用这些出自日本本国的人的见证，来反驳日本右翼势力，是"以之之矛攻之之盾"的手法，有力地戳穿了日本右翼势力妄图用谎言掩盖血写的事实的荒谬。

生：这些内容说明日本人是自己打自己的嘴巴，是在给自己留下千古骂名。这也说明歪曲历史的人要受到历史嘲讽的道理。

师：历史的哲理本来就是如此，而作者依据这不可辩驳的哲理来组织材料，既是尊重事实，尊重历史，也体现出组材和构思的艺术性，体现了报告文学的文学性。另外，文章在描写、议论、抒情方面有什么文学性体现？

生：我认为文章开头描写南京城生机勃勃、和平繁华、优美和谐的景象，与这种景象中突然出现的老太太疯病发作的不幸形成鲜明的对比，由和谐与不和谐的巨大反差，突出了老太太的不幸，而这不幸是当年日军大屠杀引起的，这就以触目惊心的事实唤起了我们对老太太的同情和怜悯。

生：我认为这不仅仅是对老太太的同情和怜悯，因为受害的不仅仅是一个人，而是一个民族，是我们中华民族，老太太也是这个民族中的一员，我们手捧这篇文章，读到文中这些血写的事实时，面对的是国耻，是无辜的同胞的冤魂，这时，我们心中已不再是旁观者的同情，而是国难之痛、民族之

恨，是对歪曲历史的人的痛恨。

师：可见这些描写和叙事中渗透着作者的爱国之情，他是以情来唤起我们的情，这是叙事描写之中的抒情。还有哪里用了动人的表达方式呢？

生：文中有多处夹叙夹议和议论、抒情的语言，读起来令人动情，也令人深思。

师：作者以情激情，我们也与作者产生情感共鸣。

生：如"入夜，我在江上徘徊，大江东去，逝者如斯。时光可以流逝，受害人终离人世，然而历史无法忘却，也不应该忘却……"，这里，作者语重心长地告诫人们牢记民族灾难，毋忘国耻，突出了主题。

生："在人类历史上，恐怕没有比日军在南京的杀人竞赛更残暴、更无人性的了"，这里的议论揭示了日寇杀人竞赛的惨无人道，卑鄙无耻，又在结构上起到了过渡的作用。

生：我认为第三部分的议论、抒情是对主题的深化，是画龙点睛。"我悲愤的心依然一次又一次地战栗……令人发指的罪行，又绝非笔墨所能形容"，"我的叙述难以表达历史灾难之万一……"，这些抒情、议论，说明日寇罪恶滔天，罪行多得难以写完，像一个什么成语所说的——

生：罄竹难书。

师：你能紧扣文章表现主题的作用来感悟，很好。结尾有什么妙处呢？

生："今日之中国，已非任人宰割的羔羊，……在我们的钢铁长城和火热的胸膛前面，绝不允许历史的悲剧重演！"这里的比喻充满激情，点了题，而且激起了我们的民族自豪感和"振我国魂，扬我国威"的情怀，也是对现在妄图破坏和平、破坏中日友好关系、怀有野心的人的警告。

生：我明白了，这里也在让人不忘历史，不忘战争带来的灾难，看到侵略者破坏世界和平的罪恶阴谋，从而看到今天歪曲历史、美化战争、挑拨中日友好关系、破坏和平生活的人的阴谋。

师：你从这篇报告文学中的作者的思想倾向、政治色彩这个角度体会，感悟到了报告文学深刻的政论性。那么，你从最后一段是否知道我们应该怎样对待蒙受国耻的历史呢？怎样对待今天日本右翼势力的行为呢？"今后的路该怎么走"呢？

生：铭记那段刻骨铭心的历史，是为了更加珍惜和维护和平，前事不忘，后事之师，记住曾经的奇耻大辱，才能在今后的路上吸取教训，努力振兴自己的祖国，不再受欺负。

生：对待别有用心的日本右翼分子，我们要让世界上一切热爱和平的人识破他们的用心，让他们的行为受到具有正义感的人们的鄙视。

师：不尊重历史者必然受到历史的嘲弄和审判。对于中日关系，我们国家一向是抱着向前看的态度，为中日友好交往、共同维护和平而努力，是以德报怨的豁达胸怀，可日本右翼势力却居心不良。这激励我们今后应该——

生：自强奋发，努力学习，报效祖国。

生：捍卫民族利益，发展综合国力。

师：这个结尾是多么含蓄，多么发人深省啊。可见报告文学的抒情议论是出现在叙事高潮中或有生动的艺术形象作基础的地方，揭示事物本质，引起人们思考和感情共鸣，是作者情不自禁发出来的，这样才能打动读者。

由上例可见，探究主题、内涵的研究性学习是研在有疑处，研在思想深处，研在内容的社会意义、现实意义处，研在个性化感悟处，研在主题内容与表现形式的完美结合处。

（二）探究意境

意境是诗的灵魂，感悟诗需精神生命的能动。诗言志。诗人吟诗，总是"情动而辞发"的；诗的赏析、体悟，也应该是全身心投入的。名诗名句往往是智慧的结晶，优秀文化的积淀，人生哲理的折射，隽语警句的精华。因而，真正的读诗赏析，应该是情感的陶冶，灵魂的洗礼，思想的锤炼，人生的感悟，文化的滋养。学生读诗，往往浅尝辄止，一知半解，或只发其声，未动其情，"小和尚念经，有口无心"。教师应引导学生在情感共鸣，思维共振中研读、赏读、悟读，读出艺术的再创造。要读出如此效果和境界，一般可采用如下一些方法引导学生进行探究诗歌意境的研究性学习。

1. 设身处地感悟法

设身处地感悟法，即借助多媒体动景、配乐朗读、诗剧表演、相关背景和故事演说等方式创设情境，把学生引入诗的意境，让学生进入诗中的角色，置身于特定的背景里，与诗中意象对话，与诗人交流，在心灵的互动中悟出诗的意韵。

学习八年级上册杜甫的《茅屋为秋风所破歌》时，教师以多媒体展示了经历安史之乱的颠沛流离、饥寒交迫之苦的杜甫和同样经历了战乱之苦的穷苦百姓的苦难情景，以特写镜头展示了秋风卷走屋上枯茅，屋漏衾薄，冷夜难眠等典型意象，让学生把杜甫的遭遇与百姓的苦难联系起来，为领会末句抒怀作铺垫。在创设了这种情感氛围的基础上，教师让学生扮演群童抱茅而去，杜甫倚杖无奈的情景，然后让学生在研讨切磋中与诗中意象对话和与诗人进行情感交流。

师：同学们的表演，架起了跨越时空的桥梁，让我们看到了杜甫和百姓的苦难。"群童"就在我们面前，"杜甫"就在我们身边，同学们对"群童"

和"杜甫"有什么问题要提出,有什么问寒问暖的话要说?

生:可恶的群童,你们连老人破屋被无情的秋风吹落的烂茅草都要偷抢,是存心要作"盗贼"吗?

生:可恶的群童,难道你没看到杜老先生屋漏偏又遭秋雨淋,历经战乱,"布衾多年冷似铁",妻儿家人夜难熬吗?你们真是作孽!

生:杜老先生,你眼看秋风无情,群童又乘人之危,你倚杖叹息,是恨、是怒还是无奈?

"群童":我们可不是富家的纨绔子弟,我们是南村的穷苦儿女,你没看到我们饥饿的眼神、无奈的表情?我们过着战乱带来的牛马不如的生活,饥寒交迫,我们只得去做抱走杜老先生破屋茅草的事呀,没想到他家也有娇儿在遭冷雨饥寒,流离失所。

"杜甫":看着这些同样遭受战乱之苦的孩子们,我没有对孩子们咬牙切齿的痛恨,骂天骂地的发怒,有的只是对战乱的痛恨,对现实的不满和无奈,所以我在彻夜难眠、苦夜难挨中想到了普天下人的流离失所的苦难,想到"朱门酒肉臭,路有冻死骨"的不平。我就发出了这样的呼唤——

众生:安得广厦千万间,大庇天下寒士俱观颜,风雨不动安如山!

师:就让我们以"天下人"的眼光评评这位"诗圣"吧!

生:杜老先生自己处在苦难之中,"长夜沾湿何由彻",却想着怎样才会让天下受苦人高高兴兴地住进宽敞的高楼大厦,真是"先天下之忧而忧,后天下之乐而乐"的博大胸怀呀!

"杜甫":不敢,不敢!我没想到这名句,因为那时范仲淹还没有出生。(众笑)我只是想到受苦人的共同心愿。能让天下穷人都实现这个愿望,我个人就是再受破屋之苦、冻死之难也心甘情愿。

生:可见,你在诗的前面描写秋风破屋、群童抱茅、冷夜难熬的情景都是为后面的抒情作铺垫、设衬笔的。

生:你的《茅屋为秋风所破歌》,歌的是自己博大的胸襟、心怀天下的志向。

生:你不愧为伟大的现实主义诗人,"安得广厦千万间,大庇天下寒士俱观颜,风雨不动安如山",这些话永远激励我们为人民造福。

师:这几句既是这首诗的点睛之笔,是对主题的升华,是意境的核心,也成了千古名句。可见,同学们读诗学会了进入诗中角色感悟意境,既学习诗的创作艺术,又批判地继承诗中的进步思想、精神。

2. "风格人格一体"法

"文如其人","诗言志,歌咏言",诗的风格是诗人人格折射出的光芒。

乐观豁达、积极进取者豪放，多愁善感、深沉忧郁者婉约。教师引导学生在诗歌的研究性学习中把诗的创作风格与诗人的人格、为人处世、生活态度、社会经历、人生感悟等联系起来，能使学生更深刻、更全面、更准确地把握诗的意境，领会诗的内涵，学习诗的创作艺术，培养健全人格，实现学习对象与自我的双向建构。

学习九年级下册《古诗五首》以后，班上的"古诗创作风格研究"课题组开展了一次小辩论会。正方观点是"豪放派风格比婉约派感人"，反方观点是"婉约派风格比豪放派感人"。下面是辩论中的一个片段：

正方：我方认为豪放派比婉约派的风格要更感人。豪放派豁达开朗，是积极向上的乐天派。你看，王勃的"海内存知己，天涯若比邻，无为在歧路，儿女共沾巾"，一扫离别时的儿女之情，大有大丈夫的"男人有泪不轻弹"的度量，读来令人奋发，让离别中的亲朋得到安慰，受到鼓舞。所以，王勃的这几句诗就成了千古名句。

反方：我方认为婉约派比豪放派的风格要更有感人的温馨之情。"剪不断，理还乱，是离愁"，你看，多真切，多形象，多有哲理性，多动人。你没有离愁别恨吗？亲情、友情、乡情、爱情是迁客骚人的永恒话题，是生活中的人之常情，难道你不食人间烟火，是个无情无义的独夫？（众笑）

正方：豪放派难道就没有情义？就没有亲情、友情、乡情、爱情？有！不过豪放派是以旷达的胸怀去对待亲情、友情、乡情、爱情，是更乐观的情，更远大的义。当你为离愁别恨而伤心时，如果没有"人有悲欢离合，月有阴晴圆缺，此事古难全。但愿人长久，千里共婵娟"的诗启示你，那你不也就成了范仲淹笔下的迁客骚人？苏轼这样目光深远、心胸开阔、深明事理的诗人才写得出这样的诗。如果不是这样的诗、这样的理开导你，多愁善感的婉约派不哭死也要愁死呢。（众鼓掌）

反方：难道婉约派就没有积极向上、心胸开阔、乐观进取的胸怀？李清照是婉约派的典型，可她也有"生当作人杰，死亦为鬼雄"的大丈夫的豪迈胸怀，这豪言壮语曾经激励过多少人为正义而献身！难道婉约派就都只是林黛玉？就都要愁死、哭死？就都要跳楼？（众笑，鼓掌）

正方：你举的李清照的论据正好说明体现豪放派特点的诗句才能激人向上，奋发有为，这也正是她主张为国捐躯、反对贪生怕死葬送祖国河山的高尚人格的表现。而她那些写离愁别恨的软绵绵的诗句给了你勇气和力量了吗？恐怕只是让你们婉约派的男性也变得女性化了！（众笑，鼓掌）

反方：诗鬼李贺也有"男儿何不带吴钩，收取关山五十州"这种具有豪放派特点的诗句，为什么他却因怀才不遇忧郁而死，成了短命鬼？所以说忧

愁是难免的，要表达忧愁，就要常常体现婉约派的创作特点，这样才感人。

正方：同样是说离别后的思念，为什么有人没有婉约派的缠绵而是说"两情若是久长时，又岂在朝朝暮暮"呢？为什么同样是离别，有人说"距离产生美"呢？同样是写相思之愁无处不在，为什么有人却说"唯有相思似春色，江南江北送君归"，把相思之愁写得像春色一样清新优美呢？难道愁和忧就只是柔肠寸断，就只有柔肠寸断吗？

主持（教师）：从大家的辩论可见，对于豪放派与婉约派，我们不能简单地说谁好谁不好，因为它们都能表现各自作品的人格、品格、创作艺术之美。豪放派有旷达爽朗之美，婉约派有温馨柔和之丽。在诗中体现哪种风格，只是由诗人的情感体验和个性特点而定，是诗人在特定的个性和社会背景下自然体现出来的创作风格。就好像晴天和雨天是由气候的变化规律所确定一样，不能简单地说什么天气好，只要是适合万物生长需要的天气就是好的。苏轼的诗有的体现豪放的风格，如表现杀敌报国之情的"老夫聊发年狂"（教师用多媒体展示苏轼挥剑策马欲上战场的英姿），也有体现婉约风格的，如《海棠》一诗："东风袅袅泛崇光，香雾空蒙月转廊。只恐夜深花睡去，故烧高烛照红妆。"（教师用多媒体展示：在东风吹拂下，海棠花摇曳多姿，透出高洁美丽的光泽，给人以幽香阵阵、空蒙迷茫之感。月亮转过曲折的走廊，渐渐地把海棠花置于背光阴影中。诗人只怕海棠花在深夜里也会睡去，自己更加寂寞，于是点亮灯烛，特意照看那一簇簇红艳艳的花儿）这首诗，诗人以美好的海棠自比，以"月转廊"，花儿置阴处比喻自己遭受贬谪，怀才不遇。这种顾影自怜的情怀含而不露，比喻非常恰当。苏轼这些体现婉约风格的诗与他的突出豪放特点的诗，各有千秋，都富有艺术美感。

上例中，教师利用辩论会的形式，借助语文综合性学习活动，开展研究性学习，让学生在思维的激荡、情感的互动中，碰撞出思想的火花，把诗人的个性人格与创作风格联系起来研究，从而悟出诗歌的艺术美是诗人精神之美与表现形式之美的有机统一。

3. 反向立意比较法

反向立意比较法即引导学生把立意角度正好相对或相反的诗句联系起来进行比较，使他们深刻理解诗句在情感意境和构思艺术上的不同特色，以有效培养学生的逆向思维能力。

在引导学生感悟"海内存知己，天涯若比邻"的内涵时，教师让学生说出在离别的情感态度、情绪体验的表达上有相反特点的诗句，并说出各自的不同立意和表达效果。有的学生说："感时花溅泪，恨别鸟惊心。"有的说："相见时难别亦难，东风无力百花残。"有的说："扬子江头杨柳春，杨花愁杀渡江

人。"在联系立意、背景和诗人的创作风格特点以及表达效果时，教师引导学生用了比较的方法探究和感悟。如"海内存知己，天涯若比邻"，一洗以往送别诗中黯然的感伤情调，代之以乐观豁达的感情，给友人以莫大的安慰和鼓舞，一方面是因为诗人有旷达的胸怀，另一方面也是为了劝慰勉励友人心情舒畅地去蜀地赴任和诗人自勉，也蕴涵着作者送行的深情厚谊，因而不作哀伤之别，这样更有警策之力。而"感时花溅泪，恨别鸟惊心"，是诗人由于感伤国破家散，城市破败，看到那美丽的花儿，听到那动听的鸟鸣，反而更增加了自己的伤感。"感"即"烽火连三月"的国遭战乱之时，"恨"那"家书抵万金"的离别之苦，诗人触景生情，感伤国事，思念妻儿，潸然泪下，希望战乱早日平息。所以从哪个角度立意，离不开诗人特定的创作背景。

反向立意比较法能有效培养学生多角度体验和感悟生活、多角度构思立意的能力。

4. 移情体验领悟法

移情体验领悟法是指唤起学生在生活中获得的情感体验，使学生把这种情感体验迁移到体悟诗中意境中去的研究性学习指导方法。

学习《乡愁》一课时，学生对诗中深厚的亲情感、历史感、民族感难以领悟，教师让班上一个女同学阳珊讲了一段故事。

生（阳珊）：我爸今年53岁了，他38岁才结婚。他说长时间打光棍是我奶奶的眼神造成的，就是现在挂在我家客厅墙上的那张照片中的眼神。我感到很奇怪，仔细地端详那双眼角布满皱纹、眯缝着微微向上、张望着远方的眼睛，它们透出好像在等待什么到来，盼望看到什么的神情。她的嘴巴也微微张开，嘴唇好像在微微动着，脸色很憔悴。这张照片已经在客厅里挂了多年了，可我每次看到，总想看出其中的谜。后来爸爸告诉了我：奶奶有忧郁症，每逢过节就倚靠在门边张望南边的天空，有飞机从南方飞来时，她一边望着，一边把双手伸向前方，嘴唇颤动地说着什么。后来，别人知道了她是在盼望她爸爸归来。她爸爸新中国成立前夕去台湾一所大学教书后多年没有回音，她就多年来一直这样盼着。我爸看她越来越衰老了就拍下这照片。后来，有个公社书记的女儿爱上了我爸，那位书记听到别人说我家跟台湾有联系，就逼她女儿与我爸断绝了联系。从此，我爸无心成家，一直到奶奶临终前留下恳求，爸爸才和我妈妈结了婚。每当他从电视的报道中看到台湾与大陆的来往，双眼就闪出笑意，还不时地看看墙上奶奶的照片。特别是他在哼"我在大陆唱，你在台湾和……"这样的歌的时候，我觉得他的眼神带着新的希望和思考。我家的这个故事让我体会到《乡愁》这首诗中的思乡、思亲、思归之情。

师：让我们也像阳珊同学的爸爸一样深情地齐唱《同唱一首歌》吧，"我在大陆唱，你在台湾和……"由歌曲联想海峡两岸同胞的眼神、阳珊同学奶奶、爸爸的眼神，你体会到诗中怎样的情感？

生：我脑中把三种眼神连接起来了，先是阳珊奶奶的眼神——那样忧郁，那样深切，就好像作者余光中小时候用邮票寄托对母亲的思念之情一样；再是阳珊爸爸的眼神，他看到了大陆与台湾有了来往就有了希望，就好像诗人余光中望着窄窄的船票，有了与自己新娘团聚的希望一样；然后是两岸同胞同唱一首歌，共同盼望台湾回归的千千万万的眼神，多少盼望祖国和平统一的眼神连成了一片，共放光彩。

师：你这种把生活里的体验用到读诗的感悟中的方法真好。你和诗人余光中，和阳珊爸爸有了情感的共鸣。这三种眼神的连缀，与余光中诗中的邮票、船票、坟墓、海峡的连缀有什么共同特点呢？大家说说看。

生：这是生活中和感情发展变化中给人印象最深的事物自然地连在一起，留在记忆中的。

师：是呀，生活中，往往是最感人的事物成了丰富情感的代表留在了脑海中。

生：它们还有的共同点就是，随着时间的推移和人生经历的变化，把各阶段的思乡、思亲、思归之情巧妙地连成了一条清晰的线。

师：是一条感情的波浪线，这条线连接了个人的思乡之情了吗？

生：这条线把各个时代的万千同胞的绵绵思乡之情连接起来了。

生：这条线把个人的悲欢和民族统一的愿望连起来了，所以，后面一节写到了一湾浅浅的海峡却隔开了两岸的人民，这是多么的不应该。

师：是呀，这种人为的分隔，难道不应该早日结束吗？这个结尾真巧呀，巧在哪里？

生：巧在自然地把个人对亲情的思念、个人心里话的倾诉，和民族统一的时代要求融合在一起了。

生：巧在把典型的意象集中起来，又明朗又能引起我们许多联想和感情共鸣，由具体事物想到怀念亲人和爱国之情。

生：巧在诗人感情发展到高潮，这种高潮就是由个人哀怨发展到对祖国统一的呼唤了。

师：就请大家读出这种情感的高潮吧。

生：老人说：落叶要归根，百川要归海。个人家庭、亲友的团聚归根还是靠国家的统一安定和民族的和睦，像历史上的蒙汉和亲、藏族和汉族的友好通婚等例子就是这样。

师：这首诗的结构真巧真美呀，形式和内容的自然融合，真是"文章本天成，妙手偶得之"呀。只要我们把形式与内容结合起来构思，就一定能写出好文章，大家都能成为妙手。你还发现这首诗有什么妙处？

生：这首诗像反复抒情的歌曲《同唱一首歌》一样，有一种反复的美……

师：回环往复之美。结构上对称中有参差美，和谐中有抑扬顿挫美。请大家读出这种一唱三叹的悠悠之情吧。

（学生齐读、个人读、轮流读，如浪、如潮、如风林夜诉、如雨叶倾情）

师：这是一首柔美而略带哀伤的回忆曲，是海外游子深情而明朗的美丽恋歌。正如诗人自己说的："纵的历史感，横的地域感，纵横相交而成的十字路口的现实感都具有。"这让我们读完了诗后，心中还在翻腾着游子的乡关之思，祖国的统一之盼……

上例中，教师引导学生把由一个同学所讲的家庭真实故事所引发的情感体验与大家熟悉的歌曲所激发的情思结合起来，去移情体味诗中的情感，从而解决了一大难点：理解诗中抒发的乡关之思、怀乡之恋、爱国之情以及诗歌高超的艺术美、语言音韵美。

5. 诗艺联姻共赏法

诗画会通，诗艺共美，书画同体。在诗歌研读中恰当地将诗歌和其他艺术创作、美术、书法、音乐等联系起来，有赏心悦目、相映成趣之美，有声情并茂、视听共享之乐，有图文并茂、相得益彰之效。

直观的图像有助于理解抽象的文字。学生据诗作画的过程，又是艺术的再创造过程，能促使学生对诗的意境的个性化感悟和借助美术对诗的想象进行艺术性加工。在诗的语言形象转化为图形的过程中，学生必然要拨正自己的审美价值取向，这就有利于进步价值观的形成。同时，学生还要对诗中信息和自己对生活的观察体验所获得的信息进行提炼整合，这就训练了有效信息的处理能力。另外，在学生读诗、作画或创作其他艺术形象的过程中，要把握诗人的风格和写作背景，就必须要读诗人的系列作品和相关历史资料，这就有助于开放和利用学习资源，增强资源共享的效果。学生的动脑动手过程，能增强学生的诗句积累，文化积淀，有利于左右脑的协同开发，也有利于培养特长和多元智能。这个共同参与的艺术创作过程，还有利于培养学生的合作探究精神，活跃学习氛围，增强班级生活的文化气息，凸现语文人文性与工具性统一的本质属性，将对诗的赏析与书法欣赏结合到一起，使诗中意象更有形神兼备之美感效应。

在引导学生学习七年级下册泰戈尔的《纸船》时，为让还带着天真童趣

的七年级学生在充满童话色彩的氛围中学习这篇描写儿童生活情趣的课文，以童心品味作品中的童趣，教师让学生一边阅读课文，一边开展小艺术作品创作活动。按照学生的兴趣爱好，教师将全班分成绘画组、雕塑组、制模组、谱曲组及把课文改写成童话故事和童话剧的童话组、童话剧组。

绘画组：我们组有的同学以粗线条漫画的形式，勾勒出"我"眨着天真明亮的大眼睛，把自己折的一只纸船神秘兮兮地放在跳跃的小溪流中，小船随水流奔腾而去，帆上写着"我"的名字和"我"住的村名。"我"拍着手在欢笑，似乎"我"的名字已经传遍整个世界。有的同学用水彩画，绘出"我"笑盈盈地把秀丽的花载到纸船上，放到水面上，然后立在岸边，像在祷告，像在祝愿，希望小船平平安安地把花送到对岸，给那边的人们送去美好，送去祝福。山边的飞鸟，天上的流云，烘托出明快的格调。有的同学用水彩画渲染出朦胧的想象图："我"把纸船投放到水里后仰望着天空，只见云蒸霞蔚的琼楼玉宇中飘出一朵白云，那云正在载着张着白帆的小船，下来与"我"的纸船比赛。我们还为这幅图配上了生动活泼的解说词。

这些画都是学生通过想象进行个性化加工而产生的作品，形象逼真地展示了诗中的奇思妙想，这显然是学生在小组研究性学习中让自己和诗人的童真雅趣交融到一起的结晶。

雕塑组则抓住诗中几个典型、具体的特写细节，以萝卜、红薯或南瓜为材料，雕出小巧玲珑的静中有动的形象，如载着秀丽花、刻着"我"的名字和村名的小船扬帆起航。他们还按诗中的描述为雕塑涂上了各种颜色。捧着这小艺术家的精品，仿佛捧着一颗赤诚的童心。

制模组则是先把雕塑组的成品放进一抔软软的黏土中，再把黏土放在火上烤，等黏土稍干则把雕品取出，继续烘烤黏土。黏土干了后就成了一个模子。然后将石膏浆灌进模中，成型后就把模子松开。这样制出的小作品真是玲珑别透。他们还在小制品上画上各种装饰画，并用书法艺术字写上泰戈尔的诗《海边》中的意象深邃、表现纯洁无瑕的童心雅趣的诗句。学生在小制作中拓展了教材内容，丰富了诗中的童话世界，并把诗中的艺术构思转化成了自己的艺术制品。

童话组是在把握原作主题的基础上，发挥联想和想象，补充诗中细节，拓展诗中情节，学习诗中描述儿童情趣的方法，依照儿童思维的逻辑，以朴素的儿童语言，明快的格调，形象瑰丽的譬喻，充满童话色彩的环境，烘托、描述儿童的种种奇思妙想。他们的童话洋溢着儿童向往自由的强烈情感，折射出儿童的种种梦幻和美好憧憬。这些内容是他们研究小组反复修改补充共同创作出来的，很有时代气息。

如他们把《纸船》中后面的梦境拓展成:"我"和睡仙坐着纸船,带着满载梦的篮子,像月牙儿一样升上没有尘土、没有脏水的空中,纸船变成宇宙飞船,穿过银河的上空。牛郎织女的孙子,羡慕得跳跳蹦蹦,要我们给他一台电脑,他要把互联网连通,要帮我们改善环境,补好臭氧层的窟窿……

童话剧组把泰戈尔《纸船》中的充满童趣的细节和他的《花的学校》中的故事情节融合到一起,如他们把雨后盛开的花朵扮成从地下学校冲出的孩子,奔向小船去乘风破浪经受磨炼,既表现出泰戈尔赤诚的童心,又闪动着学生集体创作的智慧之光。

上例中,学习泰戈尔的诗的活动过程,是学生通过探究诗的意境进行艺术再创造的研究性学习过程,是通过共同解决问题完成再创作的途径,是促进学生知识生成、能力提升、综合素质发展的过程。

6."用""研"互促强化法

即在研究中学会用法,在千古名句的引用中促进研究性学习。"用"的活动,可以给学生研究诗句内涵、寓意以积极的任务驱动,以需要激发学习内驱力,促使学生既能联系诗句语境、意境,加深对诗的理解,又能结合实际情境,分析引用是否恰切、得体,促进古诗、名句的积累,促进知识向能力转化,促进文化修养的提高。

教师可以借助语文课诗歌学习中的"设境导用"活动、口语交际活动、综合性学习活动,架设课堂学习与生活实际应用之间的过渡桥梁,指导学生学会真正的"用"。虽然在这样的活动中还有为引用而引用之嫌,但这是达到生活中灵活运用之目的的"军事演习",有提升学生语文素养的效果。

在八年级下册古诗单元后的"设境导用"语文活动中,教师以多媒体展示父母送子女去参加开发大西北的情境,让学生以子女的身份对父母说几句心里话,必须引用古诗或名言。各小组在讨论中对很多名言、诗句进行了分析、归类、筛选,之后在班上交流。学生表达的内容丰富多彩,语言生动活泼,折射出母语文化的风采。如有的说:"'阳春布德泽,万物生光辉',儿女难忘父母的养育之恩,立志在报效祖国的工作中做出辉煌成绩,报答父母的恩情。"有的说:"'谁言寸草心,报得三春晖',父母之恩报答不尽,开发大西北,让全国人民都富起来,也是二老的心愿,我想,让二老如愿以偿,也是对二老的最好的报答吧!"有的说:"父母二老是深明大义、德高望重的人,古人说:君子'达则兼济天下',好男儿志在四方。父母能支持儿女远走高飞,真是胸怀宽广啊。"也有的说:"'天行健,君子以自强不息',父母支持儿女为事业而远离家乡,真有诸葛亮送子西征的胸怀呀!"也有说得不够妥当的,但能起到以误引正的作用。如有同学引用《后汉书》中马援对孟

冀所说的一段话来向父母表达告别时的自勉和安慰老人的意思："古人说：'男儿要当死于边野，以马革裹尸还葬耳，何能卧床上在儿女子手中邪！'望爸爸妈妈能理解儿女的心情。"同学们评论说："这里引用的马援的话虽然是表达赤心报国、壮志凌云之志的传颂千古的名言，但用在去开发和建设大西北时告别和安慰父母这一情境中不够恰当。"

上面一例是"一用多引"的练习，教学中也有"一引多用"的练习，即教师根据有些名言佳句意蕴丰富，可多角度引申的特点，引导学生在多种情境中引用同一名言佳句，表达某种情感、事理。

下面是高中二年级以"古诗漫谈"为主题的口语交际活动片段实录，从中可见"用""研"互促在提升学生语文素养方面的作用。

主持人：同学们，我们中国有两句脍炙人口的诗："江山代有才人出，各领风骚数百年"，伟大的祖国孕育出一代代有文学才华的人，他们各自在文坛享有几百年的盛誉，也给我们留下了宝贵的文化遗产。清代的金圣叹说过："世间妙文，原是天下万世人心里公共之宝。"这些妙文佳句，如同一座座宝山，我们不用喊"芝麻开门"就能进入。让我们共同登上古诗词这座文学殿堂，共同欣赏，相互交流，漫谈赏读古诗词的感悟、所受到的启示和对这些内容的评价。我们按诗的内容侧重的角度把古诗词分成人生、情感、事理、治学、修养、言行、风物、人才、文学等10类，全班同学也相应地分成10个小组，每组6人。各人根据自己所熟悉的内容自选小组，小组长之间注意协调人数，并按诗经和汉乐府、唐诗、宋词、元曲、其他等把任务分成6类，组内5个成员每人完成一类，组长综合。大家以小组为单位收集、整理资料，可到校园网上查阅或到图书馆搜集，通过研究、讨论、综合出发言内容。各小组选一个代表在全班交流时发言，然后进行答辩和评议。

各组完成以上任务后，班上交流：

"人生组"发言——

古诗词中的许多至理名言，告诉我们人生的真谛，启示我们实现人生的真正价值。文天祥的"人生自古谁无死，留取丹心照汗青"，真是振聋发聩的千古名句。文天祥为了民族利益视死如归，只愿留下赤诚之心照耀史册，他的豪言壮语不知激励了后世多少仁人志士为民族事业英勇捐躯！这使我认识到那些贪官污吏、危害人民的人真是为人类所不齿的狗屎堆。我们谈到人生的价值，请问谁愿做"狗屎堆"呢？（众笑）还有龚自珍的"落红不是无情物，化作春泥更护花"，真是别开生面。多少人的咏春诗，都是"姹紫嫣红"，好像我们写一件有意义的事时都写"捡钱包"（众笑）。多少人哀叹花的凋零，林黛玉见落花黯然神伤，还要为花举行葬礼，好像她奶奶去世。

（众笑）可龚自珍却能从伤感中摆脱出来，赞叹"落红"，以"落红"和"春泥"比喻自己虽然脱离官场，也要继续为国家和民族效力，为新生的美好事物贡献力量。可我那回没选上组长，就一蹶不振，真没气量。人生应该像梨花，"忽如一夜春风来，千树万树梨花开"，春风来时，她心花怒放，洁白无瑕；育出硕果后，她悄然离去，无怨无悔……

答辩中，有人提出问题：请问"忽如一夜春风来，千树万树梨花开"引自哪里？不是从唐代著名的边塞诗人岑参的《白雪歌送武判官归京》中引用的吗？可这两句诗的意思是用春天里梨花盛开比喻边塞秋天大雪纷飞，笼罩四野，大大小小的树上都落满了雪花的情景，你怎么引用这两句诗来表示要像梨花一样"春风来时，她心花怒放，洁白无瑕"呢？你是不是要像北方边境的冬雪一样冷酷无情？（众笑）

"人生组"的发言人答道：理解诗中的比喻，要抓住喻体和本体的相似点，把喻体和本体联系起来领会。不要只照着参考书的解释机械地记住本体，即诗句的比喻义。"忽如一夜春风来，千树万树梨花开"，是一个比喻，喻体是：一夜春风吹来，千万棵梨树的花蕾就迎风怒放了，那样洁白无瑕。本体是：北方边塞真令人惊异，八月就雪花漫天，一夜之间就银装素裹。但诗人并不以酷寒为苦，萧条肃杀的冬天在他眼前好像生机盎然、梨花盛开的春天一样，可见他的情绪并没有因天气酷寒，万物肃杀而情绪低落，而是胸襟开阔，心情舒畅。这两句诗的比喻意很丰富，很美，是因为这两句诗的喻体的意思，也就是字面直接表示的意思很美，我引用这两诗就是用这字面直接表达的意思。

"情志组"发言——

古诗中有许多诗句景中有情，情中有景，读来能唤起我们感情的共鸣，令人陶醉，令人荡气回肠。也有些诗不仅有饱满的激情，还表达了诗人远大的志向，读来激人向上。

例如，杜甫的"安得广厦千万间，大庇天下寒士俱欢颜，风雨不动安如山！呜呼！何时眼前突兀见此屋，吾庐独破受冻死亦足"，杜甫由个人艰难困苦的处境想到"天下寒士"的苦难，希望"天下寒士"都能安居乐业，哪怕自己再受尽磨难也心甘情愿。由自己推想到别人，多么真切、自然；先天下寒士之忧而忧，后天下寒士之乐而乐，多么宽广的胸怀；用"广厦""俱欢颜"写出自己希望天下寒士过上美好生活的愿望，多么形象、具体。语文老师说写诗要有意象，把情感融注在意象中，我们从这几句诗中就可以体会到了。可我们写诗呢，就像马总是用一种叫声表达它的意思一样，都是一个腔调，把心中的情直接喊出来，没有一点形象性。"啊，我好激动！""啊，

我爱你!""啊,我的心激动得就要爆炸了!"(众笑)虽然这样大喊大叫,却并不感人。

有些古诗,不仅表达了深切的情感,还很有哲理性。如张养浩的《山坡羊·潼关怀古》中的"兴,百姓苦;亡,百姓苦"两句,以警句的形式一针见血地揭示了历代王朝不管是兴还是亡,最终受难的都是老百姓的残酷现实,很精练,又很深刻,正如政治老师说的"闪烁着夺目的思想光辉",既表达了自己对人民的同情,对统治者的不满和愤恨,又高度概括地给历代王朝写了个评语。这个评语虽然是给历代王朝的大人物写的,可比班主任给我们写的评语简练多了!(众笑)

又如辛弃疾的"众里寻他千百度,蓦然回首,那人却在灯火阑珊处"几句,想象多真切呀。我有一回写作文就引用了这几句来形容我构思作文时想了几天都想不出一个开头,后来忽然就来了灵感,想到了这篇作文开头应该写的形象。可见读古诗不仅能陶冶情操,还能启迪思维,增加智慧……

在答辩和评议时有同学说:请问:"众里寻他千百度,蓦然回首,那人却在灯火阑珊处",不是用来形容朝思暮想的人突然出现在朦胧的幻觉中或美好的想象中的吗?你怎么曲解了诗意呢?

另有同学也问道:人家辛弃疾是说他理想中的女子,你为什么用这几句来说你寻找一个作文的开头呢?这不是牵强附会吗?

"情志组"同学回答:这几句诗出自宋朝词人辛弃疾的《青玉案》。作者在元夕之时漫步在火树银花、游人熙熙攘攘的节日闹市,猛地发现,一个理想中的美女超凡脱俗地站在灯火稀落之中,于是诗人久郁心底的苦闷突然散开了,从苦闷中解脱出来,感到快乐,在瞬间得到了美好的体验,高兴得无法形容。是因为灯火阑珊,才有那种朦胧的幻觉之美,让诗人超脱现实,用自己的想象去满足自己的追求而获得惊喜。因为这个特点,后人就用这几句来形容一种执著的追求突然出现在想象中。我查了许多资料,王国维在《人间词话》里用这几句话比喻做学问的时候有"衣带渐宽终不悔"的执著追求。由于受到事物的触动,那种追求的境界突然出现在了自己朦胧的想象中,这也跟我那次冥思苦想那作文的开头一样,想多了,我的幻觉中突然出现了那个要写在开头的极美的形象。这不是正像辛弃疾诗中所说的情形吗?虽然他是说人,我是说物,但多相似呀。

另一同学发言:我同意这种说法。因为语文老师说过,读诗要有形象思维,这种抓住相似点进行联想和想象的方法就是形象思维。生活中的事引起的想象和诗中的意境很相似,就可以引用这几句诗来形容这种想象。

……

"事理组"发言——

读史使人警醒，数理使人精明，哲学使人睿智，逻辑修辞使人善辩，读诗使人聪慧。我认为诗常常蕴涵着历史、哲理、修辞等方面的知识，是知识天地的"缩微胶卷"、情理世界的万花筒，让人目不暇接，让人受益无穷，所以读诗使人聪慧。同样是登高望远，我们登上苏仙岭或东塔高层就满足了，就陶醉了，但诗人登上鹳雀楼后的想象却还在飞翔，千里之外是什么情景？那种新的向往，新的渴望，使他奋起。于是"站得高看得远"的朴素道理在诗人笔下焕发出了异彩，使他写出了千古不朽的名句。可见，我们观察事物也好，写诗也好，要能够像老师讲作文时说的"平淡之中有崛起"，不仅有"崛起"，还要有创新。同样是写"登高望远"，王安石却说"不畏浮云遮望眼，只缘身在最高层"，这又有另一番情趣。王安石为什么不担心自己的视线被浮云遮挡？就是因为自己是站在浮云之上的高山之巅。我想这里面还有更深的意思，就是用"浮云"比喻奸臣、小人当道，昏庸的官员糊涂无能，但只要自己有宽广无私的胸怀，就不怕小人当道，就能实现自己的远大志向、崇高理想。这又是比王之涣有创新的地方，对后人更有警醒和鞭策的作用。

古人喜欢写登山，我们也喜欢爬山，可我们没有好好体验这里面的情和理，真遗憾。我从校园学习网上查到刘勰在《文心雕龙·神思》里说"登山则情满于山"，古人在登山时或激起指点江山的豪情，或生发设计未来的畅想，或坚定建设城乡的状态，甚至还产生治理天下的理想，因而自古以来通过写登山寄托情怀和寓意的诗很多。如《孟子》里有"孔子登东山而小鲁，登泰山而小天下"的佳句，立足点高，气魄宏大；杜甫有"会当凌绝顶，一览众山小"的诗句，体现出作者有登高的决心，志向也远大；宋朝的刘过有"欲穷大地三千界，须上高峰八百盘"的壮语，这告诉我们，想要高瞻远瞩，洞察一切，就必须登上风光无限的险峰；苏轼有"不识庐山真面目，只缘身在此山中"的警句，反映出"旁观者清，当局者迷"的道理。由此我也懂得了我爷爷常说的看事情要以静观动，从外观内，超然物外，舍私利而明大局，这样才能对事物作出准确判断。古诗里写山写水的诗句很多都能让人明智，让人眼亮，让人动情。陆游的"山重水复疑无路，柳暗花明又一村"，王安石的"青山缭绕疑无路，忽见千帆隐映来"，辛弃疾的"旧时茅店社林边，路转溪桥忽见"，都有喜出望外的神韵。但陆游这两句更隽永精辟，让我们在困顿中焕发生机，在迷惘中亮起希望，在沉思中得到顿悟，在求变中得到契机，在忧伤中得到解脱，在挫折中得到力量，在徘徊中得到向导。如果人人都能真正领悟这里面的道理，就不会有人跳楼，而是勇敢地"上楼"

了。（众鼓掌）

在评议和答辩时有同学问：你是怎么看出王安石的"不畏浮云遮望眼，只缘身在最高层"里面的"浮云"是比喻奸臣、小人当道，昏庸的官员糊涂无能的呢？语文老师讲课时没这样分析呀。如果理解诗句可以凭自己没有根据的猜想，那是不是还可以由这里的"不畏浮云遮望眼"想到这诗还有孙悟空和猪八戒能腾云驾雾凌空而上就不怕牛魔王和各种妖精放妖气迷人的意思啦？（众笑）

"事理组"回答说：语文老师不是说过嘛，读古诗要联系写作背景和作者的为人。根据历史资料记载，王安石写这首诗的时候29岁，他才华横溢，胸怀抱负，在鄞县（现在属于浙江的一个地方）任知县，他组织农民修渠疏川，兴办水利，兴办学校，做了很多好事。他联系历史经验和自己的实际经验，感到应该站得高，才能扫荡"浮云"，而不贻误自己的大事。联系他后来在变法中不怕保守派的反对，敢于抵住保守势力的各种打击的事例，也说明这两句诗是抒发有远见就不怕奸佞小人阻挠的情怀，这也是前面写景内容的升华，前面写景就是为了后面的抒情。

另外一个同学说：我同意这种看法。因为古人常常以"浮云"比喻浮华在高层，玩弄权术，不思国事，不顾民众，昏庸糊涂，过着腐化生活，在历史上如过眼烟云的人。我读了李白的《登金陵凤凰台》，里面有"总为浮云能蔽日，长安不见使人愁"。金陵的兴衰使诗人联想到当时的朝廷，诗人的心牵挂着朝廷，为皇上被奸邪包围而深感担忧，可是担忧又有什么用呢？就像浮云蔽日，使人望不见都城长安一样，奸邪迷惑皇上，忧国忧民的贤人不能在朝廷为皇上分忧，只能借登楼怀古伤今，来感慨和叹息。这也是和崔颢的那首《黄鹤楼》不同的地方。虽然李白这首《登金陵凤凰台》和崔颢的《黄鹤楼》都是写黄鹤楼的可以相互媲美的名作，构思精巧，以景写"愁"有异曲同工之妙，但崔颢的诗主要表现思乡之愁，而李白这首诗既感叹历史兴亡，又表达了自己怀才不遇，不能展示抱负为国效力的忧国伤时之情，还向当朝发出了应该亲贤远佞，以免重蹈历史覆辙的呼唤。由"凤去台空""浮云蔽日"让人想到统治者埋没人才，小人当道是封建社会人才悲剧和封建王朝走向衰亡的内在原因之一。所以李白这首诗和王安石的《登飞来峰》中的"浮云"有类似的寓意。

由上述"古诗漫谈"口语交际活动中的研究性学习可见，把古诗的读、研、用结合起来，而且渗透到口语交际活动中，效果是多元的。学生口语交际内容的信息丰富了，学习资源真正"共享"了，文化底蕴深厚了，知识视野开阔了。纵向，贯通了古今，沟通了千载；横向，融合了读写说，衔接了课内外。学生批判地继承古代文化的能力、整合各种信息的能力、语言交际的能力、诗歌创作艺术审美的能力、自主学习的能力等都得到了提高。这种"活动式"的研究性学习，让老师当"幕后指挥"，学生在前台表演，让他们在语言的交流中瑕瑜互见，而又在和谐快乐民主平等的氛围中悄悄地完善自我。

从上例也可见，各种学习资源的开发、利用和整合，离不开学生本身这个动态资源的参与。学生精神生命的激活和互动是不竭之源，它使学生合作学习之流、个性发展之流不会枯竭，并保持旺盛的活力，使学生在这种动态的合作研究中互相触发创新思维的灵性，在这种动态的个性发展中，发挥多元智能的整合作用，促进综合素质和语文素养的协同发展。

（三）探究技艺

语文听、说、读、写、口语交际、综合性学习的技能技巧训练和提高是融合在智力和非智力因素协同作用、共同发展的语文学习和语文活动之中的，是以语文课和语文生活实践为载体的，因而语文的自主学习技能、技巧训练，语文的实践运用的技能、技巧训练，与对教材中作品的创作技艺的探究是不可分割的，是相辅相成的。对课文创作技艺的探究过程，也就是学生语文素养自主形成和发展的过程，是学生内在整体素质系统中各要素在语文学习环境条件下协同运作，发掘学生心理、生理的内在自组织潜能，充分发挥系统整体功能，促进全面发展，培养良好个性的动态过程。研究性学习的方式，由其开放性、自主性、内在性、各种心理机能的协同性和学习成员之间的协作互动性所决定，这种学习方式是构建良好学习环境，激发学生心理自组织潜能，促进学生内在整体素质系统各要素协同运作，增强系统整体功能的有效途径。因而，学生语文素养的发展离不开研究性学习，对文质兼美的课文的创作技艺的探究，离不开研究性学习。

如小说人物形象塑造构思的轨迹探究。小说是以塑造人物形象为中心来反映社会生活的，人物形象的社会意义是由人物性格的典型特征和鲜明的个性体现的，而人物性格的形成离不开社会环境的影响，特定的社会环境中的人物系列活动构成小说的故事情节。所以，我们引导学生分析人物性格，揭示人物形象的社会意义并探寻作家塑造人物形象的构思轨迹，必须紧密联系人物活动的特定背景和时空，即社会环境和自然环境，必须紧密联系由人物活动构成的生动的故事情节，也就是采取人物、情节、环境"三维一体"研究的总原则，在这"三维一体"研究中采取以下几项策略。

策略一：人物聚焦。

《范进中举》一课中的探究过程片段实录：

师：我们在前面学习《鲁提辖拳打镇关西》一课时，剖析了郑屠这个人

物形象，郑屠是个杀猪的，今天我们要学习的《范进中举》一课中又有一个杀猪的——胡屠夫。是不是在文学作品中，与猪打交道的只能充当"黑脸"人物——反面的、消极的角色呢？

（学生笑）

生：我看不一定。其实杀猪的在文学作品中不一定都成为不光彩的角色。虽然猪被人看成蠢、丑、懒的代表，但杀猪的不等于是猪。（众笑）三国故事中，张飞就是一个杀猪卖肉出身的屠夫，可是他在故事中却是一个忠诚、厚道、直爽、正直的人。

师：那么郑屠、胡屠夫同样是杀猪的，为什么却不厚道、不正直了呢？人物性格的形成与什么紧密相关呢？

生：人物性格的形成与人物生活的社会环境有关。

师：今天我们就来主持一期焦点访谈节目，让老胡和老郑都来接受我们的访谈。请大家先比较一下作品中所描写的郑屠与胡屠夫所生活的社会环境，看他们到底主要有什么区别。

生：郑屠生活的环境，最突出的是官僚对人民的欺压，有权有势者仗势欺人，而郑屠是肉摊的老板，地位不高但比一般老百姓有钱，又仗着狐假虎威的背景，这就使他有了欺压百姓的基础，加上社会的影响，他更想成为仗势欺人、欺压百姓、横行一方的人。

师：你从哪些内容可见？

生：从文中交代他"投托着小种经略相公门下做个肉铺户"这些内容和欺压人的行为可见。

师：那么胡屠夫是怎样的人？他与怎样的环境有关？

生：胡屠夫是一个趋炎附势、嫌贫爱富的人。他这种性格的形成与文中所写的科举做官思想有关。

生：从众人都受科举做官思想、"万般皆下品，唯有读书高"的思想影响可以看出。科举做官思想毒害的不是一个人，而是整个社会，包括胡屠夫。他们在范进中举前后表现的态度都不同。乡里人在范进中举前家里揭不开锅时无人问津，而范进中举后，就有送米的，送酒的，还有送鸡送蛋的。郑屠在范进中举前骂范进是"癞蛤蟆想吃天鹅肉"，范进中了举，就说他是"文曲星"。胡屠夫前面这样高高在上，后面又这样谄媚，像个可怜的哈巴狗，这种对比用个成语来说他的前后不同的态度是什么？（有人答：前倨后恭）这说明他的性格形成是受科举制度、科举做官思想影响造成的。

师：胡屠夫这个杀猪的，还有乡里人，都受科举做官思想影响这么深，可见封建社会科举制度多么腐朽，那受害最深的是谁？从哪里可以看出？

生：范进。他风烛残年还迷于科举考试，家里穷得老母都饿昏了，他也不放弃。

师：这是精神上受到的毒害。

生：他中举后竟然高兴得发疯，丑态百出，是胡屠夫那杀猪的手把他打醒过来。

师：这是——

生：肉体上的摧残。

生：大家都说胡屠夫和郑屠性格不同是受社会环境影响，那么同样是受封建社会的环境影响，受影响的同样是屠夫，为什么他们的性格就截然不同呢？

师：请大家对比两篇课文中所写的人物各自所受的环境影响主要是什么？有什么不同？

生：我明白了，虽然封建社会的社会制度从根本上是一样的，但是人物所受的具体的社会环境影响是各有不同的。

生：是各有侧重的。

生：事实上是各有侧重的。我认为，作者要反映的社会生活也是各有侧重的，所以他要反映社会生活的哪个方面，就选择那种环境下的典型人物来描写，写出这种人物形象，从而揭示这种社会生活的本质。

师：所以《范进中举》中就塑造了范进、胡屠夫这样的人物形象。既然塑造人物形象是用来反映社会生活的，也就是说人物形象是有社会意义的，那么这个人物形象就要代表他这一类人。同时，这个人物形象既有这一类人的共性，也有他自己独特的个性。那么从范进、张乡绅、胡屠夫、乡里人的各自主要性格特点来看，他们各是哪一类人的代表呢？

生：张乡绅是中了举没疯的人的代表，范进是中了举疯了的人的代表。

（众笑）

生：我认为张乡绅和范进都是受科举毒害的知识分子的形象，张乡绅中了举也只不过成了剥削人民的官僚豪绅的代表，范进中了举也只不过是一个疯子，他们的身心都受到了摧残。后来范进不疯了，世上也不过多了个剥削人民的寄生虫。

师：这说明科举制度无非就是造就一些鱼肉百姓的剥削者。

生：胡屠夫是那种趋炎附势、媚上欺下的庸俗小人形象。

生：应该说是趋炎附势的市侩形象。

师：由大家的讨论可见，作者塑造人物形象是有目的的，反映社会生活也是有重点的，这是我们今天研究的重点。那么请大家说说，塑造人物形象

的目的是什么？

生：反映社会生活。

师：为了形象生动地反映社会生活，作者塑造人物形象也是有方法的。这个问题下节课研究，先请大家独立学习，作好探究发言的准备。

由上例可见，教师根据小说以塑造人物形象为中心反映社会生活的特点，采取不同背景或相同背景下的"人物聚焦"的方法，进行对比或类比，有利于揭示人物形象的社会意义，并探究出作者根据反映社会生活本质的侧重点和社会环境与人物性格形成的内在联系来塑造人物形象的构思轨迹，从而发挥研究性学习的载体作用，使学生学会探究，学会学习，也学会认识社会，学会赏析小说这种文学作品。

策略二："人物专访"。

如果说"人物聚焦"是围绕小说中人物形象与社会环境之间的关系，聚集不同背景或相同背景下便于比较的若干人物的"会谈式""焦点访谈"，那么"人物专访"就是为了突出重点，围绕故事情节中某一个人物形象的个性特征及其与特定社会环境之间的关系进行剖析的"专访式""焦点访谈"。这样便于让学生在与人物"热线对话"中研究主要人物形象的个性和典型特征，从而探索出作者塑造人物形象反映社会生活的构思轨迹。

三、探究定理、定律、法则、规律——理科中的探究发现

理科中的探究一般以与教材有机联系的生产生活和科学研究中的实际问题为内容和探究对象，以科学实验等方法为研究手段，模拟生活和科学探究过程，对问题展开研究。

理科探究的主要特征是，强调模拟科学探究过程，对课题进行猜想与假设、研究与论证、评价与应用。

（一）理科中的探究发现的一般程序

理科探究的程序（见下图），一般是由生活实际与教材内容的有机联系引出要探究的问题，经历如图所示的研究过程，发现或者印证生活实际与教材总结相一致的结论。研究过程往往是通过反馈调控，不断改进，反复进行而形成良性循环的。

生活实际与教材内容　　　　　生活实际与教材结论

提出问题　　修改假设　　　　问题解决

作出假设　　调整设计←─　结论的推出和评价交流　调

探究计划　　巩固强化←─　分析过程和结果信息　控

实施研究验证假设　→　收集过程和结果信息

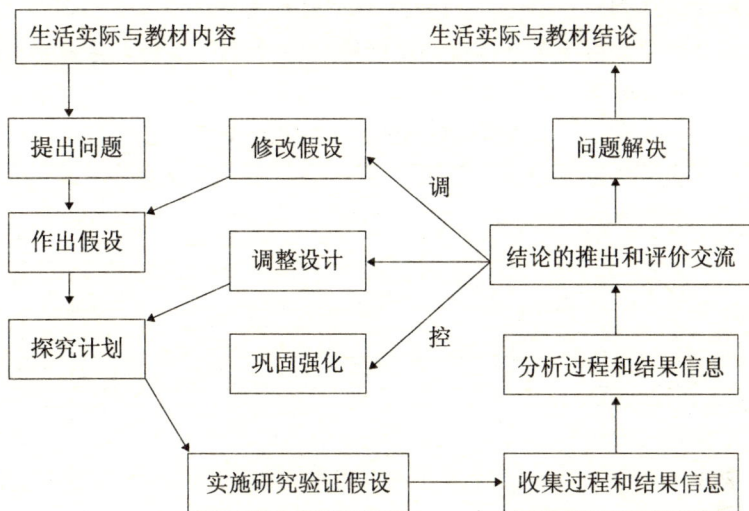

理科探究的一般程序图示

(二) 理科探究发现实施的主要策略

1. 微型科研策略。即在条件允许的情况下，把教材中的定理、定律、公式、法则推导过程或者结论阐述变成借助多媒体、网络或学生活动所创设的特定情境的师生共同探究的动态过程，让学生亲历这种实实在在的，情感、思维和行为参与的鲜活过程，在体验和探索中内化知识，发展学科素养，促进全面发展。

2. 引导学生采用"猜想论证法"。理科探究注重发现、发挥学生探索未知事物的科学猜想思维，突出理科中的探究发现程序中的猜想。猜想思维的基本过程是：提出问题——分析问题——作出假设——验证假设——整合信息调控改进研究——解决问题——得出教材结论。

3. 通过探究性活动的操作过程来思考问题。根据探究活动中的信息分析、数据处理、猜想想象，灵活选用控制变量法、类比法、归纳法、猜想与假设法、数据分析法、图像法、等效法、反证法、特殊测量法等。

科学课兴趣小组的学生看到大家平时用保温杯装的水都是同时从学校服务室打来的，温度下降速度却总不一样，根据保温杯内水量不一的情况，大家提出了问题：一样的水为什么温度下降速度不一样呢？学生把水温与水的质量以及已经学过的水有热传递作用的知识联系起来思考，提出初步的猜想和假设：保温杯里面的水温下降速度可能与保温杯中所盛热水数量的多少有关。于是大家设计出探究计划，准备用观察法、类比法、归纳法进行探究。他们从后勤处借来了10个同样容量的保温杯做实验。他们将10个保温杯分

别装上初始温度相同、质量不同的热水，放在同一个位置——教室的一角，在同一时间测量，尽量保证环境温度相同。10个小时以后，再测量水温，他们得出如下实验结果（见下表）。

保温杯内水温变化情况比较表

保温杯代号		1	2	3	4	5	6	7	8	9	10
杯内水质量/kg		2.1	2.0	1.9	1.8	1.7	1.6	1.5	1.4	1.3	1.2
水温/℃	初测温度	98.5	98.5	98.5	98.5	98.5	98.5	98.5	98.5	98.5	98.5
	末测温度	84.8	84.6	84.3	83.6	82.2	80.2	79.6	48.3	77.6	75.3
10小时后的温差/℃		13.6	13.9	15.2	15.2	16.3	18.3	18.9	10.2	20.9	23.2

学生检查实验过程，确认检测准确无误。他们对数据信息进行分析、类比，结果发现8号保温杯中的温差变化趋势与其他保温杯比较，明显不同。大家进一步提出问题：这个实验是否存在缺陷呢？大家进一步检验实验器材，发现器材的选择上存在问题，选用的保温杯性能不一样，存在明显的差异。8号保温杯的质量差，保温性能与其他保温杯差距大。于是，他们修正假设：可能水温的变化还与盛水器材的保温性能有关。之后，他们进一步调整实验设计，精心选用保温性能一样的保温杯，进行第二次实验。最后得出结论：在保温条件一样的情况下，保温杯中水的质量越大（小），水温下降就越慢（快）。

由上例可见，探究过程的各个环节都有相应的要求。

提出问题的环节要求教师要引导学生在观察、调查、生活体验或者阅读等情境中发现问题。提出的问题应该是可以通过探究解决的问题，从而激发学生探索自然奥秘的积极情趣，使学生领会提出问题的途径和方法及其积极意义。如学生看到大家平时用保温杯装的水温度下降速度总不一样，根据保温杯内水量不一的情况，大家提出了问题，同时，这个问题又是可以通过验证和探究相结合的实验来探讨的。

教师要引导学生在收集有关信息的基础上，将所获信息、已经有的学科知识和问题联系起来尝试提出可以检验的猜想和假设，从而使学生在解决问题的同时，了解假设和猜想对于科学探究的作用。如上例中，教师引导学生把水温与水的质量以及已经学过的水有热传递作用的知识联系起来思考，提出初步的猜想和假设：保温杯里面的水温下降速度可能与保温瓶中所盛热水数量的多少有关。后来，在验证这个假设的过程中，教师又引导学生懂得初步的假设是可以而且有必要通过反馈前面做的实验来进行修正和调整的。

制订计划和设定实验时，要指导学生选择取得证据的途径和方法，决定

搜集证据的范围和要求以及所需材料和器材，并能根据研究的目的和条件选择实验方法，分析影响实验结果的因素，采用适当的方法控制变量，通过这个过程理解制订计划、设计实验、控制变量对于科学实验的意义。如上例中，学生选用在相同条件和环境下的类比法收集数据来进行验证，在进行初步验证的基础上，对数据信息进行分析、类比，发现器材选择上存在问题，于是修正假设，调整计划，再次进行验证，这就是在制订计划和实施计划中科学选择实验方法，控制变量的过程。

在观察与实验、获取事实与证据的环节，要注意引导学生正确使用基本仪器进行合理操作，能从多种信息源中选择有关信息，恰当处理观察、测量的结果，同时理解实验对于科学探究的作用。如上例中，学生通过对初次实验结果的分析和类比求异，捕捉到 8 号保温杯的水温变化趋势明显不同的信息，发现保温杯性能不一致，于是更换器材再验证。

在检验与评价环节，要启发学生将证据与科学知识建立联系，得出基本符合证据的解释，能对与预想结果不一致的现象作出分析、解释，采取相应的措施，从而了解科学探究需要运用科学原理的事实。如上例中，学生由数据分析、归纳出结论"在保温条件一样的情况下，保温杯中水的质量越大（小），保温杯中的水温下降就越慢（快）"，印证了假设，使教材上的知识活化成了探究的过程与成果。

在表达与交流的环节中，要指导学生写出研究报告，并以适当的语言、图表、模型操作示范等方式表述研究过程和结果，从而使学生认识到表达交流对科学探究的重要意义以及探究结果可能对科学决策产生良好影响和积极作用的道理。如上例中，大家通过交流，集思广益，改进了实施策略，使实验趋向准确。

第十节　亲历实践——研究性学习实施的重要依托

教育专家叶澜认为，让知识以"生命的动态"呈现，主要办法是与生活世界、学生的生活体验和成长需要沟通。知识也是有生命的，教材中的知识结论，在课堂学习中应该被还原成生命参与、情感体验、亲历实践的、能动鲜活的探究过程，让知识得到激活并在学生心灵的土壤中发芽、生长。怎样让学生把"生活世界""生活体验""探究过程"有机联结，自然融合起来

呢？研究性学习就是沟通这三者的桥梁和纽带，因为生活实践和以研习为核心的活动实践是研究性学习的重要依托：生活实践，是研究性学习的立足点；以研习为核心的活动实践，是研究性学习的载体。

一、生活实践——研究性学习的立足点

研究性学习的研究课题来源于学生的学习生活和社会生活，研究性学习课程超越了学科的视界，立足于每一个完整的人的整体生活；学科中的研究性学习则可从学科领域细化、深化生活中的主题。[①] 研究性学习是师生共同探索有关科学、艺术与人文等方面的新知的发展过程，这些"新知"蕴涵在自然、社会与自我三方面的内容中。自然是生活之"源"，社会是生活之"流"，自我是生活之"主"。自我领域中的"理想自我""合作与竞争""珍惜生命""生命与环境"等都是集中体现着生活意义和生命价值的研究性学习中的一些重要主题。

从生活的体验中得出研究主题，在研究中进一步体验生活，即从生活中来，到生活中去，这是研究性学习的一个基本特征。"研"和"用"将学习与生活紧密联系起来。"学"需要"研"和"用"；"研"和"用"需要"体验"和"实践"；"体验"和"实践"需要联系和深入生活。可以说，研究性学习与生活是鱼水关系。

美国教育心理学家加涅认为探究性学习主要属于概念学习（即通过概念来了解事物的性质）、规则学习（即懂得概念与概念之间的联系）、问题解决的学习（即运用概念和规则来解决问题）这三种学习，特别是问题解决学习。[②] 又因为探究学习是研究性学习中的一种联系生活实际探索学习者未知的领域、事物的本质属性及其内在联系，寻求解决问题方法、规律的方式，其目的是发展学生运用科学知识、原理解决生活中实际问题的能力，同时使学生领悟科学的实用性、暂时性和发展性，所以研究性学习立足于生活。指导学生将研究性学习与生活联系起来的主要策略有以下几点。

（一）体验内化法

内化即新学得的知识与原有认知结构或图式中的相关部分建立起非人为和实质性的联系。这需要引导学生通过探索、研究、感悟、发现，将新知识

---

① 李谨瑜，柳德玉，牛震乾主编. 课程改革与教师角色转换 ［M］. 北京：中国人事出版社，2003（173）

② 李谨瑜，柳德玉，牛震乾主编. 课程改革与教师角色转换 ［M］. 北京：中国人事出版社，2003（27）

同化到原有的认知结构或图式中或实现认知结构、图式对新发现的顺应。这样才能使学习有心理意义，新知识才能内化为学生自己的心理品质，同时使原认知结构得到改造和更新。要使学生形成有意义的学习心向，学会有意义学习，必须使学生学会体验内化。

学生在语文课看图写话题作文训练中学习了"漫画与生活的关系"的知识，于是与美术课联合，开展了一次"漫画与生活"的专题研究。学生在调查中发现中外动画和漫画与各自的民族风格、生活情趣紧密相关，如我国的动画漫画，突出表现中国人善良的天性，体现人性的闪光点，多以崇尚正义、鄙夷邪恶为主题，有喜剧特色。而美国动画和漫画则有丰富、幽默的生活情趣和语言。日本的动画和漫画，很多体现团结和拼搏的生活观念，体现人类智慧的力量和战胜困难的气魄。通过实际观看和体会动画、漫画的生活实践，学生还发现日本漫画和动画很受同学们青睐的主要原因是日本漫画更贴近青少年的生活，特别是注重反映校园生活和大家的热门话题——体育，如《灌篮高手》中的艺术形象，被学生看成了自己生活中的人。于是他们又进一步认识到，中国的漫画和动画应该在内容上更贴近现代生活，有更浓厚的时代气息和反映各年龄层次的人的生活情趣，具有分别适应各年龄段的人观赏的内容，并且在艺术上应学习外国的创作特点，更有背景的丰富性、动态的真实性、形象的立体性、语言的幽默性、情节的生活性。

学生还研究用电脑绘画提高漫画制作的经济效益和社会效益。

与此同时，学生写有关漫画的话题作文也就更有生活化的内容和气息了。因为他们真正内化了漫画反映生活的艺术特点，同时加深了生活的实际体验。

（二）"有意义"探索法

即学生在生活实践中运用知识、技能、原理、法则，使解决问题的过程不是机械地照搬和盲目地尝试，而是在真正理解问题解决的条件与问题、现象与本质、已知与未知之间的关系以及所要用到的法则、定理的基础上，在有意义的思维路线上进行具有创新性和探索性的实践的方法。

在综合课的"怎样在新闻写作和报道中展示'小记者'风采"的专题研究活动中，学生先是从语文课的新闻范文阅读中了解新闻的基本常识，懂得新闻一般应具备标题、导语、主体三要素，具有简明性、真实性、时效性等特点，明确新闻从传播媒体看有广播新闻、电视新闻、报刊新闻，能区别新闻（消息）与报告文学等体裁的区别与联系，通过观看各种媒体对同一事件的报道了解其差异，通过观看访谈类节目了解采写新闻的知识。同时，学生关注各种媒体中多种视听形态和不同体裁、多样风格的新闻作品，感悟写作和报道艺术，通过模仿小型新闻发布会的形式交流信息。

这样以读带写，以模仿促实践，通过"读——仿——访——写——播"的过程，使新闻阅读与新闻采访及新闻写作联系在一起，系统安排，整体推进。学生在实践中探索感悟，学会了以新取胜，以小见大，以镜头语言促主题深化，以金字塔结构突出重点等方法，学会了在考察、走访、采访、追访中走入新闻事件，走近新闻人物，当好信息的天使、群众的代言人。

(三)"两整合"（学科学习与生活实践的自然整合）研习法

研究性学习的实施是学习方式的一种变革，这种变革能使学生更多地关注社会、融入社会、知行合一，加深认识学习的价值，培养学以致用、实践创新的意识，形成积极的人生态度、求实精神、多元智能。

在一次语文、数学、物理、美术、地理五门学科联合组织的研究性学习活动汇报会上，家住春陵河畔的学生组成"家乡三江水电站"研究课题组，利用多媒体先后展示了两组对比鲜明的图画。第一组是几幅写真图。在号称春陵河畔"米粮仓"的"神仙垌"中，三条小河蜿蜒绕绿，隔野相望，自东向西，流至田垌偏西处汇成一条主流，沿着坡度增大、两岸高陡的河床，奔向春陵河。在田垌中三江并行处，一条水渠连通三江，时隐时现地横向北山麓，然后绕北山向西直达低洼处一小水电站。奇怪的是三江水流滔滔，而渠道里的水却不多。第二组也是这个"神仙垌"的三江相汇图。然而，比上一组更具气势。三江已拓宽修直，横渠不见了，三江如三条大动脉贯穿绿色的田野。偏西处，三江汇合后的主流，水面比原来升高、加宽了，水流变得平缓，船行悠悠。沿江大道绿树成荫，主流直通靠西的"停鸥山"下山青水秀的人工湖。湖水通过落差很大的引渠直注春陵河畔新建的三江水电站。更有趣的是，图景还相应地配上了悠扬动听的音乐。

师生七嘴八舌地议论、猜测这两组对比图的内涵，赏析其中的科学创新，评价其中的艺术造诣，分析其中的物理原理。去过此地的人说第一组图才是现在的真实面貌。那么，第二组图表示什么呢？

学生听完了该课题组的汇报才茅塞顿开。原来老家在"神仙垌"的同学针对家乡水利资源丰富却还要用外地输入的电，价格昂贵且常断电的问题，利用暑假时间，对家乡小水电站进行了一番考察，通过一个同学在县水利水电局工作的舅舅的帮助，综合分析有关资料和实地测量的数据，了解到横渠积下了很厚的淤泥，地下渠因地质的原因，多次崩塌，难以完全疏通。通过分析测量数据，他们认为用不着开辟横渠，引水向北折西，把水电站建在西北角。只要将三江和汇合后的主流拓宽、修直，在与这主流相通的春陵河河湾筑堤，把河湾建成人工湖，用于蓄水、提高水位、养殖和游览。在湖水通过引渠注入春陵河的入口处建一个水电站。这样，根据人工湖的储水量、引

渠的落差、流量等，发电量比原水电站高几十倍。

这样，集发电、养殖、水上运输、旅游建设于一体的多功能改造蓝图就初步酝酿出来了，既可充分利用当地的水利资源，又利于水道疏通和环保建设。河渠不用开地下渠道，工程量并不比原电站建设大多少。

他们还调查了原电站设计不理想的由来。原来十年动乱时期，"左倾"思想支配一切，当时有一个学者提出了多功能开发的建议，却被当时认为"知识越多越反动"的人当成"毒草"打入冷宫。

由此可见，虽然小研究者们的创见还不是很严谨、完善的，但他们竟然与老学者有异曲同工之处，有指点江山之勇气，有务实创新之意识，这就是可贵可嘉的。

研究性学习从现实生活环境中提出问题，自选课题，将所学知识和现代科学技术、先进理念用于探究发现，使学习方式生活化，学习过程求实化，智能发展多元化，使教学更有情趣和意义，更有生命活力和创新灵性。

二、实践活动——研究性学习的载体

研究性学习的自主发现、探究体验、实践创新、发展成长的过程特点，决定了学生的研究性学习离不开以研习为核心的活动教学。

"活动教学的理论认为，就学生的学习过程而言，从某种意义上说是对人类文明发展过程的一种认知意义上的'重演'，是对人类大致所经历的某些必要过程的'亲历和再现'，是带有创新、发现性质的学习，只有使学生像科学家一样，对他们所不知道的未知领域进行探索发现，才能主动实现对客体的不断深化和提高，只有使学习主体通过'再现'和'重演'人类的某些社会历史活动，去'占有'具有独特形态的活动成果，才能真正促使学生认识的深化和发展。"[①] 因而以探索为中心的活动教学是塑造和建构学习主体的重要途径，是以外部操作促使认知内化的动态过程，活动引发主动，主动促进活动，所以活动教学是学生主体性真正落实的有力保证。学生通过自主思维内化活动、行为外化活动，经历知识价值的生成过程，经历知识的运用过程，才会实现学习对象与自我的双向建构。

活动教学，引导学生在研究性学习中把理性认识与非理性认识协同起来，把概念抽象性、逻辑推理性的认知过程与对人文精神的感受、情感的体

---

① 李谨瑜，柳德玉，牛震乾主编. 课程改革与教师角色转换［M］. 北京：中国人事出版社，2003（109）

验和熏陶、心灵的化育、精神生命的激活有机融合起来，是情知互动、多元智能发展与人格构建相互促进的过程，是感性认识上升为理性认识的过程。活动教学将学习内容回归学生生活，融汇学生体验，使学生通过创新思维的能动作用、情感与认知的交互作用，焕发研究性学习的生命活力，促进课程内容的生成和建构。

下面是八年级一次"说古代诗文，话今日环保"活动的过程片段。

主持人："野芳发而幽香，佳木秀而繁阴，风霜高洁，水落而石出者"已不只是当年欧阳修笔下的境界，风物宜人，人类与大自然和谐相处，也是当今时代的执著追求。可见，爱自然、爱环境是人类永恒的话题，自然美、环境美既是我们的物质文化之美，也是我们的精神文化之源。许多优美的古诗文蕴藏着人类与大自然和谐相处的深刻道理，启示着人们的环保意识，呼唤着我们保护生态平衡的良知。让我们共吟美诗佳句，同叙环保佳话，从环境的角度谈欣赏感悟。

生："问渠哪得清如许，为有源头活水来"，朱熹面前的一口方塘都需要永不枯竭的源头活水才能保持清明如镜，人类的江河湖海又何尝不需要我们爱护水源？

生：这两句诗也启发我们懂得，要有保护环境的行动先要有爱护环境的感情，认识生态平衡的重要性。

主持人：是呀，眼前的环境要美化，心中的环境更要优化。

生：我引用两句："苔痕上阶绿，草色入帘青"，让我们的居住环境更优雅。

生：我说："无丝竹之乱耳，无案牍之劳形。"

生：我认为这两句用在这里说明保护环境不适合，这两句是说没有奏乐的闹声来扰乱耳朵，没有官府的文书来劳累身体，是表达陋室主人不受世俗羁绊的心情，用到这有点"东扯葫芦西扯瓜"的味道。

生：前句还可以，表达对没有噪音干扰的安静环境的向往。

生：前句也不很准确。我查过资料，噪音要到一定程度才对人体产生不良影响，可这里没有说明。

生：我引用两句："晴川历历汉阳树，芳草萋萋鹦鹉洲。"

生：这"鹦鹉洲"是黄祖枉杀祢衡的地方，引用这两句表达爱护环境的意思不妥吧。

生：我们现在从这两句的水清树绿，芳草青青这个意思看可以，不必追究发生在这地方的事。我查了网上资料，清代沈德潜评价这诗说"意得象先，神行语外"。我们引用这两句表达爱护大自然的美丽也是"神行语外"，

由这诗描写的美景产生美丽的想象，表达对美好环境的向往。

生：我引用"半亩方塘一鉴开，天光云影共徘徊"。半亩方塘像一面镜子那样澄澈明净，天光云影都被反映出来，闪耀浮动，静中有动，明净宜人，生活在这样的环境里包你青春靓丽。（众笑）

生：你别"卖广告"，这两句本是朱熹用景物比喻读书时豁然开朗的感受，你怎么也扯到这。

生：诗中水明如镜清澈见底的境界，他朱老先生用来比喻读书豁然贯通，我孙大圣用来表示杀掉妖魔，保一方净土不也可以吗？（众笑）

主持人：这像语文老师说的"赋予诗以新意"。你读活了"古董"。

生：我引用"芳草鲜美，落英缤纷……屋舍俨然，有良田美池桑竹之属"。这儿没剥削压迫，也没有因为环境受到人类破坏而报复人类的灾难。

生：这儿的臭氧层不会出现"大窟窿"。（众笑）

生：这儿控制了"温室效应"。

生：这儿科学处理了"酸雨"问题。

生：这儿注重清理宇宙垃圾。

生：这儿没有核污染。

生：这儿能化"三废"为"多利"。

生：这不是世外桃源，这是宇宙乐园。

主持人：美好的环境在我们心里，也展示在大自然的四季中，还是让我们按春、夏、秋、冬的特点依次说吧。先请大家咏诗引句说春天。

生："碧玉妆成一树高，万条垂下绿丝绦"，春意盎然。

生："渭城朝雨浥轻尘，客舍青青柳色新"，清新宜人。

生："柳挂九衢丝，花飘万家雪"，春到万家。

生："天街小雨润如酥，草色遥看近却无"，春雨润物。

主持人：古代许多诗是诗中有画，画中有诗。古人还说，书画同体。我们可以将诗、画、书法等艺术融合起来吗？

生："日出江花红胜火，春来江水绿如蓝"，看，家乡春陵河治理"三废"后山明水秀的景象。（展示水彩画，众交口称赞）

生："黄梅时节家家雨，青草池塘处处蛙"，看，这是乡村夏雨图。（传赏山水画）

生："荷叶罗裙一色裁，芙蓉向脸两边开"。这是家乡桂阳有色金属之乡，净化工业废水后出现的秀丽夏景。（传赏融诗、画、书法于一体的佳作）

生："稻花香里说丰年，听取蛙声一片"。这是我们班"书法新秀"王敏的佳作。

生："八月桂花遍地开，迎风的旗帜飘呀飘起来，张灯又结彩，张灯又结彩……"，李艳同学唱着活泼奔放的歌曲，走向讲台，把一卷轴展开："枯荷叶底鹭鸶藏，金风荡，飘动桂枝香"，这是桂花飘香时节的家乡图景。污水清除了，白鹭亲人，鱼儿戏莲，喜得这儿的姑娘都不愿嫁出去了——你看，这儿"竹喧归浣女，莲动下渔舟"，那儿"争渡争渡，惊起一滩鸥鹭"……

生：宋朝爱国诗人陆游《咏东湖新竹》中有"插棘编篱谨护持，养成寒碧映沧浪"，我们要精心呵护自然环境。

生：光是"插棘编篱"还不行，还要懂得生态平衡的规律，用科学方法创造维护生态平衡的条件。唐代"诗鬼"李贺在《竹》这首诗中说："露华生笋径，苔色拂霜根。"我们要让自然界的万物有这样一种相互扶持助生的情形，又要让它们像鹿和狼在竞争中生存发展一样，保持生态平衡。

……

由上例可见，学生的知、情、意、行、个性人格都在互动互促的活动中形成协同效应。其精神生命，以头脑风暴等方式相互激活；其创造灵性，以相互评价等方式相互激发；其探究过程，以自我反省等方式自主监控。情感态度、价值观引领了知识技能、过程方法的不断优化。如果说自然界的生态平衡是一种无数生命在相互激活中平衡发展的动态过程，那么充满生命力的课堂教学运行体系的形成过程、课程的生成与建构过程，又何尝不是如此呢？

第十一节　审美创美——研究性学习中重要的价值取向

人们爱生活，拥抱生活，以乐观向上的心态面对生活，是因为人们对生活中美的向往、追求、创造、欣赏、享受。生活是美之源泉，研究性学习立足于学生生活，取材于生活，也就离不开生活的审美。研究性学习常常伴随着审美愉悦，发现美、欣赏美、创造美是研究性学习的内涵和动力。例如，语文渗透到各科之中，语文中的母语美和包括语文在内的所有学科的社会人文美、自然科学美、文学艺术美以及这些学科的研究者的形象人格美等方面的追求就必然是研究性学习的质的内涵和重要价值取向。下面以语文研究性学习为例，阐述研究性学习的审美价值取向。

语文的外延等于生活的外延，语文的内涵融注着生活美的内涵。因而语文教学必须营造温馨、和谐、宜于让人受到美的洗礼、酝酿创美灵感的人文环境。这就要求教师引导学生把握语文学习中的审美价值取向。研究性学习，思维是开放的，体验和感悟是个性化的，内容也往往是丰富多彩的，更需要教师在审美价值取向上给予正确导向。

一、把握实质，发掘和拓展教材的内涵美

教材的文化底蕴往往渗透着某种审美内涵，或是张扬一种高尚的人文精神，阐述一种进步的思想观点，或是寓美于对邪恶的揭露、剖析、嘲讽和针砭之中，或是肯定一种历史的进步，或是颂扬自然境界中有意义的事物、事理。在语文研究性学习中，既要发现、发掘这些内在的美，又要拓展、创新、延伸教材外在的美。怎样处理这两者的关系呢？我们不能局限于教材中美的境界，将教材内容的接受作为终极目标、唯一目的，即所谓的"以本为本"，也不能完全否定教材，完全把教材中蕴涵的思想当成消极、落后的东西，或者忽视教材的学习载体作用、拓展和创新的例引作用，不求对教材内容的深入探究和审美感悟，只追求内容的拓展和构思技巧的创新，结果使这种"拓展"和"创新"因没有以教材思想内容作为参照物，以构思技巧作为导航灯，失去了明确的价值取向和有效的艺术技巧导向。

如在教学人教版九年级语文《蒹葭》一课时，如果硬要将诗中情境定格为男女相望、相追的爱情特写镜头，就会限制学生的想象空间而把其意境只诠释为对爱情的执著追求，甚至有庸俗之嫌。我们根据这首诗朦胧美的特点，在媒体情境中展示蒹葭起伏，水路迂回，水岛朦胧，佳人缥缈的音像，让学生结合文字表象谈意境感悟，结果，他们的想象各具特色：纯洁美好的爱情美、向往美好的憧憬美、执著追求的理想美、艺术创作的朦胧美、天人合一的质朴美……真是"一千个读者就有一千个哈姆莱特"。进而，学生在领会赋比兴艺术特色的基础上，个性迥异地续写了这首诗。

这一案例中，教师根据阅读的期待视野，在情境创设中留有余地，引导学生补充文中空白，揭示文中内涵，准确把握研究对象的人文、艺术美，批判地继承古代文化。活动既有继承，又有发展；既有借鉴，又有创新，在人文思想和创作艺术上真正实现了超越教材，超越自我，超越课堂，实现学习对象和自我的双向建构。

理科中的研究性学习也能激发学生的审美情绪。我们要充分发掘教材内容的审美内涵及其与生活的审美交汇点。

数理的美丰富多彩，如表现形式的简洁美、推理的逻辑美、数形的变化美、排列的数列美、公式的概括美、形体的形态美和和谐美、图形的对称美和比例美、无穷奥妙的奇特美和魅力美等，它是抽象理性美与具体感性美的自然交汇，它是数与形珠联璧合的天然美，它是物与理互为因果的哲理美。数理美是美的高级形式，教师要引导学生按照美的规律去发现美、感受美、创造美。

如学生在生动活泼的数学和理化生课研究性学习中，常常能发掘其内在美，如同欣赏一首首好诗。在探究圆周长公式 $C = 2\pi r$ 时，师生感悟到天地间无穷个圆的宏观美，圆周长和半径之间关系的简洁、奇妙、和谐美，体悟到数学家用心灵和智慧所创造的数学表达的艺术美。理化课揭示出原子、中子等微观世界中的形式美，规律美，动态美，物质世界质量守恒定律的妙趣美，量变与质变的内涵美。生物课使学生领略到大自然的生态平衡美，天人合一美，生命运动美……师生在审美愉悦中陶情、启知、悟理、生创。

可见，研究性学习以美激情，以情促探，以探生知，唤起美感、情感、创新灵感的协同效应，很有亲和力、凝聚力、内驱力、知情能三维共生的促动力。

二、推陈出新，借鉴教材创新学习的资源美

"洋为中用，古为今用"，这是符合审美原理的。"人生天地之间，大致说来，主要有三种不同形态的美，那就是自然美、社会美和艺术美。因此，我们接受美的教育主要有三种方式，那就是自然美、社会美和艺术美。因而，我们接受美的教育主要也有三种方式，那就是自然、社会和艺术。"[1] 自从人类开始用审美的眼光来看待世界以来，大自然就成为人们的审美对象。[2] 描写自然美的诗词、游记、绘画等，"不仅吸引着不同时代、不同民族、不同阶级成千上万的人去欣赏、去赞美，而且有些正成为人类艺术宝库中的珍品"。[3] 社会美直接体现了人的本质力量的审美对象。社会美一方面具有历史继承性，过去的审美观点无所不在地影响着现代人的审美观点；另一方面，它又是社会的群体产物，群众的爱好和趣味常常支配着一个时代的风尚。社会在不断前进，时代的风尚也在不断变革和创造，因此，怎样正确地引导社

① 蒋孔阳，朱立元主编．美学原理 [M]．上海：华东师范大学出版社，1999
② 蒋孔阳，朱立元主编．美学原理 [M]．上海：华东师范大学出版社，1999
③ 杨率，甘霖著．美学原理新编 [M]．北京：北京大学出版社，1996（38）

会美的健康发展，关系到一个时代的精神文明的发展方向。① 艺术是最能体现人类不断自我创造和自我发展的美。艺术审美是最重要的美育方式。自然美、社会美是艺术美的源泉；艺术美是自然美、社会美的创造性表现。"生活的苦乐，人心的向背，这才是文学艺术之所以能够产生转移人们的心理气质和精神面貌的美育作用的根本原因。"② 我们应该充分借鉴和利用教材中能够陶冶学生健康的审美情操，提升审美认识的资源，以研究性学习为渠道，把语文课中的艺术审美创新活动与自然观赏、社会生活、课外艺术欣赏的审美感悟活动相沟通、相融合。

如在"古诗托物言志，寓理于诗"的专题研究性学习活动中，教师引导学生运用求同求异研究法，比较苏轼的《题西林壁》、王安石的《登飞来峰》和杜甫的《望岳》，发现三首诗都有登高望远，意境悠远的特点。苏轼的"不识庐山真面目，只缘身在此山中"，与王安石的"不畏浮云遮望眼，只缘身在最高层"，都有因立足点、观察角度、所处的环境不同，则见识深度、广度、清晰度也不同的哲理。但王安石突出登临极顶，小视群山的决心，成之于中而形之于外，意气扬扬，催人奋进；苏轼突出"当局者迷，旁观者清"，超然物外，才能保持明智的生活哲理，发人深省，耐人寻味。王安石突出高瞻远瞩、不畏浮云、坚信正义战胜奸邪的远大抱负，情理并举，浪漫飘逸。在学生感悟这种艺术造诣和审美价值的基础上，教师引导学生学习运用这种托物言志、寓情理于物的艺术构思描写景物。如有学生看了多媒体展示的泰山景象后，写道：

泰山

或远眺，或近看；或俯视，或仰望；

或横瞄，或纵览……

我自岿然不动，泰山由我尽赏。

俯瞰高耸平原，丘陵脚下荡漾。

仰望风云变幻，神雕更增动感。

纵览层叠巨浪，节奏划上蓝天。

横看稳重磅礴，海啸又能怎样？

坐观景象万千，只缘投影胸间。

"坐观景象万千，只缘投影胸间"，这两句耐人寻味，是全诗主题的升华，显然，这种富理于物的方法是对苏轼、王安石的模仿创新，而前面的烘

---

① 蒋孔阳，朱立元著. 美学原理［M］. 上海：华东师范大学出版社，1999

② 蒋孔阳，朱立元主编. 美学原理［M］上海：华东师范大学出版社，1999

托、铺垫句也是借鉴古诗中形神毕至的手法写的，但又有借投影变幻角度，以观察者的"不变"应景物"万变"的巧妙构思，而且写出了只要对事物"成竹在胸"，就能把握事物的千变万化这一哲理。在这推陈出新的过程中，学生的生活体验和在信息技术媒体情境中学习的感受，在古诗文艺术手法的创造性运用中得到了升华和形象表达。

在孟子的《得道多助，失道寡助》一课的研究性学习中，教师先引导学生明确战争取胜的重要因素是天时、地利、人和，而人和的实质是得道，由果及因地论证，环环紧扣，层层推进。然后，教师让学生联系当今社会问题谈文中道理的借鉴意义和受到的启示。有的说："假如我是国家元首，我将从各省选出忠诚为民的'保民卫士'，由国务院直接派出，到异乡别地巡查暗访，保证人民利益不因贪官腐败而受损害。因为'民可载舟，亦可覆舟'，民心不可违，孟子所说的'道'，我想它的含义在今天可理解成爱民、为民。"有的说："假如我是国家最高法官，我要实行国家元首和地方官的监督制，对各级领导实行网上民意测验。对不为民众办事的官员可以根据监督评议和民意测评随时免职并给予适当惩罚，保证国家民心所向。因为得民心者得天下，孟子的'民贵君轻'思想应得到公认。"有的说："假如我是联合国主席，我要制定完善的国际法律，保护真正的人权。像日本右翼势力那种歪曲历史真相，美化侵略暴行，并把篡改后的历史内容写进小学教材的'失道寡助'、受到正义者谴责的行为，一定要受到国际法律的制裁。像美国寻找借口支持"台独"势力，以维护人权为名，侵略别国内政，醉翁之意不在酒的阴谋和行为，应受到国际法律的裁判和处罚。要形成这样一种国际局势：不管违民心者怎样强大，冒天下之大不韪，就必然遭到孤立。"

这种借鉴孟子观点，运用孟子的逻辑推理方法谈对现实的看法的研究性学习方式，创造性地利用了教材文本的艺术审美资源。

三、涵泳积淀，弘扬教材的母语文化美

中华民族的母语文化博大精深，浩瀚的祖国文化典籍、文学作品汗牛充栋，丰富多彩的汉语语言是祖国优秀文化的载体，而汉语语言本身也是优秀传统文化中的瑰宝，它积淀了中华民族的智慧，凸现出华夏文明发展的印迹，激活了代代人语言艺术创造的灵性，陶冶着代代人的高尚审美情操。古训、名言、警句、格言、对联、谚语、成语、俗语……林林总总，美不胜收。语言内容和形式都富有审美价值。人生真谛、治学明道、修养启发、道德警示、人才培育、风物陶情、文史借鉴、政治改革、世道扬善、文学创

新、科学发明、艺术创造、认识思辨等，或凝练，或铺陈，或幽默，或庄重，或形象，或平实，或含蓄，或简明，或深奥，或通俗，表达方式灵活多样，修辞手法各具特色，如珠玉落盘熠熠生辉，如繁花荟萃赏心悦目。还有文学创作的技巧美、风格美。婉约派令人情思悠悠，豪放派令人豪情激荡。总之，健康进步的内容与艺术形式的完美统一，展示着极高的审美价值。怎样引导学生在研究性学习中，通过对这种"完美统一"的探究，实现母语文化审美的陶情、启知、励志、拓思、修身、引创、导行作用，同时提高学生的语文素养呢？以下策略是行之有效的。

（一）"景语——情语"策略

桂阳蔡伦中学所在地有个蒙泉井，井水甘甜可口，纤尘不染，家乡人每论及此泉，都很自豪。然而学生观看此井后的作文描述却只是写出了井水的清澈、明净，读起来味同嚼蜡，没有情趣。后来，语文老师引导学生用"体情赏景悟意境"的方法研读了杨万里的《小池》一诗。下面是课堂实录片段。

师：在诗人的眼里，"游山则情满于山，观海则情溢于海"，今天我们读的《小池》这首诗，流露出作者怎样的心情呢？

生：爱情。（众笑）

生：那么这首诗，照你看是杨万里抒发爱情的，写儿女情长，属于"花前月下"那一类吗？

生：我不是这个意思，可能是你自作多情了。（众笑）我觉得"树荫照水爱晴柔"意思是小池边的树木十分爱恋这晴暖柔丽的风光，就好像青年男女处在热恋中互相珍爱着的温柔之情一样。树木把池水当成镜子，照出它那婀娜多姿的身段，与和煦晴风共同表达着对温馨的珍爱。

师：你是用青年男女珍爱爱情的温馨比喻诗中树木珍惜柔和的风光。

生：我同意这种看法。因为"爱晴柔"与前面的"惜细流"呼应，可以看出树荫、泉眼都很爱惜这柔和的景象。泉眼静静地流着，含情脉脉，珍惜细小的水流，因为这是从它心里流出来的，是它的心语。而树荫对晴日柔风也很珍爱，因为这种环境的宁静和暖正是适合树木沐浴阳光的，就好像青年男女爱温馨生活正适合他们文静的性格一样。

师：你能联系生活中的情感体验体会诗的意境，很好。（有学生笑）当然，我不是说你对爱情已有体验，这方面是你的联想。大家说对和平宁静情趣盎然之景的珍爱之情其实是谁的情感呢？

生：是诗人的。这是借物抒情。

师：可见，从审美的角度来看，这里除了自然美，还有着怎样的美呢？

生（纷纷答出）：珍爱之美、温馨之美、意境之美……

师：那就请大家读出这种深切的珍爱之情、温馨之感吧。（生读，陶醉其中）

师：真可谓"句句景语皆情语"。那后两句，是不是既是景语，又是情语呢？（学生齐答"是的"）那你从"小荷"的"小"，"才露"的"才"，"早有"的"早"，联想到小荷、蜻蜓怎样的"景"与"情"呢？你又发现一种怎样的美呢？

生：荷叶还是小小的、尖尖的而且刚露出的时候，就早有蜻蜓立在那叶角上面了，可见蜻蜓多么爱小荷呀！这里有一种情有独钟之美。

生：我觉得从"小""才""早有"可见是一幅生机勃勃的图景。这里有一种生命力之美。

师：这"生机勃勃"里蕴藏着诗人怎样的感情呢？

生：疼爱之情，像妈妈疼爱孩子，也是珍爱之情，与上文相互映衬。这是一种怀柔之美、呵护之美。

生：这里有一种欣喜之情，蜻蜓早就在盼望着荷叶的露出，现在露出来了，那么清新，它多么喜欢啊！所以也是欣喜愉悦之美。

师：可见这是景语，又是情语，更是美语。这两句是千古名句。人们就像大家这样联想、体悟，由诗中意境从不同角度生发开去，想到不同的寓意。大家认为有些怎样的含义呢？请大家用"我从这句中的什么想到什么"的句式说说。

生：我从蜻蜓的"立上头"和"早已"想到诗人和大自然和谐相处的情怀。

师：就请大家读出这种和谐的喜悦情韵吧。前面，语调平和些，后面上扬，更加爽朗。（学生有表情地朗读，各具情态）

生：我从"小荷""尖尖"，想到小巧玲珑的小生灵受着蜻蜓的细心呵护，这象征着幼小的生命受到充满爱心的人的关心爱护。

师：你们由诗人的"情语"，到自己的"情语"，受到了美的陶冶，通过联想、想象，赋予了诗句更深、更新、更美的内涵。

生：老师，那我们写诗，要写出情语，是不是先要有要写的情呢？

师：还是问问诗人杨万里吧。杨万里是不是先有"蜻蜓立上头"的惊喜之情，才写得出看到"蜻蜓立上头"的情景呢？

生：不是，他是触景生情。

生：也可能是他本来就有热爱大自然的感情，现在看到这种情景就正好唤起了这种心情，所以就借景抒情。

生：他原来就热爱大自然，爱美之心人皆有之嘛，现在眼前情景更使他喜爱，产生新的感受。

师：你们说得很有道理。写诗往往是触景生情，情由景生，情景交融，或者是景的启示深化了情。总之，诗以言志，文如其人，美好的情感体验积累越丰富，创作经验积淀越深厚，情感就越容易触发和升华，创作的灵感就越容易产生。前次请大家写的"家乡蒙泉井"，文章缺乏"情语"就是因为大家对有关"蒙泉"的人文历史不了解，没有体验到家乡人对蒙泉井的深厚情谊及美的丰富而深刻的内涵。今天学习了这篇课文以后，大家以小组为单位深入居民中调查有关蒙泉井的传说和家乡人对蒙泉井的感情，或者查阅桂阳文史资料，了解三国时赵子龙与蒙泉井的故事，然后再仔细观察蒙泉景观，重写蒙泉观感，相信大家一定会写得更好。

上例中的教学过程，其实就是读诗——体情——审美——学艺（创作艺术）的过程，教师在引导学生与作者进行心灵碰撞、情感交流的过程中，使学生一步步地悟出了景语之美、情语之美、意境之美、艺术之美，从而把握了景物、语言的内涵之美，达到了"体情赏景悟意境""审美悟美创造美"的目的。

（二）"通感——美感"策略

美感就是感觉器官对于美的感受和欣赏。美感体验的生理器官就是感觉器官，离开了感觉器官，就没有美感。人有各种各样的感觉器官，各种感觉器官各有分工，并交互作用去感知各种各样的事物，常常可以产生一种特殊的审美现象——通感现象。

如在教学小学六年级教材《鸟的天堂》时，教师进行有感情的朗读课文，放手让学生根据文中内容自由表演：有的学生模仿小鸟"飞"到"树"上或在"大榕树"周围环绕；有的表演人们与小鸟互相亲昵的动作；还有的学着鸟儿发出各种各样的鸣叫……这样，在教师与学生共同营造的这种欢快的氛围中，学生将视、触、听、想象等各种感官都充分调动起来，从内心获得美感，然后，教师又因势利导、趁势打铁，向学生展示这样一道说话题：

例：我仿佛听到了百灵鸟的歌声，不禁感慨："这歌声真动听！"

我仿佛_____，不禁感慨："_____！"

这样，学生在审美活动中产生通感，形成阅读的立体效应，同时，教师潜移默化地渗透思想教育，进行审美陶冶，何乐而不为？

（三）"自然——人文"策略

自然山水能唤起人的美感，给人以审美愉悦和启示，净化人的心灵，

陶冶人的情操。然而，如果人对自然山水同时还具有一种特殊的情结，如乡情、民族情、亲情、睹物怀古的感悟历史之情等，那么，对这些自然山水将更是情有独钟，更有深沉的、丰富的感情。如参观英雄成长的地方，寻找英雄的人生足迹，会有一种英雄就在眼前的心灵感悟；目睹故乡祖辈耕耘的土地，会有睹物思人，眷念故人，亲近山水的一片挚情；目睹记录国耻、民族之辱的历史遗迹，会激起扬我国威，振我国魂的心志……但在这些过程中，如果有富有感情的导游解说或对当地历史熟悉、有研究的人介绍或由曾与当地有纪念意义的大事有关的人讲解，并开展有关的专题研究活动，将会促使学生将热爱自然之情升华为感悟人文历史，继承光荣传统的高尚情怀。

我校历史老师在教有关我国古代四大发明的内容时，把学生带到桂阳蔡伦井旁边，让学生睹物怀人，抚今追昔，学生不禁感慨万千。在谈感受时，学生动情地说道："抚摸大石头凿成的圆盆上依稀可见的敲痕，井壁上因木桶上下磨损留下的凹痕，石壁上隐约可见的计数字迹，古井里千年流淌的玉液琼浆，石墩上历历在目的碎料裂痕，伴随着老师朗读碑文的动情声调，我眼前不禁浮现出蔡伦和他的助手们历经无数次尝试，日夜不停地劳作，终于造纸成功的动人情景，浮现出人们铺纸挥毫，赞叹不已的画面。于是我深深领悟了造纸发明对人类文明发展的贡献，感受到发明创造的辛勤汗水，感受到创造性劳动所带来的美感。"

瞻仰文物和观赏自然景观给人的审美熏陶何尝不是从融注观赏情感开始呢？朱光潜说："美感起于形象直觉。"学生的认识总是从感知开始的，通过感知，形成表象。教师要善于引导学生把教材资源与自然、社会资源联系起来，把教材文字形象转化为具有可感性、直接性的具体物象，通过物象的感染，感情的熏染，在教材的形象描述、理性阐述与学生的情感、思维之间架起一座桥梁，使他们感知美，品悟美，创造美，从而培养学生感受美的能力，激发学生的审美情趣。要尽可能将课文的审美因素与学生的审美经验接轨，引导学生结合自己的体验来想象、补充、增加作品所提供的画面，让具体形象融入学生的情感、美感，从而在脑中"活"起来。

第十二节　发掘潜能——研究性学习的关键

　　研究性学习既然以学生的"自主"精神、自主参与为研发的动力源，而研发的过程，又是一种艺术再创造过程，是智力因素和非智力因素协同作用和发展的过程，是思维的共振，情感的共鸣，思想的碰撞，智慧的凝聚过程，是心力的协同，创新灵性的激发过程，因而，必须充分发掘学生的知、情、意、行等方面的潜能。只有充分发挥他们的心理潜能、行为潜能，他们才有研究的积极性，才有创造性劳动及良好效应。学生的特长充分发挥了，集体的智慧之光灿烂了，研究的过程和结果就会放出异彩。

　　在各种学习资源中，学生自身这一动态资源是内因。只有充分发掘学生的内在动态资源、学生的智力和非智力因素的潜能，才能达到以研究性学习为载体培养学生可持续发展能力结构的目的。

　　发掘学生的内在潜能，不是靠简单的说教就能生效的，必须遵循学生的心理发展规律，既开源又导流。在研究性学习中发掘学生的潜能，主要有以下策略。

一、"导""信""趣""宜""励"五字策略

（一）"导"，即导向策略

　　就是重视心理和行为导向。通过媒体创设的情境或生活中的真实情境、校园文化生活中的有关活动、社区实地考察等活动，让学生认识到所从事的课题研究的积极意义，让学生有明确的价值取向——这是开其"源"。同时，指导学生采用科学有效的方法进行研究，使学生既有积极的心理指向，又有相应的技术、措施，而不至于"心有余而力不足"，"望研兴叹"，"巧妇难为无米之炊"，——这是导其"流"。

（二）"信"，即示信策略

　　也就是教师对学生自主实施研究性学习活动诚恳地表示出信任的态度，以教师的信任激发学生的自信。学生有了信心，就会有积极向上的行为，自身的潜能就会得到发挥。向学生表示信任要真诚、实在，让学生感到教师信任自己的确是发现了他的潜能。这样才能以教师的信任唤起学生的自信。

（三）"趣"，即激趣策略

教师要注意引导学生体验研究性学习的情趣。以课文中或生活中能激发学生好奇心的有趣味性的论题引导学生研究，以充满情趣的活动形式吸引学生，让学生乐在其中，乐此不疲，对探究情有独钟。这样学生的主观能动性就自然发挥出来了。

（四）"宜"，即制宜策略

也就是根据学生的心理特征、学习基础、能力结构、客观条件，引导学生提出适宜自己研究的问题。这些问题要难度适中，有条件允许，有安全感，有教育意义，能促进学生进步，有益身心健康发展。学生尝到其中的甜头，也就能"各尽其能"，展示才华，全身心投入。

（五）"励"，即激励策略

即建立研究性学习过程激励机制。以合作学习的责任互赖、目标互赖促进学生相互激励；以自评和互评促进自我激励和相互激励；以小组成员间的成果共享、荣辱与共、"同舟共济"构建激励机制。这样，形成一种互勉互利、共同向上的心理氛围，学生的心理潜能也就能充分发掘。

九年级各学科协同开展了一次研究性学习活动。学生对奥赛冠军和影视明星都有一种崇拜感，对他们创造辉煌的历程感到十分神秘，在学生心中，这些时代的佼佼者，是传奇式人物，甚至是心中的偶像。对于有关他们的事情学生都津津乐道，对于他们的一些言谈举止、发式、衣着学生也机械地模仿，而对他们真正的历程和个性特点并未了解多少。基于学生这种对体艺明星的好奇心理、"追星"心理，针对他们因缺乏人生磨炼和现实经验而导致心理脆弱、对人生认识片面的问题，教师准备让九年级各学科协同起来指导学生进行一次追溯名人足迹的小课题研究。为了引导学生主动提出研究课题，激发研究兴趣和明确研究目标，教师用多媒体展示了中国女排成长过程中的几个跳跃性镜头：镜头之一，20年前中国女排创造五连冠辉煌；镜头之二，20年后世人才盼到女排东山再起，再次走向辉煌；镜头之三，女排一次次到过去辉煌时期的训练基地——郴州训练，坚信阳光总在风雨后。然后让学生拟题、设标。学生定下的总课题为："是什么使名人迎来人生的彩虹？""怎样走过七彩人生路"，而子课题则由各小组成员根据他们感兴趣的名人的人生特点去定。在媒体情境启示下，学生将总目标定为感悟名人走向成功的人生历程，认识人生经历的复杂性、多变性、曲折性，增强对生活风波的适应能力，明确人生的价值在于奋斗。为了表示对学生研究能力的信任，教师先设计好了全班学生研究成果集的封面、展示成果的橱窗、校园区域网网

页，准备把全班同学的研究小论文、各小组的研究报告、图表、图画、照片、典型录像镜头、录音、小制作等都展示出来供大家欣赏，并准备举行成果交流会、优秀子课题表彰会。在研究过程中，有专门的信息窗口——校园广播专题栏目进行跟踪报道。研究的整个过程，系统地实施了"导""信""趣""宜""励"的五字策略，学生的心理潜能、个性特长发挥得淋漓尽致。

通过研究，学生从不同角度获得了深刻感悟。下面是从一些学生的研究报告的内容片段（有些还配有光盘、图画）：

"……太阳也会有黑子，有过辉煌的人也曾经有过阴暗。假如不能承受阴暗，也难铸就辉煌。中国女排，虽然20年前曾有五连冠的辉煌，但是世人盼来她们再创辉煌却等了整整20年。20年里，一次次失败，一次次挫折，洒汗也洒泪，伤筋也伤心，然而她们没有屈服，终于再次焕发出亮丽的光彩……"

"……冼东妹，柔道女子52公斤级奥运冠军。当她登上领奖台时，五星红旗冉冉升起，我们心头也腾起热浪，和她一起陶醉。当记者说她的腿上还有钢钉时，我们简直惊呆了，我们不知道她是怎样承受重负的。媒体报道让我们把奇迹与现实联系起来，把鲜花与汗水联系起来，把文学作品中'钢打铁铸'的巨人的夸张和比喻义与实实在在的真人真事联系起来。原来，汗水能把平常与辉煌，常人与名人，文学作品中的巨人与真实生活中的凡人拉近、重合。我们要实现'追星'的积极意义不是靠简单模仿的狂热而是靠对人生价值的执著追求。"

"……世界体育冠军王军霞、电影《一个都不能少》中的巍敏芝，是我们心中的神秘人物。奥赛场上王军霞的健美身影、电影镜头中巍敏芝的动人形象，好像离我们很近又很远，好像很熟悉又很陌生。电视的'人物秀'栏目中，主持人与她们饶有趣味地交谈，让我们更清楚，更贴近生活地认识了她们。王军霞，像个身边的大姐姐，她是那么开朗，笑声总那么甜，那么开心；她是那么清纯，对生活的叙谈毫无雕琢感，富有真情；她又是那么兴趣广泛，是奥运会冠军，又是电影中很受观众青睐的演员，还会画画，她当场就勾勒了主持人阿丘的形象，现在又是"健康跑俱乐部"的董事长。她有顽强的毅力，在训练中严厉的教练让她在摔打中流汗，但她从不流泪。为人妻为人母却不愿放弃一门学科考试，她坚持几年反复参加，最终合格。她紧张、艰难，但从不求人特殊照顾。她适应生活的能力很强，当运动员、当演员、当董事长，都是顺其自然，水到渠成，而不是好高骛远地刻意强求。那位比她小10岁、比我们大不了多少的神秘人物巍敏芝，那一颗平常心，令人感到是那样的不平常。她演《一个都不能少》一举成名后，读完高三考大

学如愿以偿，一些媒体的不实报道和社会传闻对她产生了很大的负面影响。我们总认为大学录取她是借名人创名牌。当她在电视'人物秀'栏目中告诉大家她是以文化成绩高出录取分数线 200 分的成绩金榜题名时，我们惊讶了；当她平静地说出以一颗平常的心面对负面的报道和传闻时，我们更钦佩她了；当她谈到她'从鸡窝里飞出金凤凰'的拼搏经历时，我们更感到她是那样亲切、纯朴，那样的平常而又不平凡。王军霞、巍敏芝，你们让我们真正认识到乐观、纯真、志趣、毅力、适应生活的能力、一颗平常心，是干出不平凡事业的有利因素，你们让我们学到了许多做人的道理。人生是一座有美又有险，有春风又有恶浪的七彩桥，我们心中也要有七彩的阳光……"

"……刘春红，女子举重 69 公斤级冠军。她是顶着巨大压力夺得冠军的，并打破抓举、挺举和总成绩三项世界纪录。刘春红是能在竞争高压下压不扁，拖不垮并脱颖而出的人当中的一个代表。人生难免有压力，我们做过一个调查，在一向开朗乐观、成绩中等的 20 个初二学生（全部都是独生子女）中有 17 个说有压力，有一半压力不是来自学习。为什么家长总怕我们承受压力？为什么老师越来越怕给我们压力？为什么我们自己这么喜欢远离压力？如果大家都从小就告别压力，人生的强者中还会有刘春红吗？我们要敢于从容地面对压力。"

由上例的小课题研究可见，学生的情感、心智、行为等方面的潜能从根本上得到了发掘，因此才有如此真切的心灵感悟。研究的整个过程，系统地实施了"导""信""趣""宜""励"五字策略，学生的心理潜能得到了充分发掘，良好的个性得到张扬，各项智能结构之间优势互补，从而带动了整个智能结构的进一步构建。

有一位很受家长和学生欢迎的教师，他的教学方法别具一格，他的教学设计常常打破学科之间的界限，也不拘泥于教材编排的顺序。他会遵循学生的认知规律，有机地结合学生的活动体验，灵活自如、随机应变、融会贯通地引导学生探究感悟学科知识。如在学生观察鸡鸭的生活习性时，该教师引导学生探究物理学中有关"重心"的知识，他问学生在鸡鸭被追赶过程中，鸭子为什么会向前扑倒而比鸡容易被抓到？于是学生由鸭子身体重心靠前，重垂线没有通过支点（双脚），所以容易倒的现象，很快理解了教材中"从重心引出的重垂线，如果通过支点或在物体底部的支承面内，物体就不会倒下"的道理。他们还借鉴安徽省涡阳县闸北中心学校李磊老师的经验做了如下图的实验。他们将一个长方体的纸盒，找准重心（图中对角线的交点处），用细线和小钉子做好"重垂线"（图中的箭头）。

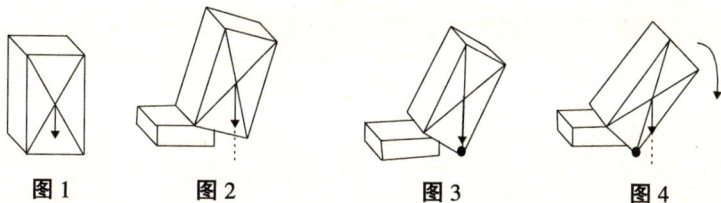

图1   图2   图3   图4

图一，当把纸盒放在水平桌面上时，重垂线在物体底部的支承面内，纸盒不会倒下；图二，使纸盒稍有倾斜，但重垂线还在物体底部的支承面内时，纸盒也不会倒下；图三，使纸盒倾斜的角度增大到重垂线与斜线重合，也就是重垂线通过支点时，纸盒也不会倒下；图四，纸盒倾斜的角度增大到使重垂线过了支点时，纸盒立即倒下。通过这样的实验操作，大家明确了郴州市五岭广场上神农倾斜身子耕地的雕像形象逼真而不会倒下的物理原理。

由上例可见，教师根据活动情境对学生进行心理和行为的导向，通过生活中的真实情境和实验情境，让学生认识到所从事的课题研究的积极意义，从而激发情感潜能。同时，教师指导学生采用科学有效的实验方法进行研究，使学生既有积极的心理指向，又有相应的技术、措施，激发了智慧潜能。

教师以信任和尊重学生的态度创设开放的课堂，让学生发挥主观能动性，从而生发积极向上的行为，学生自身的潜能也就主动发挥出来了，在实验中充分发挥了聪明才智。

教师抓住生活中能激发学生好奇心的有趣味的情境（抓鸭子），把课题自然融汇进去，以充满情趣的活动形式激导学生进一步深化研究（实验），学生的主观能动性就自然发挥出来了。

教师借助的研究方式妙趣横生，又恰到好处，便于操作，所以能获得成功（明确鸭子容易倒下的原因），从而产生激励效应，使学生主动进行实验，研究新的未知领域（神农倾耕之雕稳而不倒的原因）。活动中师生集思广益，共同创新，所以形成了一种共同向上的心理氛围，使学生的心理潜能得到充分发掘。

二、"三功能"策略

学生的学习潜能是指每一个学生潜在的、尚未开发利用的、还没有实际化的能力。学习潜能具有潜在性、丰富性、个体差异性、情境性等特点。根据这些特点和教学实践，在研究性学习中开发学生的学习潜能必须注意发挥以下三个"功能"。

（一）发挥教师魅力对于学生学习潜力的引发功能

古人说："善歌者使人继其声，善教着使人继其志。"可见，教师的魅力多么重要。教师的魅力是指教师在施教过程中，技巧性、创造性地运用各种教育要素，驾驭教育条件，达到娴熟、精湛的境界，从而形成的能对学生产生独特影响的艺术吸引力与审美感召力。它是一个人内在的知识、才能、道德情操、审美理想等心理结构的外在表现，包括学术魅力、情感魅力、气质魅力、人格魅力、智慧魅力、才艺魅力、交往魅力、形象魅力等。孔子十分强调以施教的魅力去促使学生"既竭吾才""欲罢不能"。古希腊教育家苏格拉底倡导"要多考虑旋律和韵律在教育上的使用"，通过"美的加进"，促使学生"难辞其学"，对学习情有独钟。苏霍姆林斯基说："教师如果没有吸引力他就不可能成为优秀的教育实践者。"可见，教师的魅力对于学生的学习潜能有着积极的引发功能。

教师施教魅力是教师科学素养、人格素养与艺术素养的共生与同构。教师的魅力必须在这几个方面构建：教学内容的审美性和情趣性、教学情境的磁力性和问题性、教师情感的真诚性和亲和性、教学艺术的科学性和创新性、教学语言的幽默性和形象性、课堂气氛的和谐性和愉悦性。努力做到鲁迅先生所说的"形美以感目"，"音美以感耳"，"意美以感心"，合理创设移情点，注重增强向心力，强化思维共振性，使学生形成心理顺势、情感内驱力以及思维共振。

上何其芳的《我为少男少女们歌唱》这一课时，教师调动自己从《解放区的天是蓝蓝的天》等革命歌曲中获得的情感积累，在介绍作者的写作背景时，他"老夫聊发少年狂"，豪情奔放地唱了这首歌。然后，教师让学生说说诗人为少男少女们歌唱，唱了什么，是怎样歌唱的，应该以怎样的情感朗读这首诗。这样以情促悟，以悟促读，以读传情，使学生感悟到了诗歌唱的是解放区的新希望、新天地、新力量和乐观向上的情怀。教师又让学生把自己想象成诗歌中所描写的"歌声"的意象，以歌声的名义说说看到了什么，歌声飞到了年轻人的心中有什么感受？然后教师和学生分别模拟听到歌声的不同人的形象。教师把自己想象成从国统区来到解放区的进步人士，说歌声让他看到了光明，焕发了青春活力；学生把自己想象成解放区的少男少女，说歌声激励他们奋发向上。教师和大家读得十分投入，其情也殷殷，其乐也融融。刘勰说："夫缀文者情动而词发，观文者披文以入情。"在情感和智慧和谐共生的情境中，教师的亲和魅力、启迪魅力、情感魅力开启了学生的心扉，唤起了学生的创新灵性。

（二）发挥学习资源与师生动态资源的互动功能

学习资源包括教材资源、自然资源、社区资源、校园文化资源和网络资源等。教材资源（包括文本资源、课堂教学的音像媒体），是开发学生潜能的不可多得的资源。教师在指导学生运用教材进行创新性学习的过程中，要通过综合运用多种学习资源的探究性学习过程，或者实践活动过程，发挥教材的载体和媒介作用，让学习资源与师生动态资源形成互动、互促的动态机制。从而，促进知识向能力的转化、智力与品德的和谐、继承与创新的结合，达到开发学生潜能的目的。

在上八年级语文第一单元的口语交际训练活动课时，按照教材设计的活动方法，教师组织了一次"模拟导游"活动。教师从郴州新闻网上下载了一段记者实地解说桂阳阳山古村的录像，作为学生模拟导游的示范，播放给学生看。然后，他让学生以小组为单位，根据活动前实地考察了解到的桂阳东塔、欧阳海雕像、蔡伦井等景点和文物的情况，选择其中一个景点或文物，共同设计导游词、表演过程、景点或文物的展示方式等，根据个人的特点确定导游和游客的表演角色。各组先后登台表演。结果，导游的解说富有情趣，导游和游客的对话生动活泼，用群体形象或纸模、图画所展示的东塔、雕像、岩石、山岭等形象富有创意，给人身临其境的感觉。学生的演、唱、画、导游解说、口语交际、手工制作充满情趣，相映生辉，充分展示了个性。谁说这仅仅是一次活动，这是情的熏陶，这是美的滋润，这是各种学习资源和师生动态资源的多元互动效应。国外有位学者说，本土文化在孩子心中的意象，将成为活的教材。通过这一活动，孩子们对家乡的人文内涵有了初步的感悟。

（三）发挥教法运用对于学法运用的指导功能

教是为了让学生由学会到会学，因而，教的策略必须渗透学的策略。教师在教学中可采用如下措施发挥教法对于学法的指导和促进功能。

1. 以特定情境促学生入情入境

教师创设特定情境是教的策略，学生入情入境是学的策略。教师要注意创设与教材内容相符合的特定情境，让学生入情、入境，才能发掘学生的心理潜能。游离于学习情境之外的"学习"是很难唤起学生的心灵感应的。

一次，一位教师在教学《苏州园林》一课。在导入新课时，他本来想引导学生想到"上有天堂，下有苏杭"的名言，从而唤起学生欣赏苏州园林的积极欲望，可由于他没有创设与课文相应的情境，而是采取了一种让学生接答下句的形式，结果闹出了笑话。教师说："今天的语文课，将把我们带到一个新的

地方，这个地方呀，有一句名言这样评价它，'上有天堂'后面怎么说呀？"学生抢着答道："下——有——地——狱。"这位教师因没有创设情境闹了笑话。后来，到另一个班级教这一课时，教师让学生在整体感悟课文的基础上，面对幻灯图中的苏州园林美景，以导游、外宾、诗人或者科学家的身份描述到这里的所见所闻所感，看谁说的扣住苏州园林的特点又有个性。结果，学生不仅说出了苏州园林的图画美，又融进了自己的独特感悟，让静态的文字形象变得鲜活了，变得与学生之间没有时空界限了。这就是情相投，则心有灵犀一点通，这就是学生与文本的心灵对话，这就是富有创意的心灵火花。

2. 以教师的设疑引学生的探疑

外国有句名言说："最成问题的问题是不会提问题。"质疑是发明之父，探疑是创造之母。在探究性学习指导中，教师要善于以疑引疑。

在研究性学习课上，为了让学生学习实验研究的方法，教师用塑料吸管插到玻璃瓶里，吸尽管子里的空气，让玻璃瓶里的水不断自动地流出来，然后问学生发现了什么现象，并通过实验找出原因。这样，教师通过引导学生提出问题进行实验研究，使学生初步认识了"虹吸现象"，懂得了实验研究的方法。

3. 以教学目标实施促教学目标生成

在教学目标的实施过程中，教师要鼓励学生提出不同问题和方法，促进目标的生成。

在教学《周庄水韵》一课时，教师备课预设的过程目标是观图读文，说出联想和感悟到的周庄水的情韵。在学习过程中，有学生提出是不是可以将这篇课文对比后面的附文——徐迟的《江南》。教师当即改变原来的教学设想，引导学生运用这种比较阅读法，使学生更加明确地感悟到了周庄独特的情韵。如果说教学目标的预设是十月怀胎，那么课中的动态生成则是一朝分娩。预设是胚胎，生成更精彩。

4. 以多元智能切入法促个性化学习

心理学家认为每个人都有自己智能结构中的强项，听、说、读、写、画、算、演、唱，跑、跳、手工等项目中，每个人都有相对突出的项目。教师可以引导学生运用自己的智能强项进行个性化学习。

如学习《乡愁》一课时，在了解写作背景的基础上，教师引导学生唱《思乡曲》，画"鸿雁传书"图，朗读课文，模拟表演海峡两岸的亲人相盼等，使学生各具特色地展示了诗的意境，领悟了其构思的艺术。

5. 以任务驱动促主观能动

就是以任务激发内驱力和能动性，这在英语的人物型教学模式中用得更多。英语课以特定情境中的语言运用的任务驱动学生积极体悟语感，将语言的输入与语言的输出融为一体，将跨文化的感悟与英语的学习有机结合，形成整体式课堂教学模式。

6. 以左右脑协同开发促全面塑脑

人的左脑主管抽象思维，右脑主管形象思维，协同开发才能增强整体功能。所以，我们要将突出形象思维的音乐、美术、语文活动与突出抽象思维的数理活动结合起来，注意引导学生将动脑动手相结合，因为手指尖的神经与大脑联系面广，利于全面塑脑。人脑共有 140 亿个细胞，相当于 140 亿个电子计算机，可以贮存 1015 比特的信息量。现在一般人只使用了大约 20% 的脑细胞，绝大部分潜能有待开发。因而"学生的头脑不是容器，而是有待点燃的火把"这一说法强调了潜能开发的重要性。

教师在教学过程中要以多种信息刺激学生感官，激活学生思维，强化学生内驱力，促使学生进入最佳的心理状态，选择、组合、运用信息，进行信息创新。

7. 以积极暗示促期望效应

教师的一个亲切的眼神，一次赞许的微笑，一句激励性的评价，都可以蕴涵积极的暗示，都将会收到积极的期望效应。

研究性学习的终极目标是开发学生潜能，培养可持续发展的人才。研究性学习是富有创造性的活动，如春风春雨，能催开学生的潜能之花！

一次上美术课，老师将要走进教室时，学生还在十分陶醉地议论着前节思品课老师讲的故事，特别是一向无心学习的吴闽同学更是眉飞色舞。美术老师听出了故事的大概，原来思品课老师讲的故事是《深山藏古刹》。于是，美术老师走进教室也兴致勃勃地说："大家的激情连我都打动了，特别是思品课老师的粉丝吴闽同学的描绘真是活灵活现（大家被老师诙谐的话逗笑了），他如果也画一幅《深山藏古刹》，那他将是我国古代著名画家吴道子再世（大家赞赏地笑）。凭着这种激情，《深山藏古刹》这个故事今天将要唤起大家的绘画灵感，因为灵感往往是从执著地追求和持久的激情开始。今天就请大家来一个'移植创新法'，把《深山藏古刹》中的技巧用到画春花芬芳或者瀑布轰响的创作中来。"学生一时找不到《深山藏古刹》与春花芬芳或瀑布轰响之间到底有什么内在联系。这时，老师问吴闽同学："你对《深山藏古刹》这样陶醉，谈谈这幅画的独特之处吧。"吴闽说："有一回，李俊（本班同学）从家里出来后吸着凉气，并用舌头不停地舔嘴唇，我说：'你一定是吃了又香又辣的好菜了吧？'如果按李俊这个样子画一幅《厨师的烹调艺术》，那李俊一定会成为价值特高的餐馆广告形象。（大家笑）因为这里和《深山藏古刹》一样用了老师讲的'侧面烘托法'。""是呀，古代曾经有人以《深山藏古刹》为题，请了三位画师作画。第一位画师浓墨重彩地画了深山、

古寺的全景。他按常规思路画出题意，因为太直露、平淡而没有新意。第二位画师画了丛山深林树木掩映的一角古刹。用一角暗示全景，虽然有些含蓄但也显得浅露，不给人多少联想的余地。第三位别出心裁地只画了一位老僧在山脚下汲水。看起来好像离题，但从老僧到山脚汲水，可以使人联想到深山中的古刹，多耐人寻味呀。他一反常规，创造出一个独特的画面，取得了神奇的艺术效果。""我们也可以用这种逆向思维和侧面烘托的方法，借站在瀑布下的潭水边打手势、侧耳听、用手当耳轮等侧面暗示瀑布声音大呀。""这让我想起了'踏花归去马蹄香'的绘画构思，由奔跑的马蹄上留下的花香引来蝶飞蜂舞，这不也是从侧面烘托出了花的芳香吗？"学生各抒己见。教师说："同学们悟出了'渲染'这种绘画艺术的含义和作用，也懂得了思维的变通。做什么事情都要学会寻求最佳的表现途径而不要墨守成规。很多事情是'横看成岭侧成峰，远近高低各不同'。转换角度观察生活，往往会收到不同的效果。今天的画，大家就用这种方法来构思吧，相信大家的创作一定会灵感大发，精彩迭出，亮点多多。"

上例中，教师成功地运用了暗示的策略。他看到学生激情飞扬地谈论《深山藏古刹》，便说凭着这种激情，《深山藏古刹》这个故事今天将要唤起大家的绘画灵感，这是对全班学生给予积极发挥创造性思维的心理暗示；"特别是思品课老师的粉丝吴闽同学的描绘真是活灵活现，他如果也画一幅《深山藏古刹》，那他将是我国古代著名画家吴道子再世"，这是对纪律性较差的学生给予的期望暗示；"今天就请大家来一个'移植创新法'"，"同学们悟出了'渲染'这种绘画艺术的含义和作用，也懂得了思维要变通……大家就用这种方法来构思吧。相信大家的创作一定会灵感大发，精彩迭出，亮点多多"，这既是激发学生情智潜能的积极暗示，也是在绘画技巧、学习方法上的暗示，更是创造美好人生的积极暗示。

第十三节　创新学习——研究性学习的重点

一、创新的内涵

创新，是素质教育的重点和核心。创新精神、创新意识、创新能力结构和创新人格个性的培养离不开创新学习，而研究性学习的实质就是创新学

习。创新的内涵是很丰富的，诸如学习者在发现性和探究性学习中产生新问题、新构思、新设想、新方法、新事物、新途径、新结果等的过程，也是创新学习的过程，而这种过程正是研究性学习过程和内容的重点。创新这种研究性学习的本质属性决定了研究性学习中必须有创新的意识、创新的追求、创新的勇气、创新的激情、创新的尝试性实践，这样，研究性学习才有意义，才能实现培养创新素质，形成健全人格，激活精神生命活力的宗旨。

如在《木兰诗》的教学过程中，有如下一个片段：

师：同学们，在我们读过的诗文中的女性形象，有大家闺秀、小家碧玉，有倾国倾城的美人、能诗会画的才女，有善良贤惠的村姑、勤劳守节的贞女。而《木兰诗》这一优美动人的民歌中的木兰又是一个怎样的女性形象呢？你是用什么方法感悟到的呢？

生：我觉得木兰是一个具有勤劳美德的可敬可爱可亲的女性形象。我用"读其文，闻其声"的方法来读，请大家帮我鉴定一下是不是合适。那"唧唧"的织布声写在开头，我一读，就觉得木兰熟练忙碌的动作有一种优美的音乐伴奏，觉得她是那样可爱。当读到后面她在征途中听到马鸣叫和流水响相交织的声音，这声音代替了爷娘唤女的声音，我耳边就总响起木兰在心里呼唤爷娘的亲切的声音，因此又觉得木兰是那样可亲。当读到后面，木兰赴战场时，我好像听到了马声、刀声、金柝声、厮杀声，我又觉得木兰这个女英雄多么可敬。读完了，这些声音还在我耳边回响。我觉得作者是在以交响乐的编排方式感人。

生：我认为你这种"由声及人"的方法很科学，古人不是说"征于色，发于声，而后喻"吗？

生：再说，这篇课文写的边塞军旅生活也有那种"四面边声连角起"的特点。所以，拿特有的声音写征途也烘托出了木兰勇敢坚强的英雄形象。

生："读其文，闻其声"的方法很好，更让人体会到文章声情并茂的特色。

师：你（指开头发言的学生）不愧为音乐特长生，很有音乐悟性，从这首民歌怎样塑造声音形象的美谈了体会，真的，你的发言和这首民歌都令人耳目一新。

生：我觉得除了"读其文，闻其声"，还要"观其行，悟其形"，就是要看她的动作行为，由这些细节感悟诗中的人物形象。木兰机智、勇敢的英雄形象，使我感到她的可敬可爱。因为我读到"万里赴戎机，关山度若飞"和"将军百战死，壮士十年归"的时候，就像看到了舞台上的穆桂英的形象，

那真是"金戈铁马"啊。如果清朝慈禧太后有这种勇气，就不会受外国侵略者的欺负了。可见木兰爱国和保卫国家的勇气真可贵。她可是女的啊，你说不可贵吗？这首民歌动人的地方就在于塑造了一个保家卫国的巾帼英雄形象。

师：你们俩一个用听觉联想，想到木兰的品德美、民歌的音乐美；一个用视觉联想，看到和想到木兰的形象美、精神美、民歌塑造形象的艺术美。木兰"可是女的呀"（模仿前面那位男同学赞叹的口气，大家笑），敢与男英雄媲美，这叫"巾帼不让须眉"，大家也来个"巾帼"和"须眉"的比赛吧，是"巾帼"先说还是"须眉"先说？（众笑）

生：我认为《木兰诗》塑造了一个爱国的女性形象，我也是用"观其行，悟其形"的方法读的。不过，我认为木兰打了胜仗后留在朝廷做官会更可敬，故事结尾要改。

生：为什么呀？你就这么喜欢做官？（众笑）

生：难道做官就都是坏事？她是一个勤劳善良、想念父母、不忘人民的人，肯定会是一个清官，正好朝廷需要她，百姓需要她，为民做事，为国家主持公道，让奸臣不敢乱来。她是巾帼英雄呀。哪个贪官敢乱来？这不更体现"巾帼不让须眉"吗？要是我编这首民歌，我就这么编，朝廷出了个女官，真是古今奇观，保证你读了更加"耳目一新"。（众笑）

生：为什么一定要这样改？木兰回乡正是她不追求名利、地位和心里记着亲人、乡人的表现，符合她淳朴的性格。老师不是说过，写人的言行要符合人物的个性特点吗？

生：这是传奇故事，这个人又是塑造出来的，难道就不可以塑造一个又是勇敢善战的巾帼英雄，又是有治国本领，善于理政的女中豪杰这样的传奇人物吗？我看了很多历史故事，没看到女的有包公那么正直，这里塑造一个，不是更让人"耳目一新"吗？

生：我认为不改好，因为木兰解甲归田与家里人团圆这个结尾与前面"阿爷无大儿，木兰无长兄"相呼应，说明阿爷无人照顾，木兰应该回来，也与开头一段呼应，突出她保持着勤劳的美德。

生：我也同意不改，不改更能体现她鄙视荣华富贵，又能体现结尾那段"扑朔迷离"的趣味。

生：我也不同意改，因为封建社会男尊女卑的传统思想不允许木兰在朝廷做官。她代父参军是女扮男装才成功的，不可能做官也女扮男官。（众笑）

再说，就是可以女扮男官，生儿育女的生活也不允许她这样做，她总是女扮男官怎么结婚？（鼓掌）

生：是啊，构思和塑造人物形象也要符合生活实际啊，这又不是写神话故事。

生：我还是认为可以改，女的做官，只要有能耐就可以。木兰可以第一个"吃螃蟹"，这是生活需要，也算符合生活实际。

生：不改要好。改了后不能表现原作的思想。原作是民歌，表达了劳动人民的一种共同的情感，就是通过木兰代父从军的故事，赞美巾帼英雄爱国、爱乡、爱亲人的情怀。如果把结尾改成木兰做官，不能完全表达这种赞美之情。

师：大家都说得很有道理。通过讨论、研究，大家更加懂得了这篇千古佳作的人物形象美、创作艺术美。认为不改的，说出了这首民歌这样构思的必要性，尊重了原作在思想上的价值取向；认为可改的也有积极的创新。大家都获得了新知识，也悟出了一个共同的创作规律：艺术创作要反映生活，符合生活规律。只要能生动形象地反映生活本质，就都是成功的艺术创造。当然，我们以批判性思维审视原作，要注意尊重原作应该有的价值取向。

由上例可见，研究性学习以创新为重点，以创新为指导教学实践的重要理念，以创新为学习的乐趣，这样，学习过程就有了情感、思维的参与，个性的张扬，健全人格的构建，更有知识的生成，能力的发展。

上例的研究性学习中的"创新"，首先体现在新问题、新方法上。由于教师提出的问题"《木兰诗》这一优美动人的民歌中的木兰又是一个怎样的女性形象呢？你是用什么读书方法感悟到的呢"，是一个开放性的"弹性问题"，能引发学生进一步提出张扬自己个性的新问题和新方法，所以，这一问题给学生创设了问题和学法创新的空间，于是，引发了诸如"我用'读其文，闻其声'的方法来读，请大家帮我鉴定一下是不是合适"这样的个性化问题和"观其行，悟其形"学法。这种多感官参与阅读感悟，"由形及神"的鉴赏方法，正是诗歌学习所必须掌握的。其次，"创新"还体现在新构思、新设想上。教师引导大家发挥批判性思维，辩论课文结尾要不要改的问题，既强化了学生的创新意识和能动性，也把握了文本的价值取向和创作背景，有张有弛，有放有收。虽然学生的"创新"中有不合理的成分，但是通过对话，最终他们的认知"去芜存精"，并懂得了怎样尊重原文本的价值取向。教无定法，学习也一样，每一堂课都是一个不可重复的艺术创新过程，上例

有力地印证了这一点。

二、常用的创新技法

常用的创新技法有组合法、缺点列举法、希望点列举法、联想法、变化法、扩展法、仿生法、逆求法等八种。

组合法，即对现有的知识、技术、工艺和智慧进行合理的综合开发，从而在科学的基础上，创造出新的技术和产品。缺点列举法，即寻找各种用品、用具、器械的缺点和短处，从而发现问题，找到发明创造的突破口。希望点列举法，即根据人们对某种事物提出的种种希望，经过归纳，明确改进方向和奋斗目标，以需要为发明之母，遵循"如果能这样，那该多好"的原则进行创新构思。联想法，即由某种事物想起和它有关的事物，如时空接近联想（因在时间和空间上接近而形成的联想）、类似联想（根据事物之间的相似特点形成的联想）、对比联想（根据事物之间的对立关系形成的联想）。变化法，即由材料、颜色、气味、形状、声音、体积、重量、用途、工艺、操作方法等方面的变化引发的创新。扩展法，即对事物的构成或功能等进行添加、改造，从而形成新的事物、用途的创新方法。仿生法，即模仿生物的形体动态、结构功能等进行发明创造的方法。逆求法，即运用逆向思维使问题的解决另辟蹊径。[①]

科学课为了训练学生综合运用以上技法的能力，开展了一次"十一个一"的介绍比赛活动，即介绍自己知道的或者实践过的运用"加一加""减一减""扩一扩"等十一种方法进行创新的实例，看谁列举的方法又多又准确。下面是部分同学的发言内容。

生："加一加"，就是运用"组合法""拓展法"，把物品加大、加高、加厚，或把功能加多，使物品更适用，例如，对话加可视手机……还有我们在写作中把杜甫的现实主义创作方法和李白的浪漫主义结合起来运用，使原来的写法更加丰富多彩。

生："减一减"，就是先运用"缺点列举法"，找出物体的缺点，为了避免这些缺点，将物体减小、减轻、降低，使物体更加轻便，功能更加丰富。如无人驾驶飞机、隐形眼镜、无线电话、无声爆破等，还有古诗在七律的基础上进一步精练而得出绝句这种样式。

---

① 王文军.初中科学竞赛方法指导［M］.杭州：浙江大学出版社，2008（94）

生："扩一扩"，就是先运用"希望点列举法"，提出改进希望，根据需要把物品加宽、扩大，使它的功能更加理想。如宽银幕电影、液晶大彩电、压土机等。我们构思作文也往往是先抓住题眼（主题核心），再利用发散思维拓展内容，然后又用聚合思维进行综合，使结构严谨，主题集中，显然，这里也用了"减一减"的方法。

生："缩一缩"，就是把物体的体积或平面缩小，使携带和使用更加方便。如小地球仪、袖珍词典、笔记本电脑、数学里面的简便运算等。

生："联一联"，就是运用"联想法"，把一种事情的结果和它的成因联系起来，或者把相关事物联系起来，从中找出解决问题的方法，研究出新事物、新方法。如由电生磁制造了了电磁铁，由炼铁得出了炼钢的办法。在数学中，我们学习二次函数不也要联想到二次方程等知识吗？

生："仿一仿"，就是运用仿生法，模仿动植物的形状、结构、形成原理，研制出类似的新物品，例如，模仿蜻蜓制造了直升机，模仿海豚制造了潜水艇，模仿人制造了机器人，还有我们在音乐学习中模仿动物鸣叫声改进口技这种表演艺术。

生："代一代"，为了便于制作或解决材料问题，用新方法代替旧方法，用别的材料来代替某种材料。如一次性杯子代替口杯，化学课"测定空气中氧气的含量"的实验创新探究因为用原实验方法在装置外点燃红磷，产生的五氧化二磷可与空气中的水蒸气作用生成偏磷酸，对人的健康有害。采用新方法代替旧方法，将实验改成在装置内点燃白磷，用氢氧化钠吸收五氧化二磷，易操作，效果好，防污染。

生："搬一搬"，就是把物体、想法、技术，适当地搬到另外的地方，以求得更好地解决问题。例如，把几何中的证明方法用到议论文的写作中。

生："反一反"，就是运用"逆求法"把事物的因果顺序、时空顺序或逻辑顺序，按照一定的需要改成与原来相反而又符合客观规律的顺序。如由电生磁研究磁生电而发明了发电机，又如辩论中的"反其意而用之"。

生："变一变"，就是改变物体的形状、颜色、味道、气味等，使物体更受欢迎，如双色笔、霓虹灯、香料等。又如辩论中运用"以其人之道，还治其人之身"的方法，其实就是在对方的内容、观点或论述方法的基础上，将对方的推理过程或内容变一变，使之能更有力地驳斥对方。

生："改一改"，就是适当改进物体的形状、构造、功能，使之更实用。例如，由一次性圆珠笔改成可以吸水的可长期使用的圆珠笔等。我们在学习

中常常运用的"模拟创新"法也是，我们学作文时就用过这种方法。

上例的创新训练活动，其特色首先体现在通过介绍自己知道的或者实践过的，运用"加一加""减一减""扩一扩"等方法进行创新的实例，把发明创造的经典实例与自己的实践联系起来，促进知识的迁移和知能的转换；其次，活动引导学生把"创新"的概念由科学家的发明创造拓展到自己的创新性学习中，把科学家的创新方法创造性地运用到学习中来。这种活动的确是培养创新意识和能力的有效载体。

第十四节　资源利用——研究性学习的重要条件

课程资源，广义上指有利于实现课程目标的各种因素，狭义上指形成课程的直接因素来源。从课程功能的特点分类，可分为素材资源和条件资源两大类。前者的特点是作用于课程并且能成为课程的素材或来源，如知识、技能、经验、活动方式、方法与情感态度和价值观以及培养目标等方面的因素。后者的特点是作用于课程但并不是形成课程的直接来源，然而，它在很大程度上决定着课程的实施范围和水平。如直接决定课程实施范围的人力、物力、财力、时间、场地、媒介、设备和环境以及对于课程的认识状况等因素。

因为决定课程实施的范围、效率的关键因素是课程资源的丰富性、合理开发与应用性，所以我们要重视课程资源的开发、整合、运用。

在研究性学习中开发和利用课程资源，有如下一些经验。

一、把握资源开发、利用的五个途径

开发和运用课程资源一定要秉着实现教育理想、宗旨，适应教育发展需要、学生心理和年龄特点及发展需要的宗旨，选择适合学习内容的整合逻辑和操作规律。

课程资源的开发利用主要有如下五个途径：

1. 把握社会发展的方向，前瞻地认识到为适应社会发展的需要，学生应具备哪些可持续发展的能力，培养这些能力，现在学生已经有了哪些基础，还有哪些潜能可发掘。

2. 适时发现、发挥学生能适应和有效参与社会生活以及把握社会发展机

遇的有关技能、素质、潜能等。

3. 了解学生所具有的有效实现学习、修养目标的知识、技能、精神风貌、情感态度价值观、生活经验、学习方法及其开发利用的可能性条件，并发挥其积极作用。

4. 筛选、整合、利用校内外课程资源，包括校园文化资源、教师素质资源、各种媒体资源和校外课程资源，如人文环境、专业人才、科技事业、经济建设情况等。

5. 建立学习资源网，拓展校内外课程资源共享的信息渠道，并指导学生学会自主开发、运用学习资源，学会成果共享、资源共享。

二、以专题研究系列活动促进课程资源的开发、整合、利用

专题研究系列活动的综合性、实践性、地方性，有利于课程资源的开发利用。

桂阳一所在城中学的研究型课为引导学生根据综合实践活动培养可持续发展能力，确立了总课题"我们的成长与生活"，并确定总目标为：培养健全人格、良好个性，明确享受文明生活、学会创新、把握自我、健康成长与生活环境之间的关系。

第一阶段研究的子课题："成长与社会"；子目标：懂得对社会负责任，讲公德，有爱心。主要信息资源的开发与利用活动：开展建设文明区活动模范人物、先进单位典型事迹调查活动；给文明区建设实况录像、图片展览写解说词；开展欧阳海广场、东塔公园文明新貌摄影赏评活动。

第二阶段研究的子课题："成长与自然"；子目标：明确人类与自然、自我与自然和谐相处的意义，学会保护生态环境。主要信息资源的开发与利用活动：家乡旅游景点东塔公园、潮泉、舂陵河的模拟导游。

第三阶段研究的子课题："成长与习惯"；子目标：懂得良好习惯与健康成长之间的关系，学会自主养成良好的习惯。主要信息资源的开发与利用活动：闭路电视"风采展栏目"的设计、主办；访问名人，了解其孩提时代的生活，写出采访报道。

第四阶段研究的子课题："成长与健康"。子目标：懂得生理、心理健康的要求及两者的内在联系，学会爱护、增进生理、心理健康。主要信息资源的开发与利用活动：调查研究家乡县城在创建省级文明卫生城市中"创卫"措施的科学性；请医科专家、心理医生讲健康教育知识；学写健康教育图展的解说词；在此基础上写出好习惯使人终身受益的小论文。

第五阶段研究的子课题："成长与人生观"。子目标：懂得进步人生观与健康成长之间的内在联系，树立进步的人生观，培养乐观向上的良好个性人格。主要信息资源的开发与利用活动：访问英雄欧阳海的亲属；研读《欧阳海传记》和欧阳海广场英雄塑像的碑文。

第六阶段研究的子课题："成长与人文"。子目标：懂得健康成长与人文素养之间的内在联系，培养人文精神、伦理道德，学会文明雅致的生活。主要信息资源的开发与利用活动：探讨郴州五岭广场中的世界著名雕塑的复制件所体现的人类共同情感、人生大致历程和郴州人对人类文明的尊崇与不息的生命追求，启迪人生感悟。

第七阶段研究的子课题："成长与科学"。子目标：明确科学精神和态度与健康成长的关系，学会求是、求真、务实、严谨；学会探究和创新。主要信息资源的开发与利用活动：参观市科技馆、少年宫；采访专业技术人员，结合科技活动写科技小论文；分析研究科技小制作的原理；上网查询世界科技信息。

第八阶段研究的子课题："成长与艺术"。子目标：明确健康成长与艺术爱好、健康的审美观之间的内在联系，培养艺术素养，感受、欣赏、崇尚美的生活。主要信息资源的开发与利用活动：研究市容美化与身心健康的关系；访问音乐、舞蹈、戏剧、美术专家，研究这些艺术对于愉悦身心、陶冶情操、调节心境的作用。

第九阶段研究的子课题："成长与拼搏"。子目标：明确"人生难得几回搏"的道理；树立为进步理想、国家和人民的事业努力奋斗的精神。主要信息资源的开发与利用活动：研究家乡英雄欧阳海奋斗历程与他成长为共产主义战士的内在联系；参观中国女排在郴州的训练基地，了解女排的感人事迹，感悟人生。

第十阶段研究的子课题："成长与创新"。子目标：明确在学习、生活中创新、建设美好生活与健康成长之间的内在联系，培养创新精神和能力。主要信息资源的开发与利用活动：参观蔡伦广场，研究有关介绍蔡伦发明造纸术，为人类做出巨大贡献的碑文；访问科技名人，研究他们的创新经历。

第十一阶段研究的子课题："成长与自我"。子目标：明确健康成长与把握自我之间的内在联系，学会自主、自立、自律、自强、自求发展，营造良好的校园生活环境，树立良好的校风班风，访问并研究名人、企业家把握自我、超越自我的经历，感悟自身的发展潜能，明确发展方向。主要信息资源的开发与利用活动：在家乡旅游景点东塔公园、潮泉、春陵河模拟导游。

第十二阶段研究的子课题："成长与自主学习"。子目标：通过对以上研究信息的综合，进一步培养信息整合能力，感悟各科学习与自己成长的内在

联系，能从健康成长的角度认识自主学习的意义。主要信息资源的开发与利用活动：以自主学习与健康成长的关系为研究主体，综合利用以上研究中的信息。

由上例可见，信息资源的开发和利用需要与研究性学习等综合实践活动有机地联系起来，形成以大（主体、目标）统小（子课题、子目标），由大化小，以小见大，"小题大做"的整个动态系统。

八年级理科兴趣小组与环保局研究人员一道考察了本县一家化工厂的环保情况，一起收集到了这个化工厂排污情况的资料，经过分析，他们发现所排污水的主要成分是盐酸。他们提取没有经过处理的污水水样，在教师和环保局研究人员的指导下，用 PH 试纸测得污水的 PH＝3，还了解到这个化工厂处理污水的步骤，其中一步是：污水进入中和池进行中和处理，所用的材料是石灰水。兴趣小组提取经过处理后可排放的水样，测得 PH 在 7.0 左右。环保局的研究人员认为学生的这种考察属于直接调查，说服力比较强。学生问："如果不用 PH 试纸可选用什么方法？"环保局研究人员说："可使用中和滴定，局里面可以提供。"经过计算发现 PH＝3 的污水中，盐酸的质量分数为 0.00365％。估计现在中和池中有污水 1.0×10^6 kg，至少需要 37kg $Ca(OH)_2$ 才能完全中和，同学们问："如果污水中还有其他物质呢？"研究人员告诉他们污水中其他物质都不与 $Ca(OH)_2$ 反应。

上例中，教师根据初中学生的认知水平，采取直接调查活动，可见安排的合理。教师选择的研究对象是有关环保的问题，适合社会生活和经济建设的需要。教师和环保局研究人员只是当学生的合作者和顾问，在关键处给予点拨，与学生一起适时发现化工厂的环境污染问题，引导学生充分利用自身的积极因素、知识技能和环保局可提供的物质条件及其技术指导。这样，既有利于发挥学生的自主性，又培养了学生开发、整合利用环境资源、技术资源、人力动态资源的能力。

第十五节　信息技术与课程整合
——研究性学习中超越文本、课堂和自我的重要因素

当前，随着信息技术数字化、智能化和语言信息处理技术的迅猛发展，有利于学生在学科研究性学习中把文本媒体与电子、网络媒体协同起来，完

成交际任务，交流思想，表达感情，有利于促使语言、学科素养的发展，从而超越文本、超越课堂、超越自我。以下"八个注重"的策略能有效加强信息技术与课程的整合，实现上述"三个超越"，充分发挥课程资源的立体效应。

一、注重语言内容的人文性，促进人文精神培养与技术化学科能力训练的一体化

片面追求科学技术的行为，腐朽庸俗文化的侵蚀，会引起人文精神的失落，在竞争日益激烈的社会背景下，"科技与人文的割裂正呼唤着科技与人文的整合。"① 在信息资源鱼龙混杂的情况下，更要培养学生抵制庸俗文化的能力。因而，教师应引导学生在应用信息技术学习和运用学科知识的过程中，注意关注人文修养。首先是重视语言道德、语言审美情趣、语言表达修养，重视信息伦理。

如在分别以"让世界充满爱""感受自然""科海泛舟""世界何时铸剑为犁"为主题的学科综合性学习系列活动中，教师在贯穿研究性学习这条主线的同时，以爱与美、环保与科学为主旋律，引导学生整合信息，感悟人文，培养学科素养和信息素养。

其次是注意让学生受到网络文学中优秀作品的熏陶。如在七年级语文下册"我也追星"的语文综合性学习中，学生联系网上文学作品，以《探寻名人的人生足迹》为专题，研究名人的成长之路，了解明星、伟人、名作家的高尚情操，并以"创造成就的要素是什么"为话题进行讨论，还走访了本地的名作家，了解他们的进步人生观，从而感悟人生，提高文化品位，使语文教学实现母语文化滋养、人文精神熏陶、信息能力和创新学习能力培养的三位一体功能。

学科素养的滋养、人文精神的熏陶、信息能力和创新学习能力培养三位一体，这是实现"三个超越"的着眼点、着手点和着力点。

二、注重虚拟情境的仿真性，促使研究性学习生活化

注重虚拟情境的仿真性，即用多媒体和网络技术模拟真实的生活情境，或把文本内容转化为更贴近生活真实的鲜活情境、问题情境，使课堂教学不

---

① 刘家春. 信息技术对语文课程的影响 [J]. 中学语文教与学，2003（5）

受时空限制，使教育目标更具实际价值，突出学用一体、知行合一的特点。

如教师利用多媒体和网络的多元互动技术创设仿真情境，开展模拟应聘、学科沙龙、答"记者"问、"记者"采编、"现场直播"等综合性实践活动，以网络技术实现写作的实际交际功能，使学生通过网上对话、博客交流进行研究性学习，交换信息，交流思想等。

这些活动都有利于促进学科学习生活化，有利于在"三个超越"的过程中自主生成和实现学习目标。

三、注重电子读写的自主性，促使阅读和写作自能化

利用计算机网络技术，经常进行电子读写能力训练，如多媒体阅读、超文本和超媒体阅读，基于网络和资源库的检索或阅读，语音输入，多媒体写作，超文本超媒体写作，电子投稿自由发表思想观点，"网络文学"的创作等，实现读写一体化、自主化。以情境化的多媒体表达与文本表达相交融的艺术美感、电子投稿发表作文的成功喜悦，激发学生自能作文的浓厚兴趣和创新灵性，提高学生在研究性学习中快速捕捉、筛选、鉴别信息的能力和创造新信息的能力，使他们学会正确理解和运用母语，在读写能力训练中发掘学习资源，拓展学习时空，达到自能读写的目的，增强"三个超越"的能力。

四、注重信息整合的灵活性，实现学科学习个性化

教师要根据信息时代文化价值的多元性、信息资源的丰富性、电子载体传输信息的快捷性，引导学生实现"三个超越"。教师要按照自身的兴趣爱好、能力特点、学习重点、研究主题，选择和重组课程资源，鼓励和指导学生根据实际需要、生活意义、自身潜能，自主确定学习目标，根据解决问题的需要选用学习方法，按照自己独特的方式重组、整合信息，进行个性化学习，发挥教材促进自我超越、自我发展的载体作用。

如八年级上学期，由语文、历史、化学、生物、音乐、美术和科学课联合组织的以"莲文化的魅力"为主题的综合性实践活动中，学生由于各人志趣、生活体验、认知特点的不同，参与活动的形式、研究重心、信息处理的侧重点、信息的组合方式也就不同。同是以莲为题材，有的实地观察家乡郴州市爱恋湖的莲花风采，研读有关周敦颐在此地为官时的高风亮节的碑文记

载，以莲花为题材写诗作文，托物言志，表达洁身自好之情；有的到郴州市图书馆查阅资料，走访爱恋湖当地人，了解采莲风俗，回顾历史，讲述采莲怀人的传统；有的联系生物知识和网上有关洞庭赏荷胜地的信息，抒发立志建设洞庭新赏荷胜地的情怀；有的研究和学习当地民歌演唱的艺术，谱曲编舞，咏唱采莲曲；有的去爱恋湖写生，描述莲的造型，研究和介绍莲花在建筑物、用具上的装饰工艺；有的学习仿生创造的科学方法，由莲的自洁功能研究抗污发明；有的查阅有关医学书籍，研究莲的治病功能……活动中，大家兴趣盎然，意气风发，每个人的综合素质都得到提升。

五、注重研究性文章写作的交际意义，促进研究性学习经常化

利用电子媒体写作和传播，使写作具有真实而又快捷的交际意义，同时，网上信息资源具有多元性，这些使学生有了写作研究性文章的条件。引导学生利用网络与有关专家学者对话，与作品人物对话，与长辈或同龄人开展网上研究协作，有利于信息的重组、加工和再创造。

如初三学生通过综合有关家乡城市建设的信息，开展了"未来新郴州建设设想"的专题研究活动，在老师指导下撰写的《向你介绍2015年的新郴州》一文，利用电子媒体发布后，受到学生们的欢迎，其中在一些广场建设地下商场和开展人防设施建设的设想后来还真与实际建设有着惊人的相似。

这样的研究性学习，促进了"三个超越"，"三个超越"又促使教学过程进一步成为师生共同创造课程的过程。

六、注重学习领域的拓展，促进多门学科学习的综合化

建构主义者主张进行情境教学，认为"这种教学应使学习在与现实情境相类似的情境中发生，以解决学生在现实生活中遇到的问题为目标"。由于具体问题往往都同时与多个概念理论相关，所以他们主张弱化学科界限，强化学科间的交叉。网络技术拓宽了学科学习的信息渠道，使学科学习领域更加广阔。同时，各科学习资源的共享和交流，现实生活和网上虚拟情境中各科知识的相互交叉和渗透，使学科学习的内容更加丰富多彩，千姿百态，学科学习课程更加开放，其跨科性和综合性更加鲜明。理科的研究性学习也必须以语文作为工具，如撰写研究性报告等，因此，整合多门学科的综合性学习活动越来越重要。

八年级下册语文的一次综合性学习活动要求学生以"科海泛舟"为主题进行研究性学习。有的学生综合生物、地理知识，根据家乡气候特点和种植果树的条件，描述了绿化家乡、维护生态平衡的设想；有的学生利用从网上获得的有关"基因工程"的知识，描述了种植可以增强人体免疫力的瓜果的设想。在八年级上册"说不尽的桥"的语文综合性学习中，有些学生解说了综合美术、数学、物理和现代信息技术的造型优美的桥，这种桥可以调控车速以避免车祸，并能利用电脑自动升降桥面，利于灌溉和排洪。

七、注重发挥信息内容的情感激励性和审美陶情性，实现学科学习的情感、美感化

情感教学论认为健康的情感具有积极的信号功能（即情感通过表情外显而具有信息传递的效能）、感染功能、迁移功能、疏导功能（即以"情通"导"理达"）、保健功能（增进身心健康）、协调功能（融洽人际关系）。教学活动是师生的认知因素与情感因素这两条经纬交织而成的，情感是学科教学的灵魂，情感是美感的中心，是实现"三个超越"的内在动因，是自主、合作、探究学习的心理维系，是联结美感与其他心理因素的枢纽，所以情感教学以"美"为突破口，以"情"为纽带，以"思"为核心，以自主合作探究性学习为重要途径，以真实生活和融注情感、美感的媒体情境为学习资源，能产生审美、陶情、启知、拓思、励志、导行的多元立体效应和情动辞发的表达效果，从而使学生达到超越教材、超越课堂、超越自我的境界。

在教学七年级语文上册《山中访友》一课时，教师以现代信息媒体创设与作者一道"访山中万物之友，叙和谐交往之情"的情境，让自然万物人格化。大家置身于山中的避雨之处，共同观雨、赏物、咏歌、听乐，山里美妙的雨声、萍水相逢的亲切谈话声、心情舒畅的歌声、默契相配的二胡声，和谐地交融在一起，真可谓"天人合一"，让人真真切切地感悟到"乐以教和"的哲理，领略到"相逢何必曾相识"的意境。在这种情境中研读课文，伴随着对人与自然和谐相处的感知，学生产生了审美快感和珍爱自然、维护生态平衡的意识；伴随着对人与物的对话心理的想象和天人一体哲理的思考，学生产生童话的美感和科学与人文的感悟。

八、注重信息技术与任务型教学的整合性，增强学生素质发展的多元化

我们在省级课题"运用现代教育技术，培养学生的英语运用能力"的研究中，探究和推广了将语言知识技能、情感态度、学习策略、文化意识进行整合的有效途径——"任务型情境活动"模式。即根据课程的总体目标，以教材内容为基础，有机结合我们祖国的民族文化、英语国家和其他国家的优秀文化，创造性地设计贴近学生实际的内容，让学生在任务的积极驱动下、在特定的语言运用情境中自主运用英语学习策略，通过思考、调查、讨论、交流和合作研究等方式，学习和使用英语，达到提高综合语言运用能力的目的。"任务型情境活动"的操作特点体现在如下的"十性"：任务驱动性、文化跨国性、交际情境性、动态活动性、实际运用性、内容和方式的真实性、媒体仿真性、信息整合性、学科渗透性、智能多元性。现借助下例展示英语课"任务型情境活动"模式的实施过程。

英语课"任务型情境活动"模式

（一）"任务型情境活动"模式的操作步骤

（1）前任务阶段。教师可利用多媒体创设运用英语的情境，引导学生生成本节课的话题和任务，并突出关键词语；也可以先让学生听一听别人做类似任务的录音或阅读课文的某一部分而导入任务，激发学生学习和运用英语的需要和兴趣，帮助学生理解任务的指令和做好准备。

（2）任务环阶段。在此阶段，学生为表达情感和完成交际任务而尽其所能地运用已学的语言知识。它由三个部分组成。

①任务。以多媒体创设的语言情境为背景，引导学生以结对子或小组的形式完成任务，鼓励各种交流研究的尝试，不随意打断学生的交流而去纠正他们的错误，从而使学生有一种自由表达的安全感。这时，教师的角色定位主要是"导航人"。

②计划。各组学生准备以口头或书面、网络交互学习等形式向全班汇报任务的完成情况。由于要向全班学生公开汇报，所以学生自然力求表达准确、得体。这时，教师可用媒体情境或网络主页示范语言信息整合的方式，引导学生自己纠正错误，和学生共同研究设计任务完成方案。这时，教师的角色定位主要是"智囊团参谋"。

③报告。各小组可以用活动展示的方式向全班报告语言的运用情况，教

师可以通过参与对话的方式指导学生完成任务，同时记下陌生的单词、短语或句型。这时，教师的角色定位主要是"同伴加顾问"。

（3）语言点阶段。

①分析。教师通过对组间研究和活动过程的比较、分析，评议任务完成情况，联系媒体情境和活动情境帮助学生学会新的词语及其用法。这时，教师的角色定位主要是"裁判加向导"。

②操练。学生在教师的指导下通过对人机对话或者活动中的同伴对话进行研究，练习运用语言，强化语感，创造新的语言信息。这时，教师的角色是"点石成金的点化者"。

（二）"任务型情境活动"模式示例

（1）任务：学会口头请假和写请假条。

（2）目标：学生在语言的交际情境中，训练英语运用能力，同时体验相互关爱的和谐美，学习运用自主、合作、研究性学习的策略。

（3）材料：媒体展示一位病人与医生的对话情境（材料一）、关键词（材料二）。

材料一：

A＝a patient　　　　B＝doctor
A：I've hurt my wrist.
B：How did you injure it?
A：I fell when l was on my way to school.
B：Mm, you must get it X—rayed. I think it is not serious enough.
A：Thank you .
B：You're welcome.

材料二：

last Sunday/fell off/bicycle/damaged teeth/doctor told me to see dentist as soon as possible/father arranged/appointment/Wednesday

（4）活动形式：小组情境活动和个人情境操作。

①教师借助媒体情境引导学生通过研究生成学习任务（学习写请假条）并提出具体要求（在活动中交流），激发学生英语学习和运用的积极心向。（评：以情境唤起任务驱动力）

②学生分小组研究讨论，弄清任务的具体要求，读懂所提供的材料（材料一）（评：以媒体展示的实例引导学生活动，同时提供学习的信息资源）

③创设活动情境。每个学习小组让一个学生扮演医生，一个学生扮演病人，进行病情诊断的情境对话，然后模拟学生向老师进行请假的情境对话，注意学习媒体情境中的礼仪文化。接着一个组上台表演，其他同学通过比较研究，评价其语言运用的准确性、情感投入的真实性、合作学习的积极性。（评：以媒体情境和学生活动情境的结合促进三维目标的生成）

④教师提供被挖空关键词的请假条样本（如下表），让学生独立完成。（评：引导学生关注请假条中的重要词语和应该掌握的单词、短语及其用法，促使学生学会整合重要信息）

> (1) _____
>
> Dear (2) _____,
>
> l am writing to you to ask for permission to be absent from school on (3) _____
>
> Last Sunday, l fell (4) _____ and (5) _____ wrist. My doctor told me that (6) _____. He (7) _____ me at (8) _____ on the above date.
>
> I should be grateful if you would permit (9) _____ absent.
>
> Yours (10) _____,
>
> Green Hall
>
> Class 3B

⑤学生以小组的形式研究、讨论、核对答案，并研究讨论口头请假的语言和请假条的写法、步骤、注意事项等。（评：将语言知识的积累、语言的运用训练、跨文化学习有机结合起来）

⑥学生分小组根据样本和材料（材料二），集体完成一份请假条。

⑦小组汇报员利用实物投影仪，向全班报告完成的过程和结果，教师和其他学生对过程和结果作出评价。

⑧通过媒体的特写镜头引导学生通过研究，提炼出口头请假的语言和假条的格式、步骤以及一些关键词汇。（评：以情境引导任务完成后的反馈和信息提炼）

（三）"任务型情境活动"模式的成功之处

1. 实际运用性、交际情境性。"任务型情境活动"模式充分体现了英语实际运用性、交际情境性很强的特点，彻底改变了单一的记忆、接受、模仿的被动学习方式，同时，真实、有趣、有意义的任务情境有利于激励学生主动参与、亲身实践、独立思考和合作探究。

2. 任务驱动性、信息整合性。任务型学习激发了学生的主观能动性，使学生主动把全部语言资源调动起来，发挥到了极点。

3. 媒体仿真性、语言习得性。任务型教学给学生提供了大量可理解性输入和应用英语的机会，使媒体内容和情境与学生活动有机融合，有利于学生自然地进行语言学习。

4. 智能多元性、文化跨国性。任务型教学能培养和发展学生的创新精神和实践能力，用英语搜集和处理信息的能力，获取新知识的能力，分析和解决问题的能力以及交流与合作的能力，同时，使学生受到跨国文化的良好熏陶。

5. 情感和思维的互促互动性。任务型教学通过运用真实情境中的研究性学习来发现和掌握语言的运用规律，增强了情感和思维的互促互动性，使语言与情感、思维相互作用，体现了语言的本质属性。

6. 发展的可持续性。任务完成的结果为学生提供了自我评价的标准，能使其产生成就感，并将成就感转化为学习的后续动力。

第十六节　动态生成——研究性学习生态课堂构建的特质

先看一个案例：有一位思想品德课老师在本校七年级上"怎样面对挫折"的公开课。当他走上讲台时，不小心摔了一跤，学生忍不住哄堂大笑。这位教师在尴尬中灵机一动，说："今天我们上课的内容就是人们在生活中摔跤的问题。你们猜猜是什么内容？"学生由惊讶、困惑、好奇到猜测，很快就被吸引住了。"老师，你不会是讲日本人的柔道吧，你一定是讲关于挫折的问题吧。""是呀，人生道路上的挫折多么像我刚才摔的跤啊。与我刚才的摔跤比较，你认为我们讨论关于人生挫折的问题，应该研究哪些方面呢？"于是，学生在七嘴八舌中确立了研究的问题和目标：研究遇到人生挫折的感受和怎样面对挫折。有的说，遭受挫折是痛苦的，但我们要乐观对待，就像老师摔倒了还要爬起来继续走一样。有的说，不要怕挫折，失败乃成功之母，要吸取教训，吃一堑，长一智。后来，有个学生竟然说，我认为应该要怕挫折，要恨挫折，要远离挫折。同学们听他一说，先是一愣，听了她后来的话，无不信服。她说，有的挫折只要一次就什么都完了，如喝了酒开车压死人。你不可能说以后我一定再也不压死这个人了。所以要尽量避免遭受挫

折。她的发言赢得了热烈的掌声。这一课亮点多多，被评为一等奖。同样是上这一课题，教师在市里的比赛中严格按照精心设计的教案去上，尽管教案写得无懈可击，课却上得死气沉沉。这是为什么呢？其实又何止是上述这位教师在后来的比赛课中这样缺乏活力呢，我们也常常为自己的课上得乏味而"望课兴叹"。是不是那位教师后来这堂课也要摔一跤才能生动有趣呢？怎样让自己的课焕发生命活力，这就是我们的动态生成教学观要解决的问题。

一、研究性学习中的动态生成教学的含义

"动态"，是与静态相对应的一个概念，指的是事物运动变化的状态，这里指新课程理念指导下的课堂教学所具有的开放性、非线性等特征。如上例中所说的那位教师的第一节课中的师生、生生之间的语言交流、情感互动、思维碰撞、合作探究、互动研习等。

"生成"，是与无为相对应的一个概念，指事物的发生、形成、提升的过程与结果。它有时也相对于"接受"。生成，从形式看可以分为预设性生成和非预设性生成两类。预设，就是预期设定，就是根据教师的主观意图和期望所进行的一种教学行为准备，如教学内容设计、教学目标设计、教法学法设计、问题设计、教学过程设计等，是符合教师这种主观意图和设想、期望的生成。例如，上例的第一节课中，学生在讨论中由摔跤联想到本课要研究的问题和怎样以积极、乐观的态度对待挫折等道理。这些学生主动生成的内容和探究方法都是符合教师设计的主题的，同时又不是教师照搬教案进行灌输而达到的，这就是预设性生成。非预设性生成就是指超出教师主观意图和期望的生成，也就是即时生成，是在某个特定条件、时间、情况下产生的教学过程，所以也称为即时生成。例如上例的第一节课中，后来那位同学提出"我们也要怕挫折"，这是教师在课堂设计中没想到的，但又是符合这一课的价值取向的生成。生成，从主体看，可以分为学生生成、教师生成（如上例中，教师在摔跤后的借题发挥）、师生共同生成三类。从生成的内容看，有显性的知识、技能、行为生成与隐性的情感、态度生成。

所谓研究性学习中的动态生成教学，指在课堂教学中，教师不机械地按一种思路来进行教学，而是，在课堂特定的生态环境下，根据师生、生生、学生与文本互动的情况，灵活地监控、调整，生成新的超出原计划预想的教学流程，使课堂教学和研究性学习过程始终处在动态和不断生成的过程中，以满足学生自主学习的要求。如上例中的第一节课。

二、研究性学习中的动态生成教学的理论和现实基础

"动态生成"观是对教学过程生动可变的一种新的概括，它以生命学理论为基础，以学生的动态发展为内容，以动态生成的要求作为教学调控的依据，紧紧抓住生成因素，灵活调控和开展教学活动。布卢姆曾认为："人们无法预料教学所产生的成果的全部范围。没有预料不到的成果，教学也就不成为一种艺术了。"

苏联的合作教育学指出："教育教学并不取决于教师的善良愿望，而是取决于在教学过程中教师和学生活动的性质，他们之间关系的性质……"新课标对教学本质的诠释是：教学是以教学资源为中介，师生、生生交互影响的、特殊的、开放的人际交往过程，是师生共同进行的艺术再创造过程。

在先进教育理论和新课程理念指导下的课堂教学具有以下特征：1. 视学生为生命个体。2. 文本具有多元性。3. 开放的课堂呈现丰富性。4. 对话存在较强的现场性。因而，我们要用动态生成的观点指导学生的研究性学习，以学生活动为中心，重视生命的整体参与，精心安排课堂教学的程序，使学生的多种感官都充分参与教学活动，激发生命活力和潜能。

三、研究性学习中的动态生成教学的意义及特征

因为动态生成式教学为生成而为，为生成而教，为生成而学，充分发挥学生的自主性、创造性，所以其意义是能充分激活课堂教学的活力，提高课堂教学的效率，提升课堂教学的境界。

动态生成式教学，具有以下特征：

1. 主体性。课堂教学的生成是内外因交互作用的结果，其中，学生的主体性是课堂生成的内因，学生是课堂生成的主人，课堂生成的出发点是学生的认知基础，归宿点是学生的发展。

2. 开放性。课堂教学的开放性，为动态生成提供了广阔的时空。离开了开放，课堂教学生成的数量就会是有限的，质量是不高的。

3. 互动性。课堂教学是师生之间多向交流、相互促进的过程，其间，时空共有，内容共创，思维共振，意义共生，资源共用，成果共享。

4. 过程性。课堂教学的有效性是以过程与结果的一致性为前提，过程与结果同样重要。

5. 多源性。课堂教学的生成很大程度上表现为一种资源生成，特别是学

习资源的动态生成。

四、研究性学习中的动态生成教学模式及其操作策略

该模式的特质是情（情境、情感）、智、技（技能）交融共生，充分利用情智资源，构建生态课堂，发掘学生的情感潜能、智慧潜能、知识潜能、元认知潜能、创新实践潜能，促进三维目标的生成和达成。

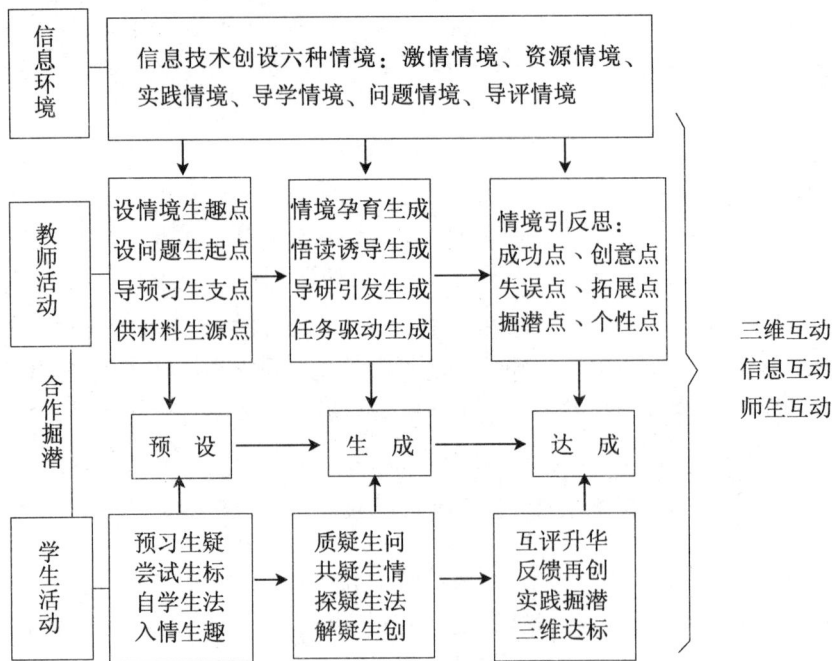

情、智、技能互动生成的课堂教学模式

该模式的实施主要有以下"两整合，三步骤"和"五生成"策略。

"两整合，三步骤"，即让研究性学习活动与课程生成、意义构建的整合，现代信息技术与三维目标实施的整合，贯穿在"预设——生成——达成"这三个动态环节中。在"预设"环节中，教师在分析教材和学情、把握三维目标的基础上，找准运用信息技术创设的六个情境进行激情、导研、启知、生标的切入点，引导学生在预习中生疑、生标、生法、生趣。在"生成"环节中，教师借助六种情境引导学生在依托情境的对话、悟读、导研、合作探究中，生成疑问、情感、学习策略、知识建构、创新亮点。在"达成"环节中，教师借助六种情境引导学生通过反馈评价，找出成功点、创意点、失误点、拓展点、掘潜点、个性点，从而促进三维目标的达成和学生潜

能的开发。整个"三部曲"是动态的过程，是一个变潜能为动能、变潜意识为显意识、变浅层次思维为深层次思维的情、智、技交融互生的过程。

在语文《云南歌会》一课的教学中，在预设环节，教师找准学生热心歌舞的心理特征与文本感悟民歌文化的价值取向、媒体六种情境三者之间的交汇点——唱、读、演、悟的情境体验，播放家乡山歌的视频，激导学生预习生疑。在生成环节，教师先引导学生对比流行歌在舞台演唱与云南歌会幕天席地的不同，生发研究探索的疑点：为什么要详写自然景物？为什么要写对歌和慢歌？什么是"金满斗会""龙吟凤哕"？教师引导学生按照课堂即时信息整合的生成性、价值性、创新性、体验性、动态性、优势性原则，综合提炼成总问题：为何、如何写山野对歌、山路慢歌、金满斗会？同时，教师引导学生生成和运用"情境悟读"策略：在媒体创设的情境下，按课文描写分别模拟"山野比艺对歌""山路人鸟漫歌"（学生与媒体中的山鸟和唱）"村寨精彩传歌"三个镜头，并穿插"画外音"朗读和同步解说。情智活动的无穷张力和魅力，引发了学生对三个镜头相应的审美研发的感悟：课文赞美了云南人民情艺并举的才情、淳朴天然的性情、积淀深厚的风土人情。在"达成"环节，教师引导学生从对课文语言的理解深度、情文并举的感悟程度等方面进行互评，并链接县域文艺网，感悟本县欧阳海乡山歌天人合一的特色，在BBS上交流体会，大家披文入情，情动辞发。这样，通过对学生智慧的引领，对信息的披沙拣金，使学生在个性化领悟语言情韵和人物神韵中激发心智潜能，提升学科素养，达到情境互动相融，情智共生共长的境界。

"五生成"即：

1. 情境促生成策略。以上文中的"六种情境"激导研究性学习中的移情想象。

如英语课学习动物名称时，教师先将 cat，dog，tiger，bird 等小动物的声音播放出来，引发学生想象猜测名称，学生猜对后教师呈现单词，链接动物世界网站，使学生置身情境之中，进行声情并茂的单词运用对话，交流研发经验，进而有利于实施学用结合、情智共生的英语"整体式"语言教学。

2. 预设促生成策略。首先，教师要引导学生明确学习和研发的重点和价值取向，从而使学生灵活调节研究内容和方式。

如一堂物理实验课——研究凸透镜的聚光性，教师让学生在走廊上用凸透镜对着阳光，让光反射到纸上，有一个组将纸涂黑，结果纸更容易燃烧。教师觉得这不仅能联系不同颜色吸收的光和热量不同这一知识，而且更能对比说明凸透镜的聚光功能，于是，他让这个组的学生进一步研究和汇报实验过程及其独特的发现。

其次，教师要预计学生的思考方式、体验积累、个性差异，从而设想出引导学生自主生标达标的对策。同时，教学活动设计是弹性板块状而不是刻板不变的，教师应明确传统课设计与新课程设计的差异。

课型设计	传统课设计	新课程设计
关注	技能	生命
目标	知识	三维
内容	刚性	弹性
结构	线形	板块
环节	严密	灵活
时间	刻板	机动
重视	结果	过程
方法	重教	重学
监控	师控	顺应
状态	牵牛式	双主式
学习方式	接受式	研习式

再次，教师要注意发挥真实情境、对话（研发）、悟读、活动几个具体环节对于学生质疑生问、共疑生情、探疑生策、解疑生知、新疑生创的引导作用。

有位语文教师教《背影》一课时，在学生没有真正感悟课文内容的情况下让学生表演父亲步履蹒跚的样子，然后问其他学生从父亲的背影想到了什么。学生竟然回答说，他想到朱自清的父亲是一个瘸子。这完全背离了课文内容和情感。

有位生物教师在一节课的总结环节中，用玻璃鱼缸装上鱼和水让学生观察鱼鳍的作用。他怕鱼鳍保持鱼身体平衡的作用显示不明显，就把其中一条剪掉了鱼鳍的鱼在讲桌下偷偷地捏死，然后跟正常的鱼一起放到水里，让学生观察对比。结果学生不但没有看出鱼鳍的作用，有学生反而大声说："老师，这条鱼为什么死了？"

由以上两例可见，情境、对话、悟读、活动几个环节应该是相辅相成和以学生真实的生活体验为基础的。前一个例子因教师缺乏引导学生进行文本悟读的基础，所以导致对话"离谱"的尴尬情形；后一个例子中，"反馈"的失真和"做中学"情境的虚假，导致真正的课堂生成的迷失。

3. 多元智能切入法促生成策略。运用多元智慧，构建学科素养，情境相

生，多元汇一，研发促生（生成），思维共振，理解共鸣。下面是语文口语交际活动课"对人物动态描述的合作研究"的多元智能切入法实施计划单范例（下图）。各科操作时先根据学生智能强项将学生分为空间智慧组、语言智慧组、音乐智慧组、肌体动觉智慧组等，引导学生围绕预设目标活动并填好计划单，课堂按照随机生成的活动顺序执行计划单。

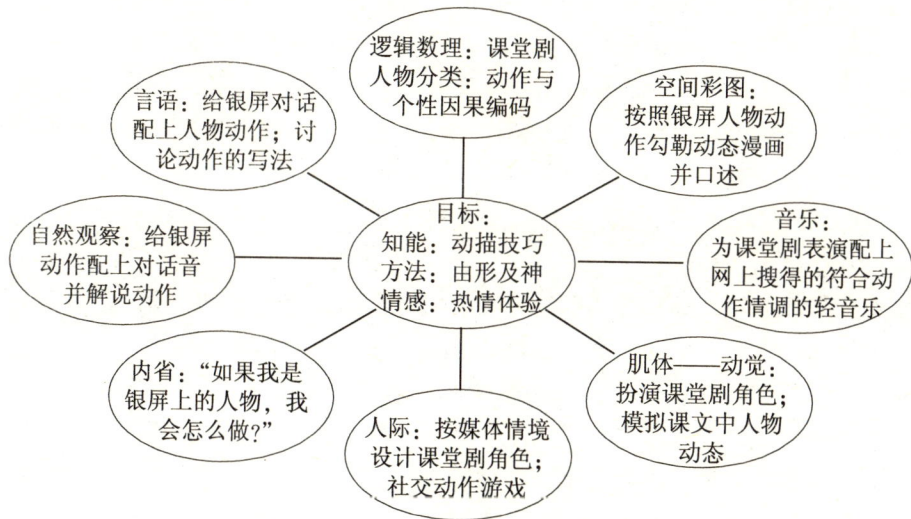

语文口语交际活动课
"对人物动态描述的合作研究"多元智能切入法实施计划单

　　如音乐教师常常采用多元化音乐欣赏教学法。音乐艺术和文学、美学、地理、历史、戏剧、舞蹈、绘画、社会生活等有着千丝万缕的联系，欣赏音乐作品必然涉及以上相关的文化知识。因而，教师必须探索音乐教学内容，广泛研究中外音乐文化的纵横关系，把音乐欣赏教学放在多元音乐文化的比较之中展开，使学生对中外音乐文化有一个全方位的了解。有一位音乐名师在指导学生"以情带声"感悟情感和音乐知识互动共生的过程中，先让学生体会孙中山、周恩来生平所体现出来的爱国爱民情怀，然后让学生将歌曲《伟人——孙中山》分别与外国和古代颂歌对比，将颂歌中的音乐形象与古代歌颂人物的诗词中塑造的语言形象对比，欣赏《伟人——孙中山》的旋律美、节奏美、音乐语言美，进而抽象出颂歌的风格特点。

　　增加多元的思考和多维的视角，识别各种不同风格以及不同文化传统下的音乐特色，认识不同文化背景和文化形态下的音乐异同，体会东西方音乐文化的区别，也是多元智能切入法在音乐领域的创造性运用。美国的DBME音乐教育、体验教学以及多媒体教学都给予音乐欣赏教学很多启示。学校音

乐欣赏教学存在着教学形式单一的问题，所以多元化音乐欣赏教学法适应了音乐教育的发展方向。

4. 多向式促生成策略。根据学生个性的差异性、智能的多元性、媒体情境的丰富性、知识构建的灵活性，教师可以灵活选用纵向延伸式、横向拓展式、逆向反弹式、综合螺旋式、创生跨越式的教学形式。

教师在"流体流速大的地方压强小"原理的教学中，创设大小两船并行相撞的问题情境，由现象到本质，纵向引入其内在原因的探究研发；创设莱特兄弟发明飞机的导学导研情境，由液体到流体，横向拓展到一般原理；创设生活中由防害到利用的任务驱动情境，逆向延伸到创生跨越，综合发展了学生的学科素养。

5. 研究性学习活动的"四性"促生成策略。即以与信息技术整合的双边共时性、灵活结构性、生命互动性、综合渗透性促进研究性学习目标的生成。双边共时性，即与媒体创设的情境相交融的研究性学习活动，由师生双方共同参与，教与学处于同一教育活动中，两类活动具有共时性，交互性和作用方式的多向性：不仅有师与生的相互作用，而且在学生个体间、群体间、个体与群体间都可能产生相互作用。正如叶澜所说的，教育活动的策划与进行，关键是要在把教与学两类活动真正组成共时、多向、相互作用的有机整体上下工夫，从而实现由"社会文化"到"个体成长"的真实、有效的转化。研习活动的"灵活结构性"，是指借助信息技术的超链接等功能，让研习活动的内容、方法与过程在设计上都呈结构性，各学科都梳理出自己的结构群，引导学生通过对结构群的学习、内化，在头脑中形成诸多有差异又相通的结构群和结构思维方法，从而培养学生生存发展所需要的基础性学习能力，同时奠定学习能力自我增生的重要基础。叶澜说，教会学生掌握包括知识的、方法的和过程的结构，是最有效的教会学生学习的途径。结构的抽象性和形式化，使它具有很大的迁移可能性和包容性。

如我校理化生组在实施叶澜的"长城两段"的设计时，第一阶段，以教材知识的探究、体验学习为载体指导学生按照知识的内在逻辑建构由简单到复杂的结构链，并让学生在网络上展示自己设计的"知识树"；第二阶段，在引导学生运用这一"知识树"进行新的学习中，拓展类似、相关结构，设计和展示新的"知识树"，体现知识系统性、学科相关性、学法交融性。"生命互动性"是指利用媒体的交互性和创设生活仿真情境以及提供学习资源等功能，实现书本知识与学生生活世界、经验世界、成长需要之间的沟通，使学生在研发过程的体验中激活知识，使之呈现"生命态"，开发"原始资源"，实现资源的动态生成。"综合渗透促生成"指利用媒体超链接功能达到

各学科学习交融互动。

由上例可见，"双边共时性"策略，有利于发挥师生动态资源的协同效应，形成师生动态资源信息的"生成——利用——生成"的良性循环；"灵活结构性"策略，有利于学生以知识结构建构过程为载体，实现综合素养的自我建构；"生命互动性"策略，有利于学生通过生命的活动、互动、灵动过程，激活精神生命和发展潜能；"综合渗透性"策略，有利于知识的融会贯通、整体素质的全面构建。

第十七节　元认知活动——研究性学习的自我监控机制

一、元认知的概念

元认知是个体对认知活动的自我观察、自我认识、自我批评和自我调控。美国心理学家费莱维尔认为，元认知"即对认知的知识和对认知的监控"。

元认知包括元认知知识、元认知体验和元认知监控三个方面。元认知知识是个体关于自己或他人的认识活动、过程、结果及其信息的知识。元认知体验是个体伴随着认知活动而产生的认知体验和情感体验。元认知监控即个体为达到预定目标，根据元认知知识和元认知体验对认知活动进行的积极监控和调节。在研究性学习过程中，元认知监控体现为学生在认知过程中主动地将自己的认知活动作为认识对象，及时地进行反思和调控。元认知的功能就在于有效地控制认知过程。

能够依据元认知知识和元认识体验，对认知过程进行合理调控，就是形成了一定的元认识能力，即能够在自觉地培养自己健康的情感、意志、动机、兴趣、个性心理倾向等非智力因素的过程中进行积极的调控和自我激励；能够针对学习任务，激活和维持注意与情绪状态，把握自己的学习心向，分析学习情景；能够确立正确的目标，选择适合自己的达标措施，能够监控检测和总结自己的达标情况，及时地补救和改进达标措施，最终达到对思维和学习再认知的目的。

二、研究性学习中，培养元认知能力的意义

（一）培养元认知能力是教学生学会学习、学会研究的一个着力点

"教学生学会学习，学会研究"是一个具有时代意义的教育教学目标，而能否有效地适应相应的学习和研究策略，是区分学习者是否学会学习、学会研究的重要标志。学习策略是指在学习情境中，学习者对学习任务的认识、对学习方法的调用和对学习过程的调控，它是一个多层次、动态的学习执行的监控系统，由学习方法、学习的调控和元认知组成。其中，学习方法是最基本的要素，必须在元认知和学习调控的作用下才能有效发挥作用；学习的调控是在元认知的作用下，对认知过程、认知方法进行的调控；元认识是学习策略结构中的核心和动力系统，是这一结构中最高层次的调节机制。研究性学习，是深层次思维参与的学习，更加需要学生学会调控自己的学习过程。因此，培养学生的元认知能力，让学生掌握学习策略，是引导学生学会学习、学会研究、以低"能源消耗"创高"学习效益"的着力点。以元认知为核心的学习策略，提出一个影响学生的学习和学校的教学的学习变量或教学变量。如果教师在教学的实践中对这个变量进行有效控制，那么学生的学习质量或学校的教学质量就有可能大幅度地提高。

（二）培养元认知能力是完善学生的思维和智力结构、增强学生的创新能力的一个制高点

创新是一个民族的灵魂，发展人的创造性思维和自觉能动性是教育的本质特征。人的思维结构包括目标系统、材料系统、操作系统、产品系统和监控系统五大成分。其中，监控系统即元认知，处于支配地位，对其他四个系统起着控制、协调作用。对目标的确立和达标过程的调控，对材料的选用和重组，对操作加工策略的改变和实施、产品成果的检测和优化，对信息的反馈和处理，都离不开监控系统对信息的分析、综合、判断，从而作出决策、调控行为。研究性学习是一种高层次的创新性学习，更需要这种"决策"和"调控"的运行机制。可见，元认知在思维结构中是高层次的调节机制，它的发展能激活创造性思维的能动性。

元认知在人的智力活动中处于支配地位。1979年，美国心理学家斯登伯格从信息加工的角度提出了由元成分（在认知活动中的功能是制订计划、作出决策、监控整个认知过程，因而属于最高层次的控制）、操作成分（执行

元成分下达的指令、决策）、获得成分（获得新信息）、保持成分（储存所获信息）、迁移成分（把所获得信息转移到新的情景中去）等五种成分构成的新的智力模型。在五种成分的内在联系中，只有元成分能够激活其他任何一种成分，或者从任一其他成分中直接得到信息反馈，其他各种成分之间只能间接地相互激活或传输信息，即必须通过元成分的中介传递作用。因此，培养元认知能力是完善思维和智力结构、增强创新能力的一个制高点，而研究性学习是一种自主学习，需要元认知的支配，所以研究性学习是达到这一"制高点"的最佳切入点。

（三）培养元认知能力是优化学习效果、力争全面发展的一个关键点

元认知的监控调节功能贯穿在人的各种活动中，是决定各项认知活动效率的主要因素。由于人们对各种活动进行监控、调节的实质是相同的，因此，对任一认知活动的元认知的培养训练都具有广泛的迁移性。元认知训练的基本技能，不是局限于某一特定领域，它能迁移、应用到其他领域。所以，培养元认知能力是力争学生全面发展的关键之一。具有一定的元认知能力，才能监控行为的有效性，检验、修改和调整学习活动的策略，才能在不同情境中应用自己的知识。为什么掌握了同样的知识点和解题方法的同学，考试成绩却存在很大差异？就是因为他们在考试情境中知识、方法的应用水平和自我监控能力存在差异。为什么面对同样的学习任务，却有乐学与苦学之分？学生乐学的一个重要原因就是教师重视其元认知能力的培养，进而带动其他能力的发展，产生"牵一发而动全身"之效。

三、在研究性学习中的教材阅读的元认知活动

教材阅读是从书面语言中获得意义的一种心理过程，了解、领会意义是教材阅读的基本目的和核心，是研究性学习得到深化的前提。对阅读的理解监控、评价调节，是对于认知的认知，是一种元认知活动。在为了记忆而进行的阅读中，在理解基础上对主次概念的辨别，对材料掌握与否的检查，对记忆策略的选用，对记忆过程的调控也是元认知活动。因此，以自我监控为核心的元认知活动是教材阅读的基本过程，掌握阅读中元认知活动的基本模式对于优化研究性学习中的阅读策略结构很有帮助。

（一）研究性学习中教材阅读的元认知活动的基本模式及其特点

教材阅读课中研究性学习的元认知活动基本模式如下图。

教师　　激　导　→　诱　导　→　启　导

学生的元认知活动

元认知体验		元认知监控		有效学习方法
兴趣动机、机经体验、意识性感、个情感……	通过→	分定计决激维总评补、标划策活持调总评救……	调用→	精读　略读　跳读　美读　速读　复述　提纲　理络　札记　卡片　图表　批注　求同　辨异　质疑　比较　用内部语言重组原文

信息 ↑ 输入

| 阅读材料 有关信息 | → | 阅读课文 感知　理解　反应　综合 | → | 内化迁移 |

反馈　　　反馈

进行

研究性学习中阅读的元认知活动的基本模式结构图

这个模式优化了课堂教学结构，体现了元认知活动的如下特点：

1. 支配性。元认知是学习策略系统中居支配地位的要素，是有效运用学习方法调控学习过程的前提条件。阅读兴趣、动机的自我调控提供了学习动力；阅读经验、情感体验奠定了阅读基础；对阅读活动的意识，对阅读目的、任务和相关因素的认知、体验和监控（即对学什么、如何学、何时学、为何学、学习受何因素的影响以及各因素间的关系、学习过程存存什么问题、效果如何有清晰的自我意识、体验和合理的调控），形成了阅读系统中最活跃的要素，集中反映了研究性学习中阅读学习策略的最本质属性。

2. 动态性。元认知活动是一个师生相互作用的动态过程，教师的激导唤醒学生的元认知体验。教师的诱导使学生在元认知体验作用下激活和维持良好的注意、情绪和动机状态，分析任务性质和情境、质疑、定标、选用学习方法，进而教师根据来自于阅读过程的课堂信息启导学生对研究性学习过程的自我调控。即在阅读过程中的感知（认读阅读材料）——研习、理解（把单词转化为意义）——反应（在语感作用下形成联想、想象、推理）——综合（尝试应用）——内化、迁移（知识转化为能力）的过程中维持、修正学习行为，在阅读理解完成时，总结、评价学习效果和学习经验。

3. 自主性。元认知的核心是自我监控，自我监控离不开自我意识，所以

元认知活动能调动学生学习的主动性、自觉性、自主性，唤起学生与阅读任务有关的情感体验，能激活与保持学生的心理觉醒状态，即激起学生对学习方法与阅读活动中各因素相互关系的意识。学生具备了完成某一阅读任务所需要的学习方法，也就更能保持积极的注意、情绪、动机状态，增强研习的内驱力。

4. 发展性。董奇在《论元认知》一文中，介绍了他们结合阅读教学对学生进行元认知训练，结果明显地提高了学生在阅读方面的元认知水平，而且还由于自觉或不自觉地迁移，学生提高了对其他学习活动的监控调节水平。国内很多研究和实验也证明了只要通过有效训练，元认知能力是可以发展的，在研究性学习中，元认知能力的发展和使用更能使一般认知能力更好地发挥。

（二）在研究性学习的教材阅读教学中元认知活动的具体实施

我们在"协同教学与心理发展"的课题实验中，在该课题组组长、湖南师范大学教授郑和钧先生的直接指导下综合运用系统科学理论、协同和自组织理论以及近年来阅读心理学家有关阅读理解监控的元认知理论，探索阅读中的元认知活动模式。我们深深地体会到，研究性学习中的阅读能使学生学习低耗高效，使学生乐学善学。元认知活动应从以下几个方面实施。

1. 优化研究性学习的课堂教学结构，让元认知活动贯穿在课堂教学的主渠道中。研究性学习中的阅读的元认知活动的基本模式在上面的内容中已介绍。

2. 优化学习策略，让元认知结构活动贯穿在自主参与的研究性学习过程中。

（1）自我意识。教师给予预习提示，让学生意识到自己的认知水平、阅读目的，意识到怎样采用阅读策略，制约阅读任务完成的因素有哪些。

（2）自我提问。教师要引导学生通过自我提问确立研习目的，辨析内容主次，反省认知过程，调控认知策略，并提出不同见解，进行创造性阅读。

（3）自我报告。让学生介绍自己的阅读目的、体会、方法、思维过程和补救措施等。

（4）自我反省。教师要引导学生通过自我报告反省学习过程，提高元认知水平。

（5）自我澄清。学生对阅读材料中不一致的内容和自己的模糊认知能主动澄清。

（6）自我评价。引导学生以明确的标准对自己的理解监控进行评价，并能用批判的观点评价阅读材料。

（7）自我调控。除了通过以上方法引导学生对研究性学习过程进行自我调控外，还可让学生自己操作计算机，逐步呈现阅读材料的阅读答题方式，训练调节眼动和为了澄清理解而进行的上下文语境分析，寻求主要概念的自我调控能力，或通过作评点、写笔记、自画课文逻辑结构分析示意图，自己总结概括课文内容，鉴赏课文写作艺术，训练研究性学习中的自我调控能力。

（8）自我补救。一是学生在教师引导、同学评价启发下即时补救知识缺漏、认知疏漏；二是学生在测试后补救知识，改进学法；三是用"自信度指标测量法"测出自我监控水平，以便加强监控能力训练。测量方法是教师提供阅读材料、学生阅读答题后对自己的理解程度进行评定分级，再考察自评结果与实际得分之间的一致性程度。一致性程度反映监控能力水平。

王冬同学读了科学教材中的关于介绍鱼鳔和二氧化碳等知识的内容后，在一次清洗鱼内脏时，由鱼鳔想到了一个值得探究的问题：鱼鳔内气体不是从空气中直接进入的，那么它的构成成分是什么呢？他读了教材中关于二氧化碳气体能溶于水的内容后，于是提出假设：鱼鳔内的气体可能主要是二氧化碳。王冬和研究性学习专题小组的伙伴一起进行了如下研究。

查阅资料。他们带着研究课题阅读了介绍鱼的特性的资料，然后来推敲自己的假设，觉得"鱼鳔内的气体主要是二氧化碳"的假设欠准确，应该改为：鱼鳔内的气体中氧气约占 25%，其余主要是二氧化碳和氮气。但是这个假设还有待于验证。

进行实验。他们想，要验证鱼鳔内气体的成分，必须先设法收集到鱼鳔内的气体，于是计划分两步进行探究：第一步，收集并同时测量鱼鳔内气体的体积；第二步，探究鳔内气体的成分。在第一步中，他们打算用排水法收集鱼鳔内的气体：把鱼鳔放在水中，将集气瓶倒置水中，瓶口对准鱼鳔一头，刺破鱼鳔这一头，用排除瓶内水的方法收集鱼鳔内气体，并测量收集的气体的体积。可是在审读教材时，他们却发现这种方法不妥当。因为二氧化碳可以溶解于水，收集到的气体会比实际体积小，也就是出现这样的情况：$CO_2 + H_2O = H_2CO_3$。所以测量的结果会不准确。后来，他们商量后，改用医生用的注射器把鱼鳔内的气体抽出来测量其体积。在第二步中，他们根据鱼鳔内气体的性质来推断气体的成分。他们准备了两集气瓶的鱼鳔内气体，将燃烧的木条放进其中一瓶含有鱼鳔内气体的集气瓶中，结果木条能复燃，从而证明鱼鳔内含有氧气。然后，他们把澄清石灰水加入另一装有鱼鳔内气体的集气瓶内并振荡，发现石灰水能变浑浊，这证明鱼鳔内的气体中含有二氧化碳。他们再将探究过程与教材中介绍的氧气、二氧化碳性质对比，发现

方法是正确的。

上例中，学生读了科学教材中的关于介绍鱼鳔和二氧化碳等知识的内容后，由眼前的鱼鳔想到探究它内部气体的成分，读了教材中关于二氧化碳气体能溶于水的这一特点的内容，于是提出假设：鱼鳔内的气体可能主要是二氧化碳。准备用实验验证教材内容，这是对阅读的目的、过程、效果进行反思、验证的"自我意识"。在实验过程中对照教材，反思实验方法设计的正确性，从而纠正错误方法，这是对"制约阅读任务完成的因素"的调控意识。由鱼鳔想到了一个值得探究的问题，又对照教材中关于二氧化碳溶于水的内容，想到用排气法不妥的问题，从而调控自己的创造性阅读过程，这就是"自我提问"。当发现不妥之处后，立即改用另一种实验方法，这就是"自我反省""自我澄清"和"自我补救"。他们介绍自己的方法设计并对照教材与资料，商量、分析设计方法、实验现象，评价实验的准确性和科学性，这就是"自我报告"和"自我评价"。整个过程是不断进行自我反馈和监控的过程，是对认知过程的认知。这就是元认知过程，是知识和自我的双向建构过程。

四、在教材阅读教学中培养元认知技能的主要方法

实践证明，全面提高教育教学质量的一个关键因素是提高学生的学习能力，学习能力的核心是学生的学习策略，优化学习策略的关键是提高学生的元认知水平。元认知的培养和训练的目的是促进元认知知识和元认知监控水平的提高，使学生学会学习，学会体验，学会研习，学会创造。包含在教材阅读活动中的元认知技能有：①明确阅读的目的，即了解明显的和暗含的阅读的任务要求；②识别出材料中的主要信息；③集中注意材料中的主要内容；④监控阅读研习活动，检测理解是否发生；⑤运用自我提问的方法评价阅读的目的是否已达到；⑥当发现理解的失败以后，采取补救的行动。下面介绍几种根据语文教学的特点，在阅读教学中培养元认知技能的有效方法。

（一）意识训练法

意识是心理发展的最高阶段，是人脑对客观现实的反映，它是各种能力的综合体，包括：预知动作的观念结构，预知动作的后果，监督和控制一个人的行为，了解周围环境的意识。自我意识的成熟，是人的意识的本质特征。教师要在指导研究性学习的阅读教学中，创造情境，向学生输入有关信息，丰富和激发学生的认识、情感体验，从而使学生在元认知体验的作用下意识到学习活动的目的、计划、结果，意识到自己在认知过程中是怎样感

知、思维、体验和理解的，应如何调节、修改和弥补等，通过这些训练，培养元认知技能。

（二）目标训练法

元认知技能培养的目标训练法，是指引导学生在自己元认知体验的作用下根据学习活动和材料的性质以及自己的学习基础制订一个通过自我调控能够达到的知情意行等素质发展水平的标准。在这一过程中，要注意体现目标的三性：①导向性，即目标的确立要对元认知能力的培养具有导向、凝聚、推动、激励的功能；②自主性，即学生自我定标，自主达标，主动选择达标措施，反馈调节达标过程，自我构建知情意行素质结构；③层次性，即构建一个由近、中、远期目标构成的目标群，近期目标是"跳起来能摘到桃子"的"最近发展区"。

（三）情景训练法

研究性学习中培养元认知技能的情景训练法，即教师借助阅读材料、语言文字、音像媒体、实物景物、师生活动、认知过程等要素创设学习动态情境，使学生通过研习过程，生动活泼地学习元认知技能的方法。其特点是阅读中的情感活动与认知活动相融合，对课文阅读理解与对理解的监控训练相结合。北京师范大学教授张必隐曾介绍了西方学者的这种元认知技能的训练形式：总结、提问、澄清和预测。

教师创设情境，引导学生进行总结、质疑和研习，能监控阅读的进展，检验理解的精确性。如果学生不能完全说出阅读材料的概要，就说明理解没有很稳定、很深入地进入，教师应该采取澄清和补救的策略，然后预测新的阅读内容。如此循环往复，多次训练，学生就形成了元认知技能的结构。

（四）反省训练法

元认知训练的内容十分丰富，关键是要抓住学习过程的自我意识和自我调控，即对学什么、如何学、何时学、为何学、学习受何种因素的影响、学习结果如何及其相互间关系的自我意识和自我监控。在这种自我意识、自我监控作用下调用已掌握的学习方法和已掌握的知识、技能技巧解决问题的方法就是学习策略，也就是学习能力的核心内容。具备了这种能力才能够学得主动，学得轻松。而这种意识离不开对学习过程的反省。反省的目的是弥补疏漏，矫正错误，优化强化学习效果，反省的模式是由果溯因。引导学生反省的手段主要有如下几种：

1. 引导学生在课中互相激导反省。教师可围绕下列问题对学生进行提问激导："你是怎样想到的？""为什么能做得（说得）这么好？""错在哪里？"

"为什么会这样?""能否换个方法?""这个方法还能改进吗?""以前和现在有什么不同?"

2. 引导学生在作业训练中启导反省。如用"?""～～"等符号点示不妥之处,用激励、启导性批评引导学生研习中的不妥之处。

3. 引导学生互相交流反省经验,营造浓厚的学习"反省氛围",使学生养成反省习惯。

4. 进行反省专题训练。如教师根据学生的作业题目中常出现的错误设计错误答案让学生判断、修改并分析原因,或设计病文让学生商讨修改方案,并说出修改理由和方法。

(五) 评价训练法

评价即运用已有知识、学习方法、技能技巧,对学习达标程度、认知策略水平、分析解决问题的状况的界定。评价的目的是增强自我意识,促进自我反省,调节研习过程,改进学习方法,优化学习效果。评价必须注意形成和谐的人际关系及互助互学、积极向上的氛围。这就需要教师引导学生克服自傲、自卑、自暴自弃等情绪,让学生做到谦虚、热情,力争合格达标,尝到成功的喜悦,从而增强"自我效能感"和评价、监控能力。下面一例是一个教师在教寓言《赫尔墨斯和雕像者》时的一个片断。

……

师:赫尔墨斯当听说自己只是个添头的时候,他怎样了呢?文中没写。为了检查大家对课文的研习深度和理解程度,请大家拿出小玻璃片(每生备有常用的小玻璃片)把赫尔墨斯可能出现的表情简单地勾勒成一幅漫画,让大家评价。(教师引导理解监控的方法新颖)

4分钟后,教师出示一个学生的漫画:赫尔墨斯双眼斜视,歪嘴冷笑。

师:从课文内容看,这位同学的想象合理吗?

生:我认为合理。斜着眼笑是冷笑,他轻视雕像者不识货,好像在说:"我是堂堂的商人庇护神,你真是有眼不识泰山。"(大家笑)这正好说明他爱慕虚荣。

师:你能扣住文章的中心评论,这个方法好。(从学习策略上引导监控)请看这两幅(一幅横眉怒目,一幅耷拉着脑袋)。

生:第一幅合理。前面写到他听说宙斯只值一个银元时,他洋洋得意地笑了。现在知道自己还不值一个银元时,他就会大发脾气。

生:第二幅画也合理。赫尔墨斯得意得尾巴翘到天上去的时候,却……

生:(抢着接下去)价格下跌。(大家哄堂大笑)他当然就像泄了气的皮球,抬不起头来。这正说明爱慕虚荣的人的下场。

师：说得真好。看第三幅（雕像者说："哦，弄错了，赫尔墨斯这个像应该是更贵些。"）

生（该生是此画的作者）：我自己评吧，听了大家对那几幅画的评论，我知道我画错了，不合课文中心，爱慕虚荣的人"不被人重视"，怎么能更贵些呢？我开始没有想课文中心，也没想人物的特点。（互评、自评引起学生对研习过程的反省，对学习策略的检查，对学习效果的补救）

师：这位同学能及时纠正自己学习过程中的不妥之处，是个诚实的孩子。

生：是个不"爱慕虚荣"的人。（大家会心地笑）

师：大家的想象很丰富，而且有创造性。那么作者为什么不把这些写出来呢？

生：让读者去想。

师：对。没有写，大家才能想得这么生动，才能想到生活当中的人。这叫"耐人寻味"。可见文章构思真巧。

……

这样的评价能激活学生的元认知体验，促进学生的元认知监控，深化和优化研究性学习，使学生在合作学习中达到乐学、爱学、会学、有创造性地学的目的。

（六）学习策略训练法

学会如何学习实际上就是掌握学习的元认知知识和监控学习过程的问题。学习策略训练法主要是引导学生学会分析学习方法与学习任务的关系，根据自己的个性特征阅读材料，灵活运用学习方法等。训练方法可采用以下几种：

1. 教师通过示范自我提问的策略指导学生进行研究性学习。如教师在阅读中自问自答这类问题："内容的主要点是什么？""我应采取什么步骤读？""应达到什么目的？""根据文体等方面的特点应采取什么方法读？""从内容来看，应该提出和理解什么问题才算真正读懂了材料？"这种示范旨在使学生学会监控自己对材料中重要信息的理解过程，学会提示自己在具体过程中怎样做，怎样矫正阅读行为，在训练中逐步取缔外部言语，形成内部言语，学会把有关的学习变量与学习目标、计划、方法联系起来进行对照检查，争取达到预期效果。

2. 有意学习策略的训练。这个训练课程对每个策略的教学过程都包括对所学策略的具体示范和对使用策略所需的努力及其预期效果的说明，而且策略的含义是用被训练者可以理解的比喻来讲解，如将理解监控表达为"造成

理解之车颠覆的路段何在"。

3. 通过研究性学习中的师生互动、生生互动的形式训练元认知技能，让学生学会"总结、提问、澄清和预测"四种研究性学习的阅读理解策略，这种做法已在上面作过具体说明。

4. 根据学生个性的差异指导研究性学习中理解监控策略的运用。理解监控与个性的差异紧密相关。冲动型学生往往草率地作出结论，教师可用一些需要在教材阅读和研究中多次"回头看"才能深入体会课文前后文或活动前后的内在联系的研习题，训练他们的理解、监控能力，使他们能够与沉思型的学生一样采取一些积极细致的检验自己的假设的方法。

在一次化学元认知训练中，教师让学生相互评价制取硝酸铜的方案设计。开始，很多学生设计出下列两种制取硝酸铜的方案：

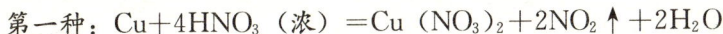

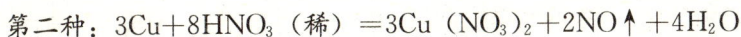

第一种：$Cu + 4HNO_3 （浓） = Cu(NO_3)_2 + 2NO_2\uparrow + 2H_2O$

第二种：$3Cu + 8HNO_3 （稀） = 3Cu(NO_3)_2 + 2NO\uparrow + 4H_2O$

教师用多媒体展示有毒气体形成危害的情境，引导学生在反馈中调控自己的元认知状态，让设计者抓住"经济、环保"四个字对自己的设计进行反思，就连平时做事草率的李俊同学也发现自己的设计考虑不周密，没想到这两种设计会产生有毒气体，不合环保原则。于是，他和大家进行改进，设计出了第三种。

第三种：$2Cu + O_2 + 4HNO_3 （稀） = 2Cu(NO_3)_2 + 2H_2O$

教师让学生回过头来再读教材中有关硝酸铜的性质和制取硝酸铜的要求的有关内容，审视按照方案设计进行实验的过程，互相评价设计的合理性。然后，教师让设计者对方案设计进行理性思考，向大家说出新设计的理由。设计者这样介绍："请大家从化学方程式的角度来看我们的设计方案，可见第三种是最适宜的。因为我们的设计注意思考了这些问题：'这一设计内容的关键点是什么？''应达到什么目的？''我们应采取什么方案才能达到？'关注了这些问题，所以，我们达到了这个要求：制取相同质量的硝酸铜，第三种方案消耗硝酸质量最少，成本也就最低；同时我们也考虑了，用第三种方案没有有害气体产生，不会污染环境。"教师表扬了设计者能主动调控自己的认知过程，克服草率的毛病。

上例是教师引导学生进行学习过程自我监控训练的元认知演习过程。教师以媒体展示的情境暗示应关注的问题（经济、环保），引导大家用自我设问的方法调控思维。在初次设计出了问题的情况下，教师引导大家抓住"经济、环保"四个字对自己的设计进行了反思，使学生以这四个字为审视策略合理性的原则，结果发现问题，产生"造成理解之车颠覆的路段何在"的自

省心理。同时，师生互动、生生互动，训练学生的元认知技能，让学生学会"总结、提问、澄清和预测"的方法，还注意了性格修养的引导。

第十八节　情智互动性多元测评
——强化研究性学习自我监控的重要环节

　　让学生克服测评的消极心理效应，必须贯彻新课程理念，改革测评方式，发挥学生的主观能动性，改革测评内容，注重内容和作用的多维性及其情智互动性。

　　考试焦虑往往由考试的紧张感、惧怕感、厌恶感、自卑感、被动感所引起，而这些感受又是由考试的错误导向、刻板的方式、禁锢思维的题型、无情趣激活性的内容、缺乏多角度发散性和难以让不同层次水平的学生都能发挥研究性学习主观能动性的设问以及被动应答的形式所引起。从根本上说，是因为施测者以知识为本，而没有以人为本，缺乏人文关怀；受测者被动应付，没有自主参与、能动研发的意识。师生之间的角色关系只是简单的施测和受测的关系，而没有心灵上的感应、情感上的互动、生命上的相互激活、主观上的潜能发掘。所以，要让学生避免考试的焦虑心理，激发自主研发的能动性，首先必须有测评的发展本位的价值取向，贯彻落实素质教育"全面发展、全体发展、主动发展"的"三要义"和教育部制定的课程标准中根据知识和能力、过程和方法、情感态度和价值观三个维度设计的教学目标。即使是选拔性的测评，也应重视研发过程，以激发学生的情感参与，使其愉悦身心、展示自我、提升自我为重要目的。在这种测评理念的指导下，采取情智互动性测评策略，即测评方式、内容和题型，均能激发情感体验，激活知识和思维，激导研发过程的测评策略，有利于导向正确的考试观、测评观、学习观，是强化学生研究性学习自我监控能力的重要环节。

一、改革测评方式，发挥学生的主观能动性

　　平时的测评，可通过研究性学习中知识生成、能力提升与体情、审美、品趣、探疑、悟理互动互促的动态过程来进行。在信息网络大面积普及的条件下，即使是大规模的考试，也可以借助媒体创设的生活、科研情境，通过

富有情趣，集中体现情商、智商的人机对话、信息处理，去思辨、应变、交往、表达和创新。专门的笔试测评，其内容也应该是这种"三维"互动过程的以文字为载体的再现。

天津市 2009 年初中毕业生英语学业考试分非纸笔考试（口语考试）和纸笔考试，满分为 150 分。口语考试在纸笔考试之前，采用计算机辅助考试（"人机对话"）的方式进行，满分为 15 分，占全卷分值的 10%；纸笔考试 135 分，其中听力满分为 35 分，占全卷分值的 23%，其他占 100 分，占全卷分值的 67%。

又如一所学校在其研究性学习的网站输入了大量各学科学习资源和"知（知识）、能（智能）、情（学习热情）大比拼"测评运作机制："起跑线"（基础知识大比拼）——"新航线"（问题的探究——发现大比拼）——"最前线"（辩论的头脑风暴大比拼）——"新水平线"（成果和激情的答辩大比拼）——"新起跑线"（问题的新发现大比拼）。在测评活动的环节中，知识闯关伴随着人性化的鼓励喝彩、策略引导、正误智能判断和过程调控。

这种新型的人机交互测评机制具有如下特点：界面友好、情境仿真、积极能动、适时激励、情智互生、张扬个性，有利于促进学科素养的和谐发展。

二、改革测评内容，注重内容及其作用的多维性

（一）陶情性

有一道题为《牵着母亲的手》的中考语文阅读题，选文中有此片段："……昔日年轻的母亲已经皱纹满面，手指枯瘦，但她牵手的动作依然如此娴熟。她一生吃过许多苦，受过许多罪，这些都被她掠头发一样一一掠散了，但她永远抹不去爱子的情肠……我说：'小时候，过马路都是您牵着我，今天过马路，让我牵着您吧！'母亲眼里闪过惊喜……"

考试题目是："常言说，见微而知著，从这里你发现了怎样的细节描写技巧？请你运用这里面的技巧写出父母与你相互关爱的动人细节。"

这道导向读写研发的试题，具有春风化雨般的陶冶情操之效，因此，面对题目，谁都会"情动辞发"，而不会望题兴叹。

有一道化学试题是这样的：2008 年春节前夕，本是喜迎佳节之时，郴州却遭遇了百年罕见的冰雪灾害。为了急于清除要道上的冰雪，有一家企业准备用大量工业用盐作融雪剂除冰，这家企业的子弟学校学生查阅网上资料得

知，使用工业用盐融雪剂会导致道路两旁的树木和农作物大量死亡，不能医得眼前疮，剜却心头肉啊。他们在参加除冰义务劳动的同时，准备劝说企业领导改用其他办法。为了增强说服力，他们进行了紧急的实验验证。

实验前他们提出的问题是什么？（工业用盐作融雪剂对树木、农作物为什么会造成危害）

他们查到的资料信息是：工业用盐的主要成分是 $NaCl$ 和 $NaNO_2$，它们会使土壤盐碱化，会造成树木、农作物死亡，对桥梁路面也会产生危害。据此，他们针对工业用盐溶液的特性作出的假设应该是什么？（工业用盐溶液可能显碱性，工业盐对于钢铁可能有更强的腐蚀性）

他们可以通过怎样的实验操作过程得出工业用盐溶液显碱性，会造成道路两旁的土壤碱化这一实验结论？（取少量工业用盐溶液，滴加几滴酚酞试液，酚酞试液变红色）

要证明工业用盐溶液对构成桥梁的钢铁有腐蚀性，可做对比试验，1号试管内放入铁钉和水，2号试管内放入铁钉和工业用盐溶液，哪个试管内的铁钉生锈快？（2号试管）实验结论是什么？（工业用盐溶液对钢铁有更强的腐蚀性）

本题目以学生同龄人的实例为题材设计题目，以感情色彩浓厚、富有感染力的语言表述题目，饱含心系家乡一草一木的深情厚谊，可以说是情理并举，情知共融。

（二）激趣性

王文军主编的《初中科学竞赛方法指导》（浙江大学出版社 2008 年版）有一组物理联想训练题别具一格。

（1）现在给你一把刻度尺和一块平面镜，请组合出一个有用的装置。

（2）利用刻度尺、平面镜、水、弹簧秤等器材及浮力、电流热效应等知识，可以对一只电灯有哪些组合的联想和设想？请写出四种想法。

（3）利用身边的温度计、烧杯、磁体、刻度尺、电路，你可以联想组合出一些什么装置？

思路点拨：第（1）题可以用内插式，在刻度尺上安装一块小平面镜，可测长度又可做平面镜。第（2）题用辐集式。四种设想可以是：灯——平面镜：镜前灯；灯——水：浴室灯（浴霸）；灯——浮力：航标灯；灯——弹簧秤：在弹簧秤刻度盘上安装一个小灯泡，制成可以在夜间使用的弹簧秤。第（3）题运用二元坐标式。刻度尺——烧杯：量筒；磁体——烧杯：

磁化杯；刻度尺——电路：电流表（电压表）；刻度尺——磁体：指南针。

学生对这种把创造性联想和想象与动手实践紧密联系在一起的题目情有独钟，因为这类题适应了初中学生的好奇心理和想象丰富、喜欢动手的特点。同时此题主题明确，运用组合联想的三种组合方式，暗示研究策略，创设了一种能"跳起来摘到桃子"的最佳情境，能唤起学生成功的欲望。

曾有一道语文中考题是这样的：音乐课上，师生正在欣赏四川民歌《川江号子》，教师忽见一学生埋头大睡，于是叫醒他说："你怎么把《川江号子》听成了《摇篮曲》?"学生面带愧色，却不失幽默地自我解嘲道："……"

你探究过"幽默"的特点吗？幽默是一种智慧，幽默是一种修养，幽默是一种诙谐而又耐人寻味的语言表达艺术。请你写出这位学生的自我解嘲的话，尽量体现他的机智、优雅而诙谐。

这道题别出心裁地创设了一种轻松愉悦的气氛，让考生能在严肃的考试中"幽他一默"，在考完后，探究"幽默艺术"的雅趣也会"方兴未艾"。

（三）审美性

有以下这样一道生物考试题，熔启知、审美、陶情、引探于一炉：

读了下面的故事，请你说说你在环保和小草生长需要等方面的发现。

一位移居奥地利的朋友，在维也纳郊区购置了一幢寓所，周围有一大片起伏有致、四季常青的草地，绿茵茵的草地上种植着一棵棵太阳伞一样秀丽的小树，置身于此情此景，会有赏心悦目的感觉。朋友却感到美中不足，因为晚上看不到他所喜欢欣赏的草地上忽明忽暗的光环、如梦如幻的夜景。于是，他准备在大草坪上安装几座能调节光亮强度的贴地大灯柱。可社区环境管理署没批准。因为他们用光线测试器测出这儿的小草白天所接受的阳光足够满足它们的光合作用，小草晚上要在黑暗中进行深呼吸，如果安装了灯柱，会使小草的生长规律产生紊乱。如果小草枯萎了，甚至连小虫子们都不大愿意鸣叫了，还有什么美丽可言呢？黑暗对于植物来说和光照一样的重要，谁也无权剥夺它们的这种生存需要。

这道题不难让人想到，美与生命是相随相伴的，谁也无法拂逆自然，正如米加索说的，自然比人类有史以来任何一位巨人都强。光明与黑暗的交替，是自然界万物生存的需要，打破它，就将破坏生态平衡和环境的和谐。小草需要光合作用，也需要黑暗中的深呼吸和休息，我们欣赏美，就要呵护小草，就要遵循小草的生长规律。这道题确实是将审美导向与自然科学道理的启迪水乳交融了。

曾有一道语文中考题是这样的："踏破青毡多可惜，多行数步好流连。春花烂漫真宜人，手下留情情满眼"，这是某公园里的一则公益广告，你发现它的语言有怎样的特色？请你在模仿中创新，写一条有关绿色环保的广告语。

题目的文学性、审美性、启迪性，能唤起学生的情感共鸣，于是引发了学生诸如"芳草萋萋，踏之何忍""天人合一趣，红花绿叶情"之类的妙语。

（四）拓思性

生物课有一道这样的口试测评题："飞蛾为什么扑火？"具体内容是：对于飞蛾扑火，宗白华有一句名言说："一切群生中，我颂扬投火的飞蛾，唯有他得到了光明中伟大的死。"是呀，这是多么悲壮的举动！可有人说这样以身试火，未免太愚蠢。从生物知识的角度，由飞蛾扑火你发现了些什么呢？你认为可以用什么方法或步骤来探究呢？这是不是因为它的选择错误而造成的呢？

这道题中的问题"从生物知识的角度，由飞蛾扑火你发现了些什么"，是引导学生的思考角度侧重于生物学科方面，避免步入从文学想象或人生哲理方面思考的误区。"可以用什么方法或步骤来探究"，是引导学生介绍自己研究性学习中的个性化学习方法和探究思路。最后一句是进一步的、更为明确的启发。由于引导得当，学生回答得一般比较得体。

如有学生这样回答上述题目：从飞蛾扑火我发现飞蛾夜间飞行是靠体内的"天文导航仪"来导航的。我是用查资料和实验探究的方法探究出来的。我先有一个假设：飞蛾体内可能有一种借光导航的功能。我从资料上得知，飞蛾体内有一种"天文导航仪"。夜间，它们把"天文导航仪"对准天空中某一颗明亮的星星，径直向它飞去。我在晚上的一个实验中，把一盏明亮的油灯放在离田野较远的地方，把一盏亮度低一点的油灯放在离田野比较近的地方，结果，田野里的飞蛾大多向远的亮灯飞去。我由此推理，飞蛾的趋光性是把握方向的需要，大自然让飞蛾有用星光导航的本领本来是让它对着星星飞行的，可是它却把亮灯当成星星了。加上天上亮到能够成为夜蛾灯塔的星星本来就不多，而夜蛾只能看到带有紫光的光源，可发出紫光的星星就更是微乎其微了，所以，飞蛾就难免选择错误而飞向死亡。

由此可见，多角度、多层次的引导、启发，能照顾到不同层次、不同个性的学生，使之充分发挥思维的灵动性。

南京曾有一道语文中考题是："小秋站在村头的土路旁，出神地看着泡

沫似尘土的路上那一行深深的脚印……"，请展开合理的联想和想象，描写小秋"出神"时的心理活动。

此题能激活学生的想象，唤起学生的情感体验，使学生产生积极的心理活动，人人都有话写，或抒发思亲情怀，或表达离情别绪，或感叹坎坷历程，或感恩亲人奔波，或寄托前程理想，或思考人生旅途……

（五）跨科性

注重学科知识的相互渗透，培养综合运用能力，是新课程的一个重要理念，此类题能为学生提供广阔的思维空间，拓展知识的运用领域。

张志新主编的《龙门专题·初中化学思想方法》（龙门书局 2008 年版）有这样一道题目：化学是在分子、原子层面上认识和创造物质的一门科学，是人类在实践活动中产生的，是人类文化的一部分，与人文知识有着密切的联系。例如，我国的一些成语中就涵盖着化学知识和原理。请从化学视角对题目中的成语进行解释或辨析。

A 题："杯水车薪"和"釜底抽薪"

成语词典的解释：

杯水车薪——用一杯水去扑灭一车柴火，比喻无济于事。

釜底抽薪——抽去锅底下的柴火，比喻从根本上解决问题。

化学解释：

杯水车薪：

釜底抽薪：

B 题：沙里淘金和点石成金

成语词典的解释：

沙里淘金——从沙石中筛选黄金，比喻从大量材料中选取精华，也比喻费力大而收获小。

点石成金——石头经"点化"而变成了金子，比喻把不好的或平凡的事物改变成很好的事物。

化学解释：

沙里淘金：

点石成金：

这种题打破了传统的封闭的学科概念，既考查学生的学科素养，也考查其综合素养。这类题型一般是文理知识的综合，立意新、构思巧、多样化，既有本学科知识层次之间的纵向联系，也有多学科之间的横向联系。借助学

科之间的交叉点、渗透点设定题目，有利于考查学生综合各科知识、融会贯通地进行研究性学习的能力。

又如南京市曾有一道中考语段阅读题是：除了文中提到的"音乐伴跑""老年交谊舞"之外，请再列出与音乐或舞蹈相结合的两种轻体育形式。

学生读到此题时，如一石激起涟漪，通过艺术课的动态美感唤起了丰富的创意，答题过程简直是在品味和享受艺术。

（六）砺志性

王文军主编的《初中科学竞赛方法指导》中有一道物理考试题：为了让物理走近大众，让世界拥抱物理，联合国第 58 次会议通过了 2005 年为"国际物理年"的决议，这是目前唯一以学科命名的年份，表明物理学科对社会发展的巨大推动作用得到了国际社会的充分认可。物理学的发展离不开广大物理工作者不懈的探索和无私的奉献，其中，（牛顿）总结前人的研究成果，得出了惯性定律；（法拉第）发现了电磁感应现象；（托里拆利）首先测出了大气压强的值；（爱迪生）经过多次实验发明了电灯；（居里夫人）以惊人的毅力提炼出了化学元素"镭"。"不积跬步，无以致千里"，科学成果无一不是科学家坚持研究的汗水结晶，请你简要叙述某位科学家某一项成果的研究过程（50 字以内）。

这道题以国际物理年的热点新闻为切入点，在重大科学史实列举中渗透了励志教育，贯彻了新课标的情感、态度、价值观理念。后面的陈述题又有机结合了科学探究的一般思路、步骤等相关知识的考查。

江苏省南京市有一年的中考作文题是：阅读"你不能改变容貌，但你可以展现笑容。你不能左右天气，但你可以改变心情。你不能预知明天，但你可以把握今天。你不能样样顺利，但你可以事事尽力。你不能决定生命的长度，但你可以拓展它的宽度"，依据其中一句话或几句话，确定中心，写出你所受到的启发和所产生的联想。

这样的题能砥砺心志、启迪思辨，使人人都能有感而发、有言可叙。

（七）导创性

说明文《电子书包》有一道阅读题是："请写出你的设想，电子书包除了文中所说的功能以外，还应该具有其他什么功能？"对这样贴近学生生活，能激发求异思维、创新灵性的题，学生饶有兴趣。又如仿写例句"世界上没有完美的伟岸，也没有完全的渺小；没有百分之百的强，也没有百分之百的弱"。这样的试题，给语言的研究、运用创设了较大的创新空间，人人都可

拓展、创新，在研发中张扬个性。

下面的物理试题，把创新学习方法渗透其中，便于开启学生的创新思维。

1. 托盘天平是我们常用的器材，可是它也有不完善之处需要我们改进。请你用"缺点列举法"列举托盘天平的几个缺点（至少两个），并利用"希望点列举法"针对这些缺点找到改进办法，看谁的办法新颖而适用。

2. 同学们都知道，衣服洗了后挂在通风处容易晾干，这是因为，当液体表面空气流动加快时，蒸发会加快。这种现象会有什么危害？请列举一例。还能发挥这一现象的其他积极作用吗？请列举一例。

这类题把创新学习的方法也当成已知条件，放在题设中，给予学生创新思路的点拨，实际上是给了不善于灵活运用学习策略的学生以适当的帮扶，使他们不会感到茫然失措。列举"至少两个"缺点和"新颖而适用"等要求，则能检测出学生创新思维的流畅性和独特性。这样，既照顾到不同层次的学生，又利于学生张扬个性。所以学生一般都能回答，而创新思维能力强的学生更有独到的想法。下面列举一些学生解答的内容。

第 1. 题：（1）缺点：视力差的人可能看不清标尺游码的读数，改进办法是在标尺游码上安装一个放大镜随游码移动，放大标尺上的读数；（2）缺点：光线弱时或者在黑暗中看不清标尺游码的读数，改进办法是在标尺游码上安装一个有开关的指示灯随游码移动，以便需要时照明；（3）如果要测的是液体那就不能直接测出液体的质量，改进办法是将左盘制成活动盘，测液体时换上能装液体的盘。

第 2. 题：在通风的地方，土地容易干裂，空气容易变得干燥，植物容易失去水分。利用其积极作用的例子：将容易因受潮而变坏的物质放在通风处。

（八）导行性

进入 21 世纪以来，世界各国的理科教育改革在强调人文教育的同时，更加强调 STS 教育，即科学（Science）、技术（Technology）、社会（Society）教育。渗透 STS 教育的试题会涉及环保、能源、材料、营养物质与健康等方面，具有高起点、低落点、新热点等特点，在环保、节能、珍爱生命、学习现代科学技术等方面给学生以思想教育和行为导向。

王文军主编的《初中科学竞赛方法指导》有这样一道题：如下图所示，小方格代表不同的环境因子（空间、温度等）。4 个不规则的图形分别表示四

种生物的生态位图示，如果资源有限，哪一种生物有被排除的危险（选择
题）。（　　）

A. Ⅰ　　　　B. Ⅱ

C. Ⅲ　　　　D. Ⅳ

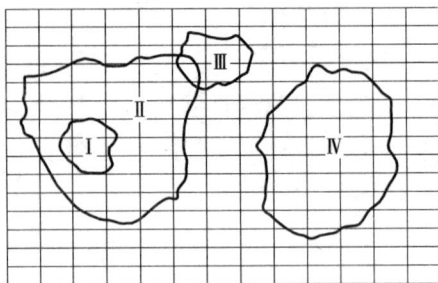

　　本题考查的是环境与资源、生物与数学等有关知识的应用，如何通过图
表分析出生物的生存空间和资源的关系是解题的关键。从四种生物的生态位
图示可看出，Ⅰ、Ⅱ、Ⅲ三种生物生态位出现重叠，且Ⅰ完全包含在Ⅱ中，
因而资源有限时，Ⅰ、Ⅱ、Ⅲ三种生物间出现激烈的竞争和排除时，Ⅰ有最
先被排除的危险。学生在这样的分析中，不仅能选准答案 A，同时也潜移默
化地受到了 STS 教育。

　　有这样一道题："书读百遍，其义自见"；"读书破万卷，下笔如有神"；
"不动笔墨不读书"；"书犹药也，善读之可以医愚"；"读书在于造成完全的
人格"。这些名言，启迪你认识到应该怎样读书？

　　这类题能引导学生对读书方法、读书与做人的辩证关系的反思和警醒。

（九）人文教育性

　　深圳市曾有这样一道中考语文阅读试题："只要你敢有一次不讲信誉，
你在这个文明社会就难以立足"这种观点是否正确？请谈谈你的看法，用上
正反对比论证的方法。

　　由于这类题把学科素养和人文素养的考查有机结合，思想倾向明确，所
以能引导学生既注意运用学科知识，又注意分明褒贬色彩。学生在答题中既
有"诚信乃立人之本、民族之魂"的正面言论，也有"人而无信，不知其
可"的反面论证，引发出人文感悟的思想火花。

（十）生活性

　　试题情境体现生活的真实性，融汇知识的应用价值和教育的人文价值以
及研究性学习的策略考查。

　　如天津市 2009 年初中毕业生化学考试有一道题以社会热点问题——温

室气体为命题背景，以二氧化碳的性质、用途和对环境的影响为线索，将二氧化碳的性质、质量守恒定律、化学反应方程式等知识的考查融合于具体问题的分析与解答中，展示了化学对于改善个人生活和促进社会发展的积极作用，同时也引导学生关注和研究与化学有关的社会问题，体现了化学知识的应用价值和化学教育的人文价值。

又如昆明市物理中考试题以相关报道材料"欧洲航天局发射的惠更斯探测器""石油液化气泄漏，用潮湿的纱布睹住"等为信息，考查学生从材料中提取有用信息，进行信息加工、分析，解决问题的能力。

（十一）时代性

研究性学习针对的往往是体现时代性的问题，坚持理论联系实际的原则。为了强化这种意识，命题应有鲜明的时代性。

如天津市2009年思想品德课考试的题目分别涉及《珠三角地区改革发展规划纲要》、中国与其他国家携手应对全球金融危机、两岸三通、整顿互联网低俗之风、科教兴国战略和人才强国战略、循环经济和绿色消费等，这些话题不仅紧扣党和国家的热点话题，又具有浓厚的区域特色，体现了鲜明的时代性，对于研究性学习具有良好的导向性。

（十二）学科素养性

"学科素养是体现技能的核心，是知识赖以生存的载体，因此体现三维目标教学的有效性，就必须着眼于学科素养的培育。"[1] 如数学学科基本素养中的数学思想和方法是数学知识在更高层次上的抽象与概括，它不仅蕴涵在数学知识的形成、发展和应用的过程中，而且也渗透在数学的教与学的过程中，因此在测评中必须集中体现。

如2009年许多地方的数学中考试卷不仅重视对数学双基的考查，也渗透了初中数学中常见的函数与方程、数形结合、分类讨论、归纳概括、运动变化、待定系数法等数学思想方法。

（十三）心理健康教育的渗透性

在学科测评中可以有机渗透心理健康教育。

如思品课有一种别具一格的测试形式，那就是采用模拟应聘中的面试答辩形式回答融合思想品德修养和心理健康的问题。下面是模拟应聘"新闻主播"的一道题。

---

① 冯增俊著．把教学目标落实到位——名师优质课堂的效率管理［M］．重庆：西南师范大学出版社，2008（60）

在奥运会的双桨无舵艇的决赛中，苏联运动员伊万诺夫力克群雄，摘取了这个项目的金牌。

小伙子欣喜若狂。他走下领奖台后，当即把金牌抛向空中，以表达自己的激动心情。赛场上的观众也情不自禁地为他的胜利而欢呼。伊万诺夫每抛一次，观众席上就一阵欢呼。观众越喊越起劲，伊万诺夫越抛越动情。谁知乐极生悲，当他再一次将金牌抛向空中时，由于兴奋过度，用力过猛，角度偏斜，金牌掉进了茫茫的湖水中。尽管后来他的教练动员全体队员潜入水底摸了很久，但是终究未能找回那枚珍贵的奖牌。

金牌就这样丢了。伊万诺夫的情绪一落千丈，吃不下饭，睡不好觉，成天愁眉苦脸。国际奥委的领导人不忍心看着这样一位年轻而又有运动才能的选手心情沮丧地返回祖国，赶忙仿制了一枚"金牌"发给他。

你作为新闻主播，对于伊万诺夫的表现怎样看呢？

有的学生这样回答：取得成绩要保持理智，有一颗平常心，冷静对待，不要过于激动以至于乐极生悲。这说出了面对成功应该有的一种心态。

这种测试形式和题型借助应聘答辩的仿真情境，融知识性、实践性于一体，汇学科素养测评、心理健康教育于一炉，可以检测学生的综合素质。

总之，实施情智互动性测评，在试题内容中给学科知识融注生命的活力，学生对各科的研究性学习和测评就会情有独钟。"自组织理论认为开放系统的发展，不是靠外力推动而是内在动力起决定作用。"[①] 测评内容既能被学生的认知图式所同化和顺应，又符合学生的情感趋向和价值取向，是学生有探究兴趣的话题，学生才会有情感的投入、研发的参与。如果测评旨在发掘学生的内在潜力，测评方式又生动活泼，学生将变"焦虑"为"乐趣"，从而促使主体意识充分觉醒，主体精神充分发挥，主体意志充分拓展，主体潜能充分发掘。

第十九节 课程管理——研究性学习实施的保障机制

研究性学习实施的规范性、高效能性的有力保障是对研究性学习的科学管理，除了领导重视、相应的常规管理制度外，还要对研究性学习的课程结

---

① 陈志强著．中小学素质教育理论与实践［M］．长沙：湖南师范大学出版社，1997（75）

构加强管理，构建有利于各学课协同指导的研究性学习的课程体系；加强校本课程开发，力争使研究性学习课程突出"校本"特色，实现研究性学习与校本课程协同实施；加强教师培训，增强教师指导研究性学习、实施研究性学习课程的专业能力。

一、构建有利于各学课协同指导的研究性学习课程体系

构建以渗透和贯穿于各科教学的研究性学习方式为经线，以研究型课中的多门学科综合开展的专题研究活动为纬线，各门学科与综合实践活动课协同指导研究性学习的课程体系（见下图）。

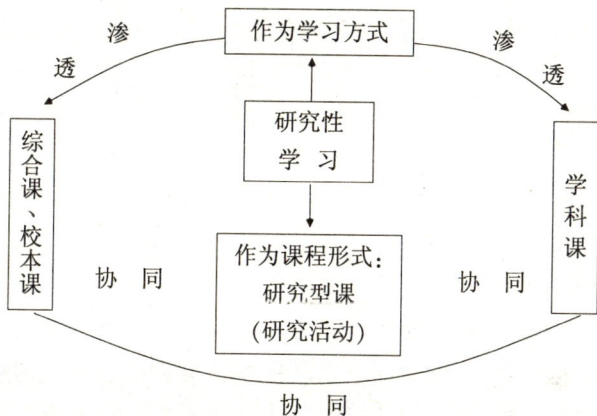

各学科协同指导和开展研究性学习的课程体系

该课程体系的运行有如下特点。

1. 研究性学习作为一种学习方式是指教师不把现成结论告诉学生，在研究性学习的问题解决过程中，学生需要自主发现问题，合作探究问题。因而研究性学习作为一种学习方式应渗透于学生的所有学科学习、活动之中，并与其他学习方式相得益彰。建立和形成发挥学生主体性的多样化的学习方式，使学生在教师指导下主动地富有个性地学习，是这次课程改革的核心任务，也是研究性学习的一大特点。

2. 研究性学习作为一种课程形态，是为了指导研究性学习方式的广泛运用和落实综合实践活动而设置的，是综合实践活动的基础。研究性学习课程所倡导的专题研究活动，指导学生运用自主、合作、探究的学习方式参与各学科的学习，也渗透到综合实践活动的全部内容之中。同时，研究性学习的专题研究活动内容也是其他综合实践活动（如社区服务与社会实践、信息技术教育、劳动与技术教育等）和学科内容的整合。所以，各门学科和综合实

践活动可以通过研究性学习自主合作探究专题活动整合成一个系统的、动态的、不断生成和发展的课程体系。

3. 在研究性学习中实现教学与课程生成的整合。课堂教学过程是艺术的再创造过程，是课程内容不断生成的过程，在这个过程中，学生有了主动性才能有自主性，有了自主性才能形成创造性和生成性，而研究性学习是发掘个性潜能的主动性学习，所以，我们应营造支持学生进行自主、合作、探究学习的心理氛围，实现教学与课程生成的整合。

二、加强校本课程开发，力争使研究性学习突出"校本"特色

"校本课程，顾名思义，就是以学校为课程编制主体，自主开发与实施的一种课程，是相对于国家课程和地方课程的一种课程。"[①]

校本课程开发的价值取向体现"三性"，即：发展学生个性；形成学校特色，突出"特色"的现实性；发挥教师特长，体现教师的人格个性。

校本课程由其价值取向决定，它的开发和实施具有民主性和开放性、校本性和动态性、实践性和综合性、教师个性和专业性等特点。

研究性学习植根于儿童生活，体现校本特色，立足于儿童本性，着眼于发展儿童的个性人格。研究性学习作为课程领域，是师生在问题解决的动态实践中共同探索新知的发展过程，其课程内容具有动态生成性和知识的综合性。教师的指导，需要发挥专业特长，体现教师的个性人格。

因而，研究性学习课程和以研究性学习为基础的其他综合实践活动是校本课程实施的重要途径。同时，使学生形成自主、合作、探究的学习能力，学会研究性学习，培养健康的人格个性和可持续发展的能力，是研究性学习和校本课程实施的共同的根本目的。所以，校本课程实施过程离不开研究性学习指导；研究性学习的专题研究内容以校本课程内容为特色。在校本课程开发中，增强研究性学习课程的"校本"特色，达到两者的协同，有如下一些有效策略。

(一)"一个中心"策略

即以儿童为中心，问题为核心，结合学生的研究兴趣和选题，整合学科内容编制校本课程教材，通过研究性学习过程载体实施校本课程。

例如，校本课程中有这样的内容：学生看到学校附近郊区的甘蔗叶子很多

---

① 刘旭东，张宁娟，马丽编．校本课程与课程资源开发［M］．北京：中国人事出版社，2003
(17)

被甲虫侵害，严重影响甘蔗的生长而又不便于使用农药，当地农民十分焦急。学生向教师提出了能否不用农药防治害虫这一问题。为了加强环保和科技教育，培养学生的探究精神，生物、化学教师和综合实践活动课辅导教师协同起来，编写了《不用农药防治农业害虫》的校本课程教材。教材提出了研究的目标、问题、研究的方向，介绍了主要资料。具体的问题分析、解决办法都让学生去探究。学生分成调查采访组、文字资料信息组、网络信息组、化验组，深入观察、了解、分析。语文老师指导学生写出了调查报告，信息课老师从在城学校借来了介绍利用天敌防治害虫的光盘。学生综合各组所获信息提出了利用惊蚁防治甘蔗叶甲虫的建议。后来在访问甘蔗种植能手的过程中，学生为自己的研究能与经验丰富的种植能手不谋而合而兴奋不已。学生针对当地棉花遭蚜虫害的情况，查阅资料，调查采访，又了解到大草蛉可对付棉蚜，当地称为"花大姐"的七星瓢虫也是棉蚜的天敌，还知道了赤眼蜂、蜘蛛、鸟、鱼、蛙、蟾蜍等也能防治害虫。学生既获得了许多知识，也培养了研究能力和科研意识、环保意识、热爱工农建设和科学事业的感情。

（二）"个性育个性"策略

个性化是校本课程发展的价值追求。校本课程从满足地方社会和经济发展对教育的要求、教材的编写和实施体现教师主体性及教师人格个性、在校本课程开发中关注学生的主体性和创造性三个方面，追求个性化的思想，发挥教师的个性人格魅力和意志、情感、爱好、追求的感染力以及教育策略的启发力。教师要充分发挥校本课程适应生活和经济建设实际需要的感召力，充分利用学生的人力资源，使校本课程更突出研究性学习，使研究性学习更有"校本"特色。

如造纸术的发明者蔡伦的家乡桂阳的一所中学，根据学校所在县城精神文化、自然环境、经济特产资源的特点，利用地方课指导学生开展了以蔡伦创新精神、赵子龙为民精神、欧阳海献身精神为探究主题的专题研究活动，指导学生实施了以怎样做到"不让树叶变烟叶，不把矿石当乱石，不让劳力成苦力"为主题的社会调查活动。利用学校、社会资源开展研究性学习活动，其方法渗透到了各门学科的教学中，成了新课程理念与新课程实践操作的最佳"结合点""切入点"，促进了学习方式的改变，促进了单科向综合课、小课堂向大课堂的转变。

该校根据本校属在城非重点中学，学生学业成绩一般，在城学生多，活泼开放，较农村学生见识广，体艺课相对较好等特点，按照多元智能理论原理，实施了以音、体、美、信息技术课等学科特长培养为带动各科全面发展的突破口，开展培养学生的个性特长，突出教师的教学特点，凸现新课程特

质，建设特色学校的"四特"研究，开展"三小"（小发明、小制作、小论文）活动，以一科带多科加强学科综合，扬长补短，以"长"促"短"，发掘个性潜能，培植学校特色。很多学生因"一技之长"激发了学习积极性和创新学习的主动性，提高了整体素质。

教师立足校本教研，在行动研究中反思，在合作交流中切磋，在学科协同、专业引领下的综合课实践中探究，通过学科论坛，教学开放周，学校、家长、社会联谊性课改开放日等活动，促进和优化了新课程的运行机制。

（三）"思想对话"策略

教师在引导学生进行校本课程开发的研究性学习中，以学生的已有知识为起点，以学校的特色发展为基点，根据学校的教育哲学来安排和组织学习，营造新思维的宫殿，训练学生的批判性反思能力，使学生通过实践体验中的思想与思想对话，去伪存真，去粗取精，拓展知识的广度和深度，汲取求得知识的不同方法。

如教师根据学生对将要改建、扩充的校园的原有布局不满意的情况组织设计了校本课程"校园改建设想的研究"。在语、数、理、化、美、体多学科合作研究中，学生参观了校园建设榜样学校，通过网络查阅了有关校园建设的资料，对校园的设计进行了反思性、批判性评价。学生通过相互切磋和思辨，优势互补，集思广益，设计出了在校园升旗台、文化廊、绿花区、雕塑造型、体育场、假山池沼、喷泉亭台等各具特色的建设蓝图，还考虑到了怎样以树带减少城区的噪音干扰和灰尘、病菌污染等问题。

（四）"多元整合"策略

校本课程是开放、多元整合、师生互动发展的课程，强调理性思考、课程实践的开放性和内容的多元性，强调教育资源的合理开发与整合，强调研究性学习内容、方式、手段的有机整合，强调研究性学习过程中的开放性与课程内容生成性及学科之间的协同联动性，强调多元智能发展促整体素质构建。因而，校本课程的研究性学习打破学科之间的界线，打破学习方式的单一性，提倡一节课融进多门学科。

如桂阳一所在城中学综合实践活动的地方课，由辅导教师牵头，与其他任课教师协作拟出了《感受家乡县城的文化气息》的校本课程实施纲要，以使学生体验县城的文化，感悟城建市容、文化古迹、社会风貌、艺术审美、校园文化、自然景观等方面的文化底蕴，受到人文熏陶，提高审美能力，关注家乡两个文明建设，以实地考察、参观人文景观、名人追踪、调查了解建设文明城市的新人新事等为活动形式，以各学科教学有关知识的综合运用和

学科能力的综合培养为活动内容，通过内容与形式的整合，各学科的整合，自主、合作、探究等学习方式的整合，实现课程的生成和建构，达到预期目标。结合活动，语文课上学生传阅了一位学生写的《记桂阳三中高考的省文科状元李凌》的报告文学；政治课上学生介绍了《身边的经济学》考察报告的写作过程；历史课上，科代表汇报了家乡学生学习蔡伦为人正直，有创造精神的事迹的情况；英语课上，学生妙趣横生地叙述了去外商投资厂了解到的领导人接待外商的语言交流故事；数理课讨论了公园喷泉推转滚球的平衡力原理及其计算；美术课进行了欧阳海广场碑文书法的模仿练习；团队活动课交流了采访欧阳海亲属的体会；地方课介绍了桂阳一中几十年来名人迭出的事实及采访名人所获得的信息；体育课体验了蔡伦休闲广场的各种健体设施；生物课汇报了对园林中珍稀植物资源的调查情况和花卉栽培技术的学习收获；化学课分析了环城公路修好后城内减少车辆尾气污染的情况。

（五）坚持"三化"策略

"三化"策略即坚持课堂教学活动化，研究活动综合化，校本课程内容生活化。教师要以校本课程的基本目标为核心，综合调控校本课程的各项实践活动，"树立活动的课程意识和课程的活动意识，把实践活动与课堂教学整合起来，使之纳入到学校整体课程改革之中"。① 校本课程的活动内容源于生活，融于活动，渗透于各学科教学的研究性学习实施过程中，增强了研究性学习与校本课程实施的协同效应。

如在校团委组织的"我该为环保做什么"的活动中，学生从不同角度、不同层次提出的设想和方案渗透到各门学科，并使学科教学与活动自然而然地成为一体。如语文课中有"我为环保写新闻"的报道活动，数学课有"三废"污染中的惊人数据及其测算活动，生物课有"生物除草"实验研究活动，化学课有"城市垃圾、汽车尾气的化学分析"活动，音乐课有"我为环保谱新歌"活动……

三、加强教师培训，增强教师指导学生实施研究性学习的专业能力

教师是学生实施研究性学习的"黄金搭档"、导师、促进者，是一大动态资源。教师要真正发挥在学生研究性学习指导中的良好角色效应，除了对学生要有真诚的爱心，还要有指导学生进行研究性学习能力的专业能力。学校必须加强教师指导学生研究性学习的专业培训，通过典型活动观摩、研究过程的媒

---

① 刘华. 以校为本，学校必须研究好的课题［J］. 人民教育，2004（5）

体展示、研究性学习开放日现场会、成果展览、小科研答辩或微型讲座、学生"现身说法"等形式，让教师掌握指导学生研究性学习的先进理念、运行机制和主要策略，为教师进一步发挥自己的个性特长、专业才能奠定基础。

学生心理动力资源的开发，学生自主设立目标以及发现、提出和解决问题的引导是研究性学习有效开展的前提和关键环节。教师必须注意其引导策略的科学性。下面介绍的研究性学习的一般引导策略，是教师应该掌握的。

（一）学生心理动力资源的开发策略

人有一种天生的好奇心，这种本能能引发面对陌生现象努力找到成因的动机和欲望，而这种动机和欲望又是探究和创新的内驱力，因而激发好奇心是开发一种进行科学研究的可贵动力和心理资源。然而，人们往往让这种好奇心以一种原始的方式保存着，却未注意到好奇心其实是自主探究的心理动因。激发、鼓励、维护、发挥这种好奇心，是发掘创造潜能的一个基本前提。因而，我们应注意发挥好奇心理及由此引发的探究兴趣和动机、发现的需要等这些内发性动力的作用。

如在引导学生学习《生于忧患，死于安乐》这一课时，教师先以多媒体展示如下情境：有南北两座中间只隔了一条小河的山，原来两山生存的鹿的数量差不多，草木也一样茂盛。后来，南山上鹿的天敌——狼被消灭了，北山上的狼依然存在。可是，几年后，南山上的鹿的数量却减少了，而北山上的鹿却增多了。这是什么原因呢？我们可以从《生于忧患，死于安乐》这篇文章里找到其中一个原因吗？学生很快被情境中的悬念和问题激起了强烈的好奇心和探究欲，探究情绪十分高涨。

（二）学生自主设标的导向策略

研究目标的自主设立和生成，是研究性学习持续、深入开展的动力和方向，根据心理学有关同化和顺应的原理，这也是学生对自身已有认知结构和认知方式进行自我调整、改造和变革的动因。所以要注重目标自主设立和生成的引导。

研究性学习是以培养科学素养为目的的，即让学生以能动的方式在自主探究过程中掌握科学知识和科学方法，养成科学态度，形成科学的价值观。这就决定了研究性学习目标必须从知识技能、过程方法、情感态度价值观三个维度来引导设计。

1. 情意目标设定的引导策略

（1）情境激导策略。

即以真实情境或媒体情境、戏剧情境等激发、引导学生对某种情感、态度和价值取向的感悟，使学生在此基础上确立新的探究目标。如在一次"现实生活中的焦裕禄式的好干部"活动中，鉴于学生对焦裕禄鞠躬尽瘁为人民的精神缺乏感性认识的情况，教师先让学生看湖南花鼓剧《为民书记郑培民》，学生顺理成章地确立了学习"与人民同甘共苦，亲如一家"的精神和深入群众的考察方法为研究性学习活动的目标。

（2）体验感悟策略。

即在唤醒学生已有情感体验积累的同时，触发其新的情感体验。如在《郴州旅游景点的文化内涵及其积极影响》课题研究的目标酝酿阶段，教师先带学生游览五岭广场，使学生通过瞻仰雕像和体验环境的审美感悟过程，结合过去已获得的对家乡旅游文化的感悟，从而把这一课题研究的目标预设为：感悟湘南起义的情怀、女排奋起的斗志、开放兴郴的追求、福地传说的美好向往。

2. 认知目标的设标引导策略

（1）"预设"引导策略。

即在对问题解决所需知识、技能作出初步预测、假设的基础上，引导学生设立和逐步完善认知目标。

（2）"类推引导"策略。

即引导学生由别人的研究方法、解决类似问题的技能、认知策略类推出自己的探究应达到的目标。

（3）"知能结构"策略。

即引导学生将某一课题研究应具备的知识、技能系统，与自己已具备的知能结构对照，看自己还有哪些方面应该充实、强化和提高。

3. 过程目标的设标引导策略

（1）"规律"引导策略。

即引导学生遵循问题解决的一般规律，进行逻辑推理，从而把推得的解决问题的途径和策略的科学实践和体验定为过程目标。

（2）"信息整合"策略。

即引导学生将自己已有的有关信息进行分析、整合，预设本次研究应该和可能达到的"探究创造新信息途径"这一过程目标。在《本市（郴州市）五岭广场文化内容》小课题研究中，学生根据前次研究古城桂阳文化的方法和已知信息，提出了如下过程目标：实施并掌握研究景点文化内涵的"五个联系"策略，即把各种文物与历史变迁联系起来，把各种造型与它的象征意义联系起来，把历史名人雕塑与有关史料记载的事迹联系起来，把旅游景点与审美的陶冶心灵联系起来，把旅游事业发展与经济、文化发展联系起来。

他们还提出了掌握有关历史、生态、旅游知识，学习观察、调查、处理信息的一般技能的认知目标和感悟人文、环保、旅游审美价值取向的情意目标。在这一目标系列的指导下，学生实施了调查采访、查阅史料的方法，把造型艺术、文学创作艺术、人文历史、自然审美、生态环境等方面有机结合起来进行探究。

(三) 引导学生提出问题的策略

问题是探究的发动机，也是探究过程的主轴，而学生自己发现、提出问题，是自主精神的集中表现。引导学生学会提出问题是非常重要的，引导学生提出问题的策略主要有如下几种：

1. 以疑引疑策略

即以能激发学生的问题意识、探究心理，能触发学生提出问题灵感的疑问引导学生发现、提出有研究价值的问题。

如在《春陵河文化的源头在哪里》的家乡社区课题研究中，教师这样意味深长地以疑引疑："春陵河沿岸纯情的山歌为什么能让父老乡亲世世代代和睦相处？春陵河学子为什么这样人才辈出，群英荟萃（有个村子不到40户人近几年就出了15个大学生，1个研究生、1个博士、1个师级军官）？春陵河为什么能哺育出欧阳海这样的英雄？为什么能涌现一个个当代企业家和像王因蔡这样的为国家做出重大贡献的科学家？有人说春陵河是桂阳文化的发源地，许多湘剧创作就是来源于这里的民间传说，而桂阳在古代属楚地，'惟楚有才'，所以是历史渊源所致。由此，你认为有什么问题值得探究？"有的学生联系学过的课文《乐以教和》提出了"春陵河畔山歌的'乐以教和'作用、淳朴民风的熏陶与人才孕育有什么内在联系"等问题；有些学生根据政治课学的有关资源开发的知识，提出了"春陵河畔有哪些经济开发资源和文化教育资源"等问题。

教师巧设寓疑于问的情境，巧用点石成金的点拨，能激发学生探索未知领域的内驱力和主动性、创造性。

2. 设境引问策略

即教师创设仿真性或模拟性情境，营造问题氛围，引导学生提出探究性问题。

如在综合课的小课题专题研究《桥的文化》的问题引发过程中，教师让学生观看各种桥梁模型，并以多媒体课件展示各个历史时期各种造型的名桥风姿，并动情地说："桥，一个多么隽永而又美丽的字眼，一个多么永恒的话题。一座座桥，是一座座历史丰碑，显示着各个历史时期的经济、文化、科技实力，体现着桥梁科技、桥梁美学、桥梁题材的文学的发展。桥，是可

视、可闻、可感、可用的文化。多少年来，桥，成为科研的重要课题，成为赞歌的动人歌词，成为文人墨客的情思寄托……今天我们要研究它，根据它的内涵，你打算提出一个怎样的探究问题呢？"学生从不同角度先后提出了许多问题："桥有什么科学价值？""桥有哪些美丽造型？""桥有什么美丽传说？""桥将有怎样的未来前景？""生活中有怎样的无形桥？"……接着，学生按政治课里学的"文化"的含义，将以上这些问题作为子课题，综合出总课题《桥的文化》，形成研究系列。

教师创设能产生激情、审美、启知、导学、促研综合效应的情境，可以使学生以饱满的激情孕育出创新灵感，从崭新的角度提出问题。

3."现场导向"策略

即以现场观察或活动实况的某种信息引导学生提出研究课题。

如在综合课《郴州五岭广场的文化内涵何在》小课题研究的问题引发中，教师把学生带到湘南起义纪念地广场的"奔马腾空"雕塑的碑记前，让大家读碑文，发挥联想说含义，结果，碑文中的一个个传说、具有传奇色彩的人物、历史事件引发了学生许多深刻的论题。如由"天降嘉禾"的传说，提出"嘉禾县的地名是否源于此传说"的问题；由"神农作耙"的佳话，提出"郴州古今生产工具有何发展"的问题；由"苏耽跨鹤，寿佛济世"的神话，提出"旅游景点浪漫主义与现实主义怎样交融"的问题；由"湘南起义，女排奋起"的感人事迹，提出"如何继承、发扬奋斗传统，开放兴郴"的问题，并以这些为子课题，以"怎样建设郴州'澳港生态花园'"为主题进行探究。

以实物、图片、场景或者结合声、光、电、多媒体等高科技手段，形象生动地展现能激导学生研究性学习的情境，让学生耳闻目睹，身临其境，将感性认识、朴素的情感升华为理性认识。

4."小、趣、异、能"四字法策略

即以一个具体生动、小中见大的，具有趣味性、戏剧性和范例性的，似乎有悖于常理、有异于常情的，足以激发学生好奇心、探究欲的例子，引发特定的问题，而学生对于这一问题的提出和解决又是可能的。

地理课上，当老师讲到月球的自转时，李凌提出了自己的不同看法：我认为月球是不会自转的。在大家的一片愕然中，这位学生理直气壮地反问道："你说月球会自转，那为什么我们只能看到它的一个面呢？"

教师并没有马上直接做出结论，而是说："这个问题真有趣，也是许多人感到困惑的问题，值得研究。大家能设想一个实验方案来进行研究吗？"

生：做实验要先提出假设，可以把李凌的看法作为假设提出来：月球是

不会自转的，因为我们只能看到月球的一个面。

生：可以用书上的话作为假设：月球在围绕地球公转的同时，也在按一定的速度自转。用这个作假设，可直接用实验证明。

生：可以用模拟的方法做这个实验，拿一个乒乓球围绕另一个乒乓球旋转。

生：这里要注意的一个关键问题就是，运动着的球必须精确地按照公转的周期自转。月球公转周期为 27.321661 天，这一周期叫做"恒星月"，自转周期 27.32166155 天，因为两个周期相当接近，所以月球自转和围绕地球公转的周期是基本相同的。

学生纷纷动手按照以上方案操作，然后各组代表汇报。

生：我们的实验不是很精确，但是基本上能说明，我们看到的月球总是同一面，这正好说明月球在围绕地球公转的同时也在自转，因为当月球自转周期与围绕地球公转的周期相同时，我们看到的月球总是同一面。如果用多媒体精确地展示出来就更明确了。

生：我们从资料上得知，太阳系几乎所有的卫星都具有这种公转期与自转期相近的特性，这是天体间的引力作用引起和决定的，但除了土星的卫星土卫七。天文学家估计，它可能在大约几百万年前被另外的天体撞击过，所以改变了原来的运动方式。

······

由上例可见，将要探究的一般规律转化为具有目的性（指向探究目标，蕴涵探究价值）、适应性（能激活学生思维，能使问题成为学生具体的感知、探究对象，有条件和基础解决）、新颖性（涉及学生的未知领域，能触发学生的创新意识）的问题情境，能有效激发学生发现问题的灵感。

（四）引导学生提出和验证假设的策略

如果说发现和提出问题是阵地战中的找到和确定进攻目标，那么，假设则是侦察进攻途径，设想进攻的战略战术。进攻目标和途径必须在实战中得到调控，问题和假设也必须在探究的实证中得到反馈、修改、完善，最后得到证实并作出结论。"问题→假设→方案→验证→修改→验证······结论"是螺旋推进的探究模式。指导学生提出和验证假设主要有如下"一二三四"策略。

"一"即指导学生实施上述螺旋推进探究模式。在对解决问题的多种可能性的设想中，学生通过筛选，推断出较合理的假设，并把验证假设需要的探究方式写进方案，有计划地指导验证，在验证中反思假设的科学性、可行性，进一步修改、完善假设，再进行验证，循环递进，螺旋上升，最后得出

结论。

"二"即假设的提出有两种途径：一是"超前假设"，即提出假设的依据如某些有关的理论、知识、经验、事实、资料、研究者的创造性想象等条件已经比较充分，在这种基础上能先提出推测性假设，然后用资料或其他探究方式进行验证。二是"待后假设"，即上述条件不够充分，难以提出假设，学生先查阅更多的资料，或通过进一步的学习、请教，再提出假设，指导验证。以上两种途径提出的假设，在后面的验证中，都有可能根据需要修改、完善，甚至重新提出。

"三"即假设的提出和验证必须做到三点。一要明确问题的实质和核心，抓住问题解决的关键，从而推断出解决问题的途径和策略；二是抓住证据与问题之间的因果联系来验证假设；三是在验证过程中，关注分离出的资料和实验变化中的重要因素，不要被其他次要因素或假象迷惑。

"四"即将资料内容、经验、想象、逻辑推理有机结合。

如在生物课对"枫叶变红与什么有关"这一问题的研究中，学生必须先了解枫叶变色的环境因素，不了解这些因素的必须先查资料或请教专家、教师或观察、分析枫叶变色季节（秋冬）的日照、气温、降水等情况变化，然后作出假设。已经具备这方面知识的学生，则可在开始时就做出某种假设：枫叶变红与气温有关。然后进行实验验证：利用土壤、水分、光照、树苗大小都一样，只是温度调控得不同的两个棚子进行对比实验。对比观察温度调控在相当于夏天气温的棚内和温度调控在相当于初冬气温的棚内枫树绿叶减少情况。两个棚里的绿叶都在减少，只是低温棚的绿叶减少的速度稍快些。这说明枫叶变色不只是与低温有关，因为温度较高的棚内枫叶也在变。说明枫叶变色还有其他因素，前面作的假设是不全面的，还必须修改，重新验证。如实验的条件不够，可改用文献研究法。

第四章

研究性学习的误区及其对策

第一节 研究性学习的误区

研究性学习的内涵是，学生在教师的指导下从学习生活和社会生活中选取和确定研究问题，主动地获取知识，应用知识，解决问题。然而，在实际活动中，由于教师未准确把握研究性学习的精神实质，或出于某种功利思想，未认识到研究性学习的宗旨，因而导致研究性学习偏离其轨道，走向片面，步入误区。

一、误区之一：闭门造车，脱离实践

有些研究性学习必修课的教师不是引导学生从自己的学习生活或社会实践中提出问题，以研究问题的解决途径和方法为载体来培养学生的研究意识，让学生在研究中学会研究，而是一味地在教室里给学生讲科学家发明创造的故事，或者只是介绍某种发明的过程和原理，学生"活动"至多不过是凭空说一些"发明创造的设想"。这样从道理到道理，从抽象到抽象，由幻想到幻想，足不出户，闭门造车，学生除了在脑袋里留下一些对科学的神秘感、虚幻感和对科学家的崇拜感，并没有得到更多的东西。这种以说教和理论代替研究实践的现象是有悖于研究性学习课程的宗旨的。

如有位学生问研究课教师为什么学校里的盆花总需要用清水喷洒植株，给叶子洗澡，这位教师从达尔文的进化论讲到光合作用，虽然学生也懂了一些生物原理，但对于探究过程并没有获得体验和感悟，这些知识很难同化到学生的能力结构中，更难以使学生形成研究意识。同样是这一问题，另外一位教师则是让学生在显微镜下观察叶的表面，到图书馆查阅资料，结果学生知道了叶表皮层上有许多开口的气孔，两边各有一个半圆形的保卫细胞。把盆花放到阳光下照射的时候气孔会自动打开，进行光合作用，氧气和水汽从气孔放出。晚上和缺水的时候气孔会自动关闭。如果叶面有灰尘就可能阻碍气体和水汽的流通，进而影响光合作用，因而要经常用水清洗叶表面。同学们为自己能发现这一奥秘而兴奋不已，研究和劳动的积极性都更高涨了。

二、误区之二：唯科技类，内容窄化

有些教师将研究性学习课等同于科技课，内容只限于科技活动或小发明制作活动，研究性学习人文性与科学性统一的特点被忽视，研究性学习自然、社会与道德整合的内容被割裂，研究性学习重学生精神生命参与、生命价值感悟和生活意义体验的内涵被丢弃，研究性学习感悟自我与自然、自我与社会、自我与未来、自我与母语文化相互关系的主题被淡化。

如有些教师脱离学生学习和生活实际盲目地要求学生搞发明制作，只求高规格、高水平，能获奖，结果是少数学生在忙，多数学生茫然。同样是小发明制作活动，有些教师却引导学生立足于生活，置活动于有着深厚人文底蕴的社会背景中。如"新北京，新奥运"是学生关注的热门话题，于是，教师引导大家开展"我该为 2008 的北京奥运会做些什么"的专题研究活动。有的学生以"办绿色奥运"为子课题，研究怎样在环保方面为奥运会创设良好的环境，设想出了各种用后能无毒消融的，对人和动植物生活环境无污染的包装盒、用具袋，设想出不加防腐剂的绿色食品的制法和保存方法。有的以"2008 奥运吉祥物制作"为研究专题，合作研究出富有积极象征意义，融环保、科技、人文于一体的吉祥物，如有学生制成以我国国宝熊猫与模样像我国国土的雄鸡携手喜迎奥运为形象的雕塑品，很有创意，内涵丰富。有的则制出象征"自由、速度、力量、极限"的体育和"更快、更高、更强"奥运精神的鹰击长空形象的雕塑品。

三、误区之三：追求程式，个性迷失

有的研究性学习活动只偏重套用科研活动的程序和形式，科研方法是教师"和盘端出"，学生只需按图索骥，获得教师预期的结果。学生无个性张扬可言，无思辨、体验可说，回归儿童本性的价值取向被忽略。

四、误区之四：重学科化，不重生成

有些研究性学习课程成了学科课的"附属品"，被教师安排为巩固强化学科学习的练习课，学习内容是教师围绕学科知识涉及的问题让学生进行反复的"操练"。有些拘泥于"学习包"的设计，局限在既定的内容和思路之中，研究性学习过程成了书本内容的填空练习，"学习包"的内容代替了研

究性学习本应该源于生活，植根于儿童本性的研究课题。以学科教学的概念和逻辑体系来实施研究性学习课程，这种纯学科化的做法是违背研究性学习的初衷的。这只是加重了学生负担，并没有让学生通过自主生成课程内容、自主生成和达成问题解决目标的过程产生丰富多彩的研究性体验。这样的研究性学习课程只是形同虚设。

五、误区之五：学习资源缺乏整合

首先是教师的专业特长资源、学生的技能、良好素质资源未得到最优化的整合、运用，蕴藏在其中的动态潜能未被充分发掘；其次是校园文化资源、社区学习资源未被充分开发、利用。

造成这种现象的原因有：一是因为学校未建立发挥教师专业特长的运作机制；二是教师未发挥信息枢纽的作用引导学生运用和处理信息；三是教师没有明确研究性学习作为课程领域是师生共同探索新知的发展过程。

教师应根据研究型课内容和学生发展的实际需要对教材内容以及其他学习资源作出新的构思和处理，并引导学生运用。

六、误区之六：从本到本，脱离校本

教师在引导学生选定研究课题时，局限于文本，从本到本，从理论到理论，而没有根据校情、班情、社区之情、自身实情来选题，因而使研究性学习不能凸现儿童个性的具体性、独特性，不能体现学校及其所在社区的"地域性"特点。

七、误区之七：东抄西摘，机械拼凑

即研究性学习缺乏探究发现的过程。如在"家乡的民间传说、民间故事"的专题研究中，有些学生只从文史资料、碑文、文化古迹介绍中摘抄、罗列一些内容片断，而未调查访问其传说、故事对人们的影响，未研究其内容中蕴涵的幻想、追求、向往，创作艺术中的特点，更未研究其所反映的风土人情、社会变革等。当然，对学生的研究不能像对成人的专业研究那样要求苛刻，但学生的研究应该有他们联系生活去感悟其内容美、语言美、想象美的过程，应该有分析、提炼、综合信息，品味富有生活气息的语言的过程。

八、误区之八：孤军奋战，缺乏协作

即研究性学习缺乏学科间必要的横向联系，缺乏学生间的交流。如对家乡古今楹联、建筑和用具上的饰图、铭文的研究，由于未在语文、历史、政治、美术等学科教师的协同指导下进行，所以未能整合各方面的信息，学生未能感悟到其中丰富的文化底蕴及其随时代变迁、文化发展、政治观念变化而不断演变和发展的内在联系，学生的信息整合能力、辩证的分析能力和综合能力未得到培养，学生的协作交往能力也未得到发展。

九、误区之九：选题不妥，方法不当

即研究性学习缺乏教师必要的正确指导。主要原因是有些教师或者缺乏研究性学习意识，或者缺乏研究性学习指导经验，把研究性学习的自主参与与自由放任等同起来。如"对家乡的精神文化的研究"这类题目就太笼统、太抽象了。又如"家乡的称呼"，其研究的客体和意向就不太明确。

在研究方法上，教师没有从拓宽信息渠道、整合可取信息等方面给予学生指导，使学生的信息素养和信息能力及严谨的治学态度未得到很好的培养。如蔡伦家乡的学生研究蔡伦究竟是不是家乡的人，不是以有关文史资料、文化古迹、古代行政区域演变等为依据进行考证，而是以眼前冠以蔡伦之名的酒店、商店门牌为据得出结论。其研究过程和方法过于简单草率，也就缺乏研究过程的深刻体验和丰富感悟。

十、误区之十：脱离生活，舍本求末

如有的学生研究家乡谚语的生活气息，只是照搬一些书上的解释，脱离生活背景去望文生义，而不是深入生活观察体验或倾听长辈的经验之谈，因而对于富有启迪性的谚语中高度提炼和概括的生活哲理、自然规律、纯朴情感、文化底蕴及其语言艺术就缺乏内在感悟。

十一、误区之十一：缺乏身心投入、情感参与

有的研究只是"走过场"。如研究"家乡的山歌创作"，形式上又是调查走访，又是讨论分析，但当被问到哪些山歌的意思和情韵与大家都熟悉的

《唱支山歌给党听》有共同点时，学生竟然答不出一例，而旁边一位村妇却深情地一连唱了几支。可见，学生并没有把唱、研、悟结合起来，缺乏情的品味、心的交流、感的升华。

十二、误区之十二：只重结果，不重过程

多做作，少诚实。在活动中，学生急功近利，只求得有一份"好"的研究报告，不注重研究过程中艰苦细致的工作。评价只听"报告"，不听"答辩"，只看文字，不看动态过程。于是出现了把别人的报告改头换面，或想当然地夸大其词等做法。

另外，作为课堂学习方式的研究性学习，在实施中常有管中窥豹式的作法。如就只言片语的意义或语句表达方式、修辞方法、描写、叙述、议论的表达方式进行机械、孤立的分析，而无对课文的整体感知，更无对语言内涵和情韵的体味、对语言特色的深入理解、对文本内容的批判性鉴赏。表面上热热闹闹，实际上无心灵感应、情感熏陶和理性思辨。令人深思的是，有些学生在谈到语文学习的困惑时，迷惘而焦虑地说："老师讲这个句子很重要，那个段落很关键，老师让大家研究的内容都是'金点子'，为什么，我的语文水平总是提不高呢？这研究真没劲，大家也不知道研究什么和怎样去研究。"这样的研究，只重只言片语的表达，不重课文内容的融会贯通；只重灌输，不重感悟；以教材为本；而不以学生发展为本；以学教材为终极目标，而不是以教材探究为实现知识能力、过程方法、情感态度价值观三维目标的载体，这种有悖于研究性学习实质的作法，扼杀了学生创新、发展的生机活力。

第二节　避免步入误区的策略

一、目标策略

引导学生在研究性学习的过程中自主生成和达成知识能力、过程方法、情感态度价值观的"三维"教学目标，让学生懂得，研究性学习旨在让他们通过对研究过程的体验，树立热情、严谨的科学态度，不断进取，乐于探

究，崇尚真知，形成标新立异、革旧鼎新的创新意识，培养以创造性思维为核心的创新能力及活用知识驾驭生活的实践能力，同时，逐步树立真、善、美的价值观和人文素养。因此，在研究性学习中，有发明创造的成果固然可喜，但更重要的是让学生在动态的自主参与的过程中超越自我，提升自我，自主生成研究的内容，逐步形成知识创新的能力。学生只有真正明确了研究性学习的价值，才会自主掌握有意义的学习，才会有主动性、探究性。

如在校本课程的"家乡对联文化的发展"的专题研究中，虽然学生没有完全得出家乡方言与普通话在平仄上的对应关系，但对家乡古今对联内容与社会文化发展之间的联系，家乡人的人文追求和喜怒哀乐的情怀，纯朴、善良、勤劳、智慧的可贵特点，还有对联的艺术美、音律美等都有了较深刻的感悟，不仅积累了许多富有生命力和生活气息的语言，还与家乡人一起拟出了更有时代感的新对联。同学们查典故，探民风，观古迹，品味佳联妙语，受到了良好的人文熏陶。

二、激情策略

学生的情感参与是研究性学习的内在动因，学生对研究性学习有了正确的理性认识，同时情有独钟，才会乐此不疲。这首先要求教师表现出学者的风范，热心研究，以情激情。其次是让学生明确活动意义，做好思想导向工作。再次是活动设计应能激发学生的好奇心、情感倾向性、求知欲。此外，活动还要有任务驱动。

如校本课程的"家乡山歌的艺术"的研究。教师用多媒体展示家乡人咏唱山歌情真意切的场面，激发学生的亲情、乡情、"一唱为快"的热情，进而，使学生提出相关问题，分配任务，拟定研究计划，实施研究。学生在活动中十分投入。

三、感悟策略

感悟、创新、发展三者是互为因果，相辅相成的。感悟中孕育着创新和发展；创新、发展中又生发着新的感悟。感悟含"感"和"悟"两个层面。"感"为基础，"悟"为升华。"感"是感性体验，觅得真趣；"悟"是理性思考，获得真知。感悟是发展创新思维的必要途径。初中生思维的基本特点是由小学时的以具体形象思维为主要形式过渡到以抽象逻辑思维为主要形式，但逻辑思维仍然与感性认识紧密联系，离不开具体的形象。如语文研究性学

习中的思维活动离不开对语言形象的感悟，是在通过感性认识获取表象的基础上进行的理性思考，同时，理性思考又要借助生动鲜活的形象来表达，在此基础上培养反思等元认知能力和批判性思维能力。所以重理性而轻感性或者颠倒两者的逻辑顺序都是不符合学生的认知规律的。

感悟是在阅读的研究性学习中获得知识创新的基础的。阅读过程是与作者对话，进行心的交流的过程。在这种超越时空限制，超越教材内容，超越语言表达的活动过程中，学生将获得的信息进行整合、内化，从而产生新的知识，构建新的能力结构。因而，课堂学习内容很多是在师生互动的活动中形成的。学习过程是一个生成过程。

感悟，是审美、创美的重要因素。教材中含蓄隽永的内容，在与读者产生感情共鸣时，能给读者带来直达心灵的震撼，从而使其感悟到作品的艺术美、思想美、情感美，并能增强感悟作品底蕴的能力，树立健康的审美理念，在内化中提升创造艺术美的能力。

自主感悟能力的培养，首先应坚持"四个开放"：第一是以课文为拓展知识的例子，开放教学内容，不受教材内容束缚。第二是以问题思维为发动机，开放教学形式，不受指令式教学的限制，研究方法不拘一格，可朗读，可默读，可赏析，可质疑，可反思等。第三是以多感官（视觉、听觉、嗅觉、触觉）助读、以情诵读、重点研读、体验品读为窗口，开放读的过程，让读与知、情、意、行、个性心理发展紧密联系起来，培养情感投入、发挥联想想象、自主感悟的阅读品质。如果说读、说、写这三条主线是"经"，那么贯穿这三者的感悟则是"纬"，感悟让这三者相互交织，从而促进语言风格、个性人格的形成。第四是以动态评价为向导，开放评价机制，引导与启迪并重。

如在探究"水在沸腾时温度是否发生改变"这一问题时，学生根据自己平时对水沸腾这一现象的直觉和生活体验以及实验所获得的信息，发表不同的见解，进行了互评互导。

在物理课的研究性学习活动中，黎明同学和他们兴趣小组的伙伴在研究"水在沸腾的时候温度是否改变"这一问题时，他们的设想发生了分歧。黎明认为，水沸腾以后，温度会降低，因为水沸腾后的气化加快了，气化需要吸收的热量增加，所以水的温度要降低。陈易说，在水沸腾后只要继续加热沸腾的水，水的温度就会升高，因为水得到了更多的热量。王红则认为以上说法都不对，她的证据是，一个木工说，用中间装有水的双层锅子熬胶，当里面的水沸腾后，从水中伸出的勺子柄总是和浸在水中的部分一样烫手，说明水的温度没有变化。谁的看法正确呢？大家一时得不到证实，于是去问老

师。老师说:"我小时候家里没有热水瓶,为了让开水装在茶壶里后能保持高温的时间长一点,于是在水烧开后,我还继续烧了一段时间。可是水装到茶壶里后,变冷的时间却与原来一样,我觉得奇怪,以为是与天气有关。于是,我在同一时间里用两把茶壶进行了实验,你们要想知道结果吗?请大家通过实验来探究吧。"小明说:"我们也按照那位木工师傅的方法来验证吧。"邓微红说:"这办法虽然简便,但用手摸勺子柄测到的温度不准确。"还有同学说:"就用老师小时候的办法来实验吧。"可别的学生认为,这样用的时间较长,而且几把茶壶的保温性能不同,难以比较。最后,大家找来温度计,把温度计插到水里一起加热,发现水沸腾后温度计的示数保持不变。于是大家得出了结论:水在沸腾时温度是不变的。老师又引导大家议一议自己的探究过程是怎样的。通过讨论,黎明同学归纳出探究的思维过程:提出问题——作出假设——讨论方案——实验探究——得出结论——总结方法。

上例中,教师的引导点到为止,含而不露,引导之中有启迪。学生在互评中互导,发挥头脑风暴效应,开放了思维,提炼出了准确可行的实验方法。

这一探究的过程,不仅是一个认知过程,更是一个发展的过程,拓展了课堂时空,丰富了课文学习的内容,使学生发展了语言,陶冶了情操。实验中的研讨,的确是思维共振,情感互动,创意激活的过程。理科中的探究是这样,文科又何尝不是这样?如语文学习中,文学的形象是作者与读者共同创造的。一千个《哈姆雷特》的读者,心中就有一千个哈姆雷特的形象。人的情感和心理感悟在认知中具有普遍性和延伸性,在阅读认知中应让学生的语文学习个性得到充分的张扬,使学生能主动感悟语言,应用语言,同时提高精神境界,促进心智和谐发展。

四、"三主"策略

即以研究意识、创新学习能力的培养为主旨,以学生为主体,以研究性活动为主轴。学生的创新意识是学生主体精神集中体现的标志,创新意识的培养,是教师引疑、激趣、导学的重要着眼点、着力点、着手点,是学生主体作用发挥的动因和归宿,是教与学的共同宗旨。要实现这一宗旨,需要学生自主参与,主动探究,需要研究性学习活动发挥、促进师生互动的主轴作用。

五、"三点"策略

即发挥创新点、发展点、协同点的作用。创新点指教学活动中有利于培养学生创新素质的某一内在因素，如学习《死海不死》一课时，教师让学生说说怎样开发死海，这就是拓展想象的创新点。发展点即教材和教学活动中有利于学生学科素质（如语文基础知识、听、说、读、写及口语交际的能力）和其他素质（如想象、观察、理解、思维和情感、意志、习惯、人格个性等）发展的某一因素。如对《马说》一课中的讽刺手法的探究、朗读训练。这里谈到的知识点、训练点、情感体验点都是发展点。可见发展点的外延比创新点更广泛。

协同点即教材和教学活动中创新因素和发展因素两者相互交合的载体，如"你怎样用'长风破浪会有时，直挂云帆济沧海'这两句诗表达你的抱负和心志，赋予诗句新的含义"，这个问题让语言理解、运用的语文素质和情感志向的非智力因素的发展点与语义的新感悟、意义的新拓展等创新点有机地协同起来了，这两句诗的运用练习就是协同点。教师应该深钻教材，善于引导发挥这"三点"的作用，如联系生活自编自演，把课文改编成课本剧，有机地把语文素质、人文修养和创新素质的培养融汇到一起。

六、"三课"策略

即正确处理研究性学习理论课程、专题实践课程与学科课三者之间的关系。以研究性学习理论课指导学生领会研究性学习的意义、方法，以学科课渗透研究性学习思想，训练研究性学习方法，使学生通过专题实践课感悟研究过程，实践研究方法。

如初三语文教师在学生学习了戏剧文学的知识后，与政治、历史、音乐、美术等科协作，进行"家乡戏剧文艺创作发展"的研究。各学科根据所学内容的特点设立子课题，形成研究系列，其中语文科研究的课题是《家乡戏剧文学的研究》。学生结合课文学习，对比地方剧本创作，到县剧团采访、学习，探究不同剧种的特色，配合音乐、美术课，进行自编、自导、自演，并通过这个过程实践了研究性理论课上所学的研究方法，提高了语文素质文化品位和审美情操。

七、评价策略

为了引导学生将创新学习感悟内化，可实施"六结合"的评价方法：静态结果与动态过程结合；现实评价与潜质预评结合；自评、互评与师评结合；课堂随机评价与专门的测评结合；档案袋评价与实际评价结合；专家测评工具与行动观察结合等。

八、问题策略

即引导学生带着问题学习，以问题为聚集点，寻找信息，设想和提出问题解决方法的学习方式。教师要注意创设情境，或以疑引疑，或以激励促疑，或以需求激疑等，使学生产生问题，增强提问的意识和勇气。还要注意问题条件和结论的开放性，注意条件到结论之间的思维的多层次性。

问题学习的过程一般是：酝酿——提出——探究——明确，是一个有发散思维又有聚合思维，有形象思维又有逻辑思维，有阅读又有操作的过程。

九、案例策略

即以与实际紧密联系，具体鲜活，答案不唯一，突出知识运用，能发挥学生能力个性的典型问题激活学生的思维，让学生把通过各种定理公式语法学习寻找答案的"原理学习法"变为"案例学习法"，或两者结合，有效培养创新学习能力。教师要注意引导学生克服思维定式，不求结果唯一，找准典型案例，从课本和生活中设例，主动合作研究。如以一般记叙文中的真人真事为原型，构思情节写小小说，让全班同学的写作各具特色。

十、课题策略

即开展小课题研究活动。注意引导学生做到：①研究内容要有实践性，即选题来源于生活、学习的实践，具有可操作性。②多学科协同。③方法、过程、结果的多维性，即可以是不同方法、过程、结果。④研究态度要严谨。⑤有一定的步骤。

十一、合——分——合"式策略

先看下面八年级一个课题研究小组进行课外合作研究的实例片段。

学生研究的是一篇说明文，却在进行测浮力的探究实验。主持实验的是课题组组长："大家说，把这个鸡蛋放到这杯清水里，怎样使它浮起来呢？"

"加白糖。"

"加食盐。"

......

主持人："现在我们加了盐，为什么还浮不起来呢？"

"再加些，再加些……使盐水密度大于鸡蛋密度。"

学生兴趣盎然，十分陶醉。这是八年级学生"海洋奥秘"专题研究中的一个子课题小组在合作研究说明文《死海不死》一文，他们在验证死海咸度高这一本质特征，进而探究海洋秘密和说明文内容的科学性。

教师采用"合——分——合"式策略指导学生的研究性学习，充分发掘了学生的创新学习潜力。步骤如下：

第一步，合。即引导学生从生活中提出研究问题，共同确定总课题，共同提出和推断研究假设，在讨论中生成总的研究目标。然后，教师引导学生把总课题分解成多个子课题，让学生根据自己的个性特点自选、自定子课题，以子课题为单位进行研究。

第二步，分。学生在组成子课题研究小组后，把子课题的各项研究任务按组内各位成员的能力特点相应地分给专人，进行分工协作，开展研究。如总课题"海洋奥秘"的子课题"死海的奥秘"研究中，有的学生负责比较死海与网上查得的"海底世界"的异同，用比较的说明方法写出研究发现。有的学生负责采用推理研究法提出了怎样让死海永远"不死"（不干涸）的设想，他用人工降雨法补充死海的蒸发量，并用摹状貌等说明方法写出死海充满生机的未来。学生都对"海"进行了一番有个性的探索，真是"八仙过海，各显神通"。

第三步，合。学生在遇到高难问题需要"会诊"时进行合作研究，相互交流，或在信息汇报总结和相互评价时合作交流。如学生在以上实验中共同探究死海的特征和成因，接着在教师的引导下，相互交流自己的设想。

"我要在死海沿岸改良土壤，植树造林，开辟旅游景点，创建海上游乐场。利用死海浮力大等特点，开展'海上舞蹈''空中跳伞'等娱乐活动，让浪涛之中的英姿，五彩斑斓的伞花，焕发死海的生机。"

"我要在死海创建一个海上医院，通过提炼，使这儿的海水治病胜过温泉，让死海能救死扶伤……"

"我要在这办现代化学研究所……"

"合—分—合"研究性学习主要有以下特点：

1. 学生在全面参与、全程参与研究和创新的学习过程中，能有效训练自主选用学习策略，自主发现和探究问题的能力。

2. 在广泛吸收信息的过程中，突出学习资源的共享性，能有效培养学生摄取、处理信息的灵活性。

3. 在有分有合的学习过程中，突出研究和创新学习的合作性，"合"与"分"是相对而言的，"合"中有"分"，如在合作探疑中，独思求异；"分"中有"合"，如信息互动，责任互赖，目标导向，整体调控。

4. 在合作交流中，协同培养学生的交往能力、创新能力、良好个性、健全人格。学生的创新思维的批判性、独创性等品质和个性特长都得到了培养。

参 考 文 献

[1] 周可桢，曹旅宁编．研究性学习理论、操作、范例［M］．广州：广东人民出版社，2002

[2] 嵇永宁，苗长广编著．研究性学习教师导读［M］．南宁：广西教育出版社，2001

[3] 陈琦，刘儒德编．当代教育心理学［M］．北京：北京师范大学出版社，1997

[4] 靳玉乐编．探究教学的学习与辅导［M］．北京：中国人事出版社，2003

[5] 李瑾瑜，柳德玉，牛震乾编．课程改革与教师角色转换［M］．北京：中国人事出版社，2003

[6] 曹文轩编．《智慧博客（第14辑）》［M］．郑州：文心出版社，2010

[7] 王小明著．学习心理学［M］．北京：中国轻工业出版社，2009.

[8] 王坦著．合作学习的理念与实施［M］．北京：中国人事出版社，2002

[9] 王文军主编．初中科学竞赛方法指导［M］．杭州：浙江大学出版社，2008

[10] 苏霍姆林斯基．教育艺术［M］．长沙：湖南教育出版社．1984

[11] 吴锡改．现代教育新论［M］．武汉：湖北科学技术出版社，1998

[12] 刘旭东，张宁娟，马丽主编．校本课程与课程资源开发［M］．北京：中国人事出版社，2003

[13] 卢家楣著．情感教学心理学［M］．上海：上海教育出版社，1993

[14] 李吉林．为全面提高儿童素质探索一条有效途径［J］．教育研究，1997（3）

[15] 叶澜．更新教育观念，创建面向21世纪的新基础教育［J］．中国

教育学刊，1998（2）

[16] 欧阳仁宣．现代信息技术环境下，实施三维目标，促进"潜能生"发展课题研究报告 [J]．时代教育，2010（4）

[17] 张必隐著．阅读心理学 [M]．北京：北京师范大学出版社，1997

[18] 欧阳仁宣著．中学语文教学创新与教科研实践 [M]．北京：中国文史出版社，2004

[19] 程大琥主编．中学语文心育 [M]．海口：南方出版社，2000

《名师工程》系列丛书

征稿启事

《名师工程》系列丛书是西南师范大学出版社策划、组织出版的大型系列教育丛书。丛书以新课程下的新教学为背景，以促进施教者的教育能力为落脚点，以提高教育质量、提升教师水平为宗旨。

丛书首批推出的"名师讲述""教学提升""教学新突破""高中新课程""教师成长""大师讲坛""教育细节""创新语文教学""教育管理力""教师修炼""创新数学教学""教育通识""教育心理""创新课堂""思想者""名师名课""幼师提升""优化教学""教研提升""名校长核心思想系列""名校""高效课堂""班主任专业化"等系列，共120多个品种，其余系列也将陆续出版。为了让广大教师有一个交流、借鉴的机会，同时也为了给广大教师提供更多、更好的图书，《名师工程》系列丛书编辑出版委员会特向全国教育工作者征集稿件。

稿件要求：

1.主题鲜明、新颖，有独创性。

2.主题以提升教育能力为主，也可适当外延。

3.主题要有一定规模、有典型案例支撑。

4.案例要贴近教育实际，操作性强。

5.文章、书稿结构清晰，语言精彩。

书稿作者在选题确定之后，请及时与我们做好沟通，具体事宜确定好之后再进行创作；也欢迎用已经完稿的稿件投稿。一线教师如希望参与图书案例的创作，可联系我社策划机构，由策划机构备案，在适合的图书中参与创作。

真诚欢迎各位教师踊跃投稿。

联系方式：

西南师范大学出版社高教分社

电话：023-68254356　　E-mail：zcj@swu.cn

西南师范大学出版社高教分社北京策划部

电话：010-68403096

E-mail：guodejun1973@163.com

西南师范大学出版社
《名师工程》系列丛书目录

系列	序号	书　　名	主编	定价
高效课堂系列	1	《用什么提高课堂效率——有效数学课必须关注的10大要素》	赵红婷	30.00
	2	《让作文更轻松——小学作文高效教学36锦囊》	李素环	30.00
	3	《让研究性学习更高效——研究性学习施教指导策略》	欧阳仁宣	30.00
	4	《让母语融入学生心灵——提升学生语文素养的高效施教艺术》	黄桂林	30.00
思想者系列	5	《今日教育之民间立场》	子虚（扈永进）	30.00
	6	《教育，细节的深度反思》	许传利	30.00
	7	《追寻教育的真谛——许锡良教育思考录》	许锡良	30.00
班主任专业化系列	8	《神奇的教育场——打造特色班级文化创新艺术》	李德善	30.00
优化教学系列	9	《让教学更生动——激发兴趣让学生快乐认知》	朱良才	30.00
	10	《让教学更高效——策略创新让教学事半功倍》	孙朝仁	30.00
	11	《让教学更开放——拓展延伸让学生触类旁通》	焦祖卿　吕勤	30.00
	12	《让教学更生活——体验运用让学生内化知识》	强光峰	30.00
	13	《让知识更系统——整合与概括让学生建构体系》	杨向谊	30.00
	14	《让思维更创新——思辨与发散让学生思维活跃》	朱良才	30.00
名校长核心思想系列	15	《成为有思想的校长》	赵艳然	30.00
名校系列	16	《好学校，从关注每个学生开始——石梅小学优质教育多元感悟》	顾泳　张文质	30.00
教研提升系列	17	《今天我们应怎样评课》	张文质　陈海滨	30.00
	18	《今天我们应怎样进行教学反思》	张文质　刘永席	30.00
	19	《一节好课需要的教育智慧》	张文质　姚春杰	30.00
幼师提升系列	20	《全国优秀幼儿健康教育活动课例评析》	教育部教育管理信息中心	30.00
	21	《全国优秀幼儿艺术教育活动课例评析》	教育部教育管理信息中心	30.00
	22	《全国优秀幼儿社会教育活动课例评析》	教育部教育管理信息中心	30.00
	23	《全国优秀幼儿语言教育活动课例评析》	教育部教育管理信息中心	30.00
	24	《全国优秀幼儿科学教育活动课例评析》	教育部教育管理信息中心	30.00
名师名课系列	25	《名师如何炼就名课》（美术卷）	李力加	35.00
教师修炼系列	26	《班主任工作行为八项修炼》	杨连山	30.00
	27	《教师心理健康六项修炼》	李慧生	30.00
	28	《教师专业化五项修炼》	杨连山　田福安	30.00
	29	《课堂教学素养五项修炼》	刘金生　霍克林	30.00
	30	《高效教学技能十项修炼》	欧阳芬　诸葛彪	30.00
	31	《教师新师德六项修炼》	王毓珣　王颖	30.00

系列	序号	书　　　名	主编	定价
创新课堂系列	32	《如何实现三维目标——让学生与文本共鸣的诵读教学》	张连元	30.00
	33	《想说　会说　有话可说——突破作文瓶颈的三维教学法》	杨和平	30.00
	34	《综合课的整合创新教学》	周辉兵	30.00
	35	《如何打造学生喜欢的音乐课堂》	张　娟	30.00
	36	《理想课堂的构建与实施——一个教研员眼中的理想课堂》	张玉彬	30.00
	37	《小学语文：决定教学质量的关键策略》	李　楠	30.00
	38	《用〈论语〉思想提升数学教育智慧》	胡爱民	30.00
	39	《童化作文——浸润儿童心灵的作文教学》	吴　勇	30.00
创新数学系列	40	《小学数学：名师教学目标落实艺术》	余文森	30.00
	41	《小学数学：名师高效教学设计艺术》	余文森	30.00
	42	《小学数学：名师易错问题针对教学》	余文森	30.00
	43	《小学数学：名师魅力课堂激趣艺术》	余文森	30.00
	44	《小学数学：名师同课异教》	林高明　陈燕香	30.00
	45	《小学数学：名师抽象问题艺术教学》	余文森	30.00
教育通识系列	46	《做最受学生欢迎的老师》	赵馨　许俊仪	30.00
	47	《做有策略的校长——经典寓言与学校管理智慧》	宋运来	30.00
	48	《做有策略的教师——经典故事中的教育启示》	孙志毅	30.00
	49	《从学生那里学教书》	严育洪	30.00
	50	《突破平庸——提升教育质量的31个跳板》	严育洪	30.00
	51	《教育，诗意地栖居》	朱华忠	30.00
	52	《好班规打造好班级》	赵　凯	30.00
	53	《做学生成长的引领者——学生终身成长的素质培养》	田祥珍	30.00
	54	《如何管出好班级——突破班级管理的四大瓶颈》	刘令军	30.00
	55	《青春期性教育教师实用手册》	闵乐夫	30.00
教育心理系列	56	《做最好的心理导师——中学生心理健康咨询手册》	杨　东	30.00
	57	《每天学点教育心理学》	石国兴　白晋荣	30.00
	58	《学生心理拓展训练与指导》	徐岳敏	30.00
	59	《好心态成就好学生——学生心理问题剖析与对症教育》	李韦遵	30.00
教育管理力系列	60	《名校激励管理促进力》	周　兵	30.00
	61	《名校安全管理执行力》	袁先潋	30.00
	62	《名校师资团队建设力》	赵圣华	30.00
	63	《名校危机管理应对力》	李明汉	30.00
	64	《名校校本研究创新力》	李春华	30.00
	65	《学校文化力建设策略》	袁先潋	30.00
	66	《名校长核心教育力》	陶继新	30.00
	67	《名校长高绩效领导力》	周辉兵	30.00
	68	《名校行政管理细节力》	杨少春	30.00
	69	《名校教学管理提升力》	张　韬　戴诗银	30.00
	70	《名校学生管理教导力》	田福安	30.00
	71	《名校校园文化构建力》	岳春峰	30.00
创新语文教学系列	72	《小学语文：享受对话教学》	孙建锋	30.00
	73	《小学语文：名师教学目标落实艺术》	刘海涛　王林发	30.00
	74	《小学语文：名师魅力教学设计艺术》	刘海涛　王林发	30.00
	75	《小学语文：名师魅力课堂激趣艺术》	刘海涛　豆海湛	30.00
	76	《小学语文：单元整体教学构建艺术》	李怀源	30.00
	77	《小学作文：名师情趣课堂创设艺术》	张化万	30.00

系列	序号	书　　名	主编	定价
教育细节系列	78	《名师最具渲染力的口才细节》	高万祥	30.00
	79	《名师最有效的沟通细节》	李燕　徐波	30.00
	80	《名师最有效的激励细节》	张利　李波	30.00
	81	《名师培养学生好习惯的高效细节》	李文娟　郭香萍	30.00
	82	《名师人格教育的经典细节》	齐欣	30.00
	83	《名师营造课堂氛围的经典细节》	高帆　李秀华	30.00
	84	《名师最有效的赏识教育细节》	李慧军	30.00
	85	《名师最有效的批评细节》	沈旎	30.00
大师讲坛系列	86	《大师谈教育心理》	肖川	30.00
	87	《大师谈教育激励》	肖川	30.00
	88	《大师谈教育沟通》	王斌兴　吴杰明	30.00
	89	《大师谈启蒙教育》	周宏	30.00
	90	《大师谈教育管理》	樊雁	30.00
	91	《大师谈儿童人格塑造》	齐欣	30.00
	92	《大师谈儿童习惯培养》	唐西胜	30.00
	93	《大师谈儿童能力培养》	张启福	30.00
	94	《大师谈早恋与性教育》	闵乐夫	30.00
	95	《大师谈儿童情感教育》	张光林　张静	30.00
教师成长系列	96	《学学名师那些事》	孙志毅	30.00
	97	《给新教师的建议》	李镇西	30.00
	98	《教师心灵读本：成为有思想的教师》	肖川	30.00
	99	《教师心灵读本：教师，做反思的实践者》	肖川	30.00
高中新课程系列	100	《高中新课程：教师角色转变细节》	缪水娟	30.00
	101	《高中新课程：班主任新兵法细节》	李国汉　杨连山	30.00
	102	《高中新课程：教学管理创新细节》	陈文	30.00
	103	《高中新课程：更有效的评价细节》	李淑华	30.00
教学新突破系列	104	《把教学目标落实到位——名师优质课堂的效率管理》	冯增俊	30.00
	105	《拿什么调动学生——名师生态课堂的情绪管理》	胡涛	30.00
	106	《零距离施教——名师和谐师生关系的构建艺术》	贺斌	30.00
	107	《一个都不能落——名师提升学困生的针对教学》	侯一波	30.00
	108	《让学习变得更轻松——名师最能吸引学生的情境设计》	施建平	30.00
	109	《让知识变得更易学——名师改造难学知识的优化艺术》	周维强	30.00
教学提升系列	110	《方法总比问题多——名师转变棘手学生的施教艺术》	杨志军	30.00
	111	《用特色吸引学生——名师最受欢迎的特色教学艺术》	卞金祥	30.00
	112	《让学生爱上课堂——名师高效课堂的引导艺术》	邓涛	30.00
	113	《拿什么打开思路——名师最吸引学生的课堂切入点》	马友文	30.00
	114	《没有记不牢的知识——名师最能提升学生记忆效果的秘诀》	谢定兰	30.00
	115	《让学生的思维活起来——名师最激发潜能的课堂提问艺术》	严永金	30.00
名师讲述系列	116	《施教先施爱——名师讲述班主任的核心教导力》	杨连山　魏永田	30.00
	117	《在欢乐中成长——名师讲述最具活力的课堂愉快教学》	王斌兴	30.00
	118	《让学生做自己的老师——名师讲述如何提升学生自主学习能力》	徐学福　房慧	30.00
	119	《引领学生高效学习——名师讲述如何提高学生课堂学习效率》	刘世斌	30.00
	120	《教育从心灵开始——名师讲述最能感动学生的心灵教育》	张文质	30.00